Daniel Cohen éditeur

www.editionsorizons.fr

Philosophie, une collection dirigée par Jad Hatem

Partout où l'on annonce à grands cris la fin de la métaphysique et là même où l'on croit pouvoir enterrer en silence la libre pensée, c'est l'homme en la totalité de son être et en sa dimension de transcendance qui est en péril. Rien, d'une certaine manière, n'est plus vulnérable qu'elle car elle est tout l'homme. Elle s'expose à la déchéance car la liberté est son essence.

Insulté par Agamemnon, Achille est sur le point de s'emporter et de tuer son rival quand Athéna, venue l'apaiser, se place derrière lui et le retient par la chevelure. Il se retourne et la reconnaît seulement pour lui. La main qui guérit la passion est en même temps la main qui dessille les yeux. Par la conversion qu'elle opère, la sagesse est vision de l'invisible. « Nous sommes tous », dit Plotin, « comme une tête à plusieurs visages tournés vers le dehors, tandis qu'elle se termine vers le dedans par un sommet unique. Si l'on pouvait se retourner ou si l'on avait la chance d'avoir les cheveux tirés par Athéna, on verrait à la fois Dieu, soi-même et l'être universel ».

D.C.

ISBN : 978-2-336-29837-5

Heidegger
ou la détresse du monde

Critique de la raison systémique

Dans la même collection :

Monique Lise Cohen, *Récit des jours et veille du livre*, Orizons, 2008

Monique Lise Cohen, *Emmanuel Lévinas et Henri Meschonnic, résonnances prophétiques*, Orizons, 2011

Riccardo Di Giuseppe, *Le Voyage de Parménide*, Orizons, 2011

Jad Hatem, *La poésie de l'extase amoureuse, Shakespeare et Louise Labé*, Orizons, 2008

Jad Hatem, *L'art comme autobiographie de la subjectivité absolue, Schelling, Balzac, Henry*, Orizons, 2009

Jad Hatem, *Rupture d'identité et roman familial*, Orizons, 2011

Jad Hatem, *Barbey d'Aurevilly et Schelling*, Orizons, 2012

Gianfranco Stroppini de Focara, *D'Alexandre à Jésus*, Orizons, 2013

Laurent Millischer

Heidegger ou la détresse du monde

Critique de la raison systémique

2014

Pour Marie, éternellement.

« Trouver la forme convenable, pour que l'éducation de la pensée ne soit confondue ni avec l'érudition, ni avec la recherche scientifique, c'est bien là la difficulté. Le danger reste surtout patent lorsque la pensée doit en même temps et toujours trouver d'abord son propre lieu de séjour. Car penser au beau milieu des sciences veut dire : prendre ses distances sans nullement les mépriser. »

M. Heidegger, *Le mot de Nietzsche « Dieu est mort »*.

Introduction
La détresse en acte

De l'actualité comme suspension

Commençons par un lieu commun, que Léon Bloy n'eût peut-être pas rechigné à inclure en son *Exégèse*, et que la panique philosophique contemporaine aime à s'envoyer en travers de la figure : « quelle pensée pour notre temps ? » L'idée que la pensée aurait à s'*adapter* au temps présent en vue d'y *convenir*, voilà bien l'incongruité majeure de ce temps, sorte de narcissisme inouï posant comme *principe* que la pensée elle-même serait devenue facultative face à l'énormité de l'accomplissement de l'époque, en conséquence de quoi elle n'aurait plus qu'à tâcher de s'y faire une petite place — comme on dit « se faire une situation ». Ne devrait-on pas déclarer plutôt « quel temps pour la pensée », en laissant suspendu le sens interrogatif ou affirmatif de la proposition, qui pourra signifier à la fois « quel sera le temps de la pensée ? » et « sale temps pour la pensée ! » ? Cela voudrait dire que ce temps est un temps de *suspension*. Mais suspension à quoi ? Par définition, une suspension est suspendue à sa résolution. Comment, alors, ce qui est suspendu pourrait affirmer son accomplissement ? Comment appeler la résolution tout en affirmant qu'elle est déjà là ? Se pointe ici une césure au cœur de la suspension propre à ce temps, qui ne peut avoir qu'une signification : cette suspension se tient comme processus d'actualité. Le temps présent est temps d'actualité, par quoi sa question centrale serait bien la suspension propre à toute actualisation.

Le moins que l'on puisse dire, en effet, c'est que l'actualité n'est pas un concept « rare ». Notre temps, à entendre ce qui s'y dit, et à le dire soi-même, est sans doute un temps particulièrement préoccupé, concerné par ce concept d'actualité, qui y est devenu proprement un nom commun, en même temps qu'un nom fondamental : le nom d'un fondement commun, répété quotidiennement comme tel. Cette répétition frappe de son insistance et de sa radicalité. Car enfin, notre temps est sans doute le premier où peut s'énoncer chaque jour sur la « place publique », devenue « sphère publique » — énonciation qui peut elle-même être effective ou non, qui peut n'en rester qu'à la virtualité du sous-entendu ou aller jusqu'à se prononcer réellement, mais dont l'énoncé est bien toujours actif, qui déclare en substance : « l'actualité nous tient en haleine ». Nul doute là-dessus, nous sommes bien, nous les hommes du temps présent, c'est-à-dire de l' « hyper-modernité » qui s'est constituée sur les déflagrations sans précédent du XXe siècle, les premiers humains à pouvoir faire une telle déclaration publique.

« L'actualité nous tient en haleine », c'est-à-dire l'actualité « tient » chacun de nous, elle fait tenir l'homme du présent, en même temps qu'elle soutient l'intégralité de son monde — en conséquence de quoi, par parenthèse, il convient alors d'adapter la pensée elle-même à cette tenue, le poncif trouvant ainsi son fin mot : « quelle pensée pour notre temps d'actualité ? » Entendre quelque chose de cette extraordinaire et inédite préoccupation — inédite par son ampleur et la radicalité de son insistance — impose précisément d'en revenir au concept même de l'*actualitas* dont se nourrit le nom commun. L'actualité, dans la conformation même du terme, c'est l'être-actuel, en même temps que l'ensemble de ce qui est actuel. Elle est un mode d'être, et l'ensemble de tout ce qui possède ce mode d'être qu'est l'« être-actuel ». Elle est donc un concept essentiellement ontologique, décrivant la relation d'un étant à son être comme « acte », et regroupant l'ensemble de tous les étants pris dans cette relation. Il faut alors se demander ce qu'est l'« acte » déterminant l'être-actuel. Qu'est-ce, donc, qu'être selon la relation à l'acte ? Qu'est-ce que l'être qui procède de l'acte ?

Tout de suite s'impose ici une distinction. Procède de l'acte ce qui y *participe*, ce qui est de la nature de l'acte lui-même, ce qui est « dans » l'acte, c'est-à-dire sa consistance, ce en quoi l'acte, proprement, consiste : ce qui procède de l'acte, c'est ce que l'acte « est ». Prenons un exemple simple : « je joue », à ce qu'on voudra, signifie d'abord le cours d'un jeu. L'accent porte sur le déroulement même ; il pointe vers cela que s'effectue un jeu. L'être-actuel est alors déterminé comme « être-agissant », être actif, être dans le mouvement de l'acte. C'est l'*effectuation*. Mais d'autre part, procède de l'acte ce qui en *provient*, ce qui est le résultat de l'acte, ce en quoi l'acte s'actualise, ce qu'accomplit proprement l'acte. Dans notre exemple, c'est le jeu lui-même, comme réalisé par l'acte. C'est l'*accomplissement*. Ici s'éclaire un peu la suspension entre affirmation d'accomplissement et attente de résolution.

Cette distinction essentielle, nous allons la retrouver dans toutes les déterminations possibles du concept d'actualité. Elle est la nuance propre à ce concept, qui s'ouvre dès que le mot est posé. Elle se retrouve, par exemple, dans la traduction ambiguë de l'*actualitas* latine, qui adverbialement donne l'anglais « *actually* », c'est-à-dire « en acte », « réellement », « effectivement », où l'on retrouve le premier bord de la distinction, celui de l'effectuation, et le français « *actuellement* », c'est-à-dire « présentement », « maintenant », dans l'accomplissement de la présence, où l'on retrouve le second bord de la distinction, celui de l'accomplissement. Cet exemple nous donne une indication sur la teneur de la distinction. Le concept d'actualité est ainsi un nœud où se relient intimement *l'être, l'effectif et le temps*. L'accomplissement ouvre en effet la dimension de la présence, en tant que ce qui s'accomplit se présentifie comme état présent provenant de l'acte : une telle configuration institue donc les trois dimensions du temps au sein même de l'acte, mais en centrant l'effectivité de l'acte sur le présent de ce qui s'accomplit. Mais ce présent, à son tour, n'est tel qu'en tant qu'il *provient* de l'acte lui-même tourné résolument *vers* l'accomplissement.

Ainsi, l'actualité comme accomplissement, ou plutôt être-accompli, recouvre ce que Heidegger avait, dans son maître-ouvrage *Être et Temps*, découvert sous le thème des « extases du temps », où le temps se révèle dans son essence propre comme horizon de l'être. Le premier bord de la distinction, celui de l'actualité comme consistance de l'acte, donc effectuation, présente quant à lui une configuration différente du nœud de l'être, de l'effectif et du temps. Le temps n'y est, en effet, pas déterminé comme horizon de l'être, mais simplement comme dimension de l'effectuation, c'est-à-dire mouvement. La consistance de l'acte est l'effectuation, le mouvement vers l'effectif.

D'un côté, nous avons donc l'actualité comme déroulement temporel de l'acte dans la consistance de l'effectuation : le temps est alors simple transformation, le mouvement de l'effectuation. C'est le mouvement du jeu dans notre exemple, son déroulement. Dans cette première configuration, l'être est l'horizon du temps, en tant qu'être effectif. De l'autre côté, celui de l'être-actuel comme être-accompli, l'actualité est la présentification de l'effectivité comme présence du présent, c'est-à-dire concaténation présente — entendons « actuelle » — de la provenance du « tourné vers » en quoi consiste la relation de l'accomplissement à l'acte. Dans cette seconde configuration, le temps est l'horizon de l'être, et l'« effectif » doit être alors pensé comme accomplissement. On le voit, la distinction présentée est tout à fait essentielle : en elle consiste la tension propre à l'actualité, comme lieu intime de la relation de l'être et du temps, dont l'effectif est la médiation. Aussi, la nuance en question peut à bon droit être considérée comme l'essence même de l'actualité, ce qui doit donc se retrouver dans toutes ses déterminations.

Or, qu'est-ce qu'une détermination de l'actualité ? De quoi dépend une configuration donnée de l'être-actuel ? Essentiellement, de ce à quoi l'actualité s'oppose. Déterminer, c'est délimiter. La configuration de l'actualité est donnée par la configuration de la relation « être actuel-être non actuel », actualité-inactualité. Trois déterminations fondamentales peuvent alors être détachées. La première — qualifions-la de « classique », ou « aristotélicienne » ; c'est à la fois la plus importante et la plus fondamentale, qui constitue donc la référence, par l'intermédiaire notamment de la métaphysique médiévale, et spécialement thomiste — oppose l'*acte à la puissance*, et configure l'actualité comme *causation*. La seconde — « moderne », ou « hégélienne » au sens où c'est bien Hegel qui en a décrypté les plus extrêmes conséquences, en tant que fondement même de la « modernité » depuis Descartes – oppose *réel et virtuel*, assimilant l'actuel au réel et l'inactuel au virtuel ; la relation de médiation, dévolue à l'effectif, est ici tenue par le concept. Cette seconde détermination configure l'actualité comme *opération*. Enfin, la troisième détermination — « technique », ou « heideggérienne » — oppose le *dévoilement* à l'*événement*, liant l'actuel au dévoilement de vérité, d'une part, et l'inactuel à l'événement qui précède tout dévoilement, et qui en tant que tel a pour attribut essentiel le *retrait*. L'inactuel est alors essentiellement événement de présence ayant toujours déjà eu lieu avant tout processus d'actualisation du dévoilé, et restant par essence inaccessible au dévoilement. Cette troisième détermination de l'actualité configure cette dernière comme *manipulation,* ou *calcul.*

Revenons à la première configuration. L'actualité — dans sa double entente, dans sa nuance essentielle que nous avons décrite comme être-en-acte et être-accompli — peut d'abord se présenter comme opposée à la puissance, que nomme le grec δύναμις *(dunamis)*, dont Aristote a fait le principe de sa physique. On oppose ainsi la force, la puissance, c'est-à-dire la capacité, la possibilité inscrite mais non réalisée, car non mise en œuvre, à l'acte de la force, qu'Aristote nomme ἐνέργεια *(énergeia)*, c'est-à-dire la mise en œuvre *(ergon)* de la capacité, la réalisation de la possibilité. L'acte est ainsi la venue, l'érection en son être propre de ce qui, par nature, est en mouvement, c'est-à-dire ce qui, pour être, doit s'accomplir.

Il s'agit là, on le voit bien, d'une détermination essentiellement *physique* de l'acte, en tant qu'elle se fonde systématiquement sur la *phusis* de la chose, sa « nature » au sens de sa venue à l'être comme arrachement à la pure puissance. Notons que l'on retrouve, chez Aristote, la nuance indiquée précédemment, sous la forme de la distinction *énergeia-entelechia*, l'entéléchie étant la forme accomplie, arrivée à la perfection de l'acte. Il n'est pas anodin qu'Aristote emploie parfois l'un pour l'autre, dès lors qu'il s'agit d'abord de déterminer l'opposition puissance-acte, et non pas de marquer la nuance interne à l'acte lui-même. Dans ce cadre essentiellement « physique », au sens indiqué, le processus d'actualisation comme arrachement à la pure puissance est processus de *causation*. Ce pourquoi, ne cesse d'indiquer Aristote dans sa *Métaphysique*, la recherche des causes premières est l'essence de la philosophie, en tant que cette dernière a précisément en garde de dire l'essence de l'être-actuel. Ainsi, la théorie des quatre causes formelle, matérielle, efficiente et finale, n'est rien d'autre que la présentation des modalités de l'*énergeia*, des modalités de l'actualisation. L'ἕξις *(héxis)*, la disposition, l'état physique, sujet du mouvement de l'acte, est alors la médiation de l'effectif.

À cette conception « physiciste » du concept ontologique d'actualité s'oppose une conception « spiritualiste »[1], pour laquelle la *phusis* elle-même n'existe que par la médiation du concept. Toute puissance ne peut plus être alors que puissance du concept lui-même, et l'être-actuel est univoquement la prise dans le concept de la chose actualisée. L'actuel est le concept, au même titre que le réel est le rationnel. Aussi l'actuel s'oppose-t-il au virtuel en tant qu'attente de la réalisation de l'acte comme venue au concept, à savoir son *opération*. L'ontologique est dans ce cadre, ramené à une simple configuration du et en vue du « spirituel en acte ». C'est pourquoi ici, comme le rappelle Hegel dans la première partie de ses Logiques, l'être n'est que le plus bas degré de l'effectif, l'abstraction pure, le *néant*. L'ontologie fait ainsi place à la phénoménologie de l'Esprit, l'actualité à l'effectuation du concept. Le nœud de l'être, de l'effectif et du temps est ici concentré sur l'effectif, comme « unité de l'essence et de l'existence », à savoir la réalisation de l'Esprit — qui après la « préparation ontologique », occupe toute la seconde et principale partie de cette Phénoménologie — par et dans la médiation du concept, comme « l'absolument concret ».

La détermination aristotélicienne de l'actualité laissait séparé l'être-actuel de sa pensée. Hegel les rend indissociables, mais au prix d'une circularité absolue de l'effectif sur lui-même, et donc au prix : 1) de la quasi-disparition de l'opposition actuel-inactuel, le « virtuel » n'étant plus qu'un état d'attente, la réalité brute — degré zéro de la réalité — avant toute prise par le concept ; 2) par conséquence du

1. Nous ne disons pas « spirituelle », un tel spiritualisme du concept pouvant fort bien passer pour un pur scandale spirituel, c'est-à-dire comme la forme la plus dégradée de la pensée de l'Esprit et de la conception de la médiation. Il n'empêche, et c'est ce que nous retenons ici, qu'il y a bien une « revendication » de l'Esprit, par laquelle la question de la médiation est rendue centrale. Cette distinction entre « spiritualisme » et « physicisme » applique à l'acte ce que l'opposition traditionnelle entre « idéalisme » et « réalisme » applique à l'être.

1), de la quasi-disparition de l'être-actuel lui-même qui, se trouvant réduit à l'effectif pur, n'est plus apte à tenir l'intime lien de l'être et du temps : le nœud se résolvant dans et par le concept, il disparaît purement et simplement dans le processus dialectique.

C'est pourquoi la troisième détermination revient sur la deuxième, mais en évitant l'écueil du physicisme radical. Au physique pur et au spirituel pur, elle oppose le *phénoménologique* pur. À la causation et à l'opération elle oppose la *manipulation* réciproque de l'être et du *Dasein* — « être-là » ou « être-le-là », c'est-à-dire l'existant en tant que l'étant concerné et préoccupé par son être, l'étant pensant donc. L'actualisation, comme venue en son être propre, est d'abord pensée comme sortie du « caché » par le don de la présence du présent, du dévoilé, événement absolument inapparent qui rend possible tout apparaître, tout *phénomène*. Ce qui apparaît en acte, le phénomène, provient du don de présence qui, en tant que ce pur don, se retire, reste hors du paraître. Cette distinction radicale de l'événement reposant sous tout acte et de l'acte de dévoilement, fait de tout apparent le simulacre de l'événement. L'actualité se voit ainsi identifiée à la phénoménalité fondée dans l'événement inapparent[2]. Or une telle configuration présente le risque ontologique par excellence, à savoir que l'apparaître n'apparaît que dans l'oubli du don qui le rend possible. Oubliant sa venue en présence, l'actuel se fait alors pur acte d'auto-détermination, d'auto-imposition sur fond d'événement oublié. Dès lors, l'actualité de l'acte est sommée d'investir l'intégralité de l'étant. La question de l'actualité devient ainsi la question ontologique par excellence : le fondement du « Monde », en tant que lieu pour tout apparaître, pour toute venue en présence.

Cette détermination, nous l'avons dit, se fonde sur l'opposition, radicalement nouvelle, de l'acte et de l'événement : l'événement précédant tout acte, et tout acte n'étant véritablement acte que dans l'oubli de l'événement qui le rend possible. Dans ce cadre, l'actualisation consiste en une *manipulation*, au double sens de transformation calculée et de simulacre. L'acte manipule la chose pour la rendre artificiellement et illusoirement autonome et indépendante de

2. En quoi la phénoménologie heideggérienne est bien, selon l'ultime formule paradoxale du séminaire de Zähringen, une « phénoménologie de l'inapparent ».

l'événement dont elle provient pourtant, en quoi il est, en son essence même, *simulacre*. Le phénomène est le simulacre «en acte». On voit combien l'être-actuel est ici porteur d'une profonde ambiguïté, qui n'est rien d'autre que la réactivation de la nuance introduite au départ. *En deçà* des oppositions catégorielles actuel-virtuel, acte-puissance, réalité-possibilité, l'événement est le Possible comme tel, qui donne en se retirant: son retrait est ainsi la condition même du monde. Or l'effectuation du monde, c'est-à-dire son actualité, est son arrachement au Possible, et autonomisation de soi dans la présence. Aussi l'actualité est-elle en son essence destruction de ce qui la rend possible. Toute l'ambiguïté est là: entre forçage de l'effectuation et attente de l'accomplissement, l'être-actuel est proprement suspendu aux possibilités de son propre désastre. Comme effectuation, être-en-acte, il manipule le nœud de l'être, de l'effectif et du temps, pour ne faire du temps que le simple mouvement de la réalisation de l'effectif, s'interdisant à lui-même tout accomplissement dans l'horizon du temps comme *provenance* de l'acte et *tour vers* l'être-accompli — en un mot: œuvre.

Ainsi, avec cette troisième détermination, qui marque le devenir de la question ontologique de l'actualité comme fondement même du monde, c'est-à-dire de la venue en présence, ce qui était au départ déterminé comme nuance interne essentielle à l'être-actuel, à savoir la nuance effectuation/accomplissement, est devenue *contradiction* interne qui, en tant que l'être-actuel doit désormais plus justement se nommer être-monde, «mondanité», est également contradiction à la fois interne et externe: elle est la contradiction du monde lui-même, où domine l'effectuation pure d'un «faire» qui s'interdit tout «devenir-œuvre». L'*ergon* n'y est plus qu'effectuation sans œuvre, par quoi se signe la détermination *technique* de l'*actualitas*. La disjonction absolue de l'effectuation et de l'accomplissement devient le fondement même du monde comme tout de la phénoménalité, en soi contradictoire. Cette contradiction fondamentale contraint alors l'être-actuel à la suspension perpétuelle entre le forçage réitéré de l'effectuation et l'horizon rendu inatteignable de l'accomplissement. Que le pur «faire»[3], le forçage de l'effectuation, la pure production,

3. La *Machenschaft*, qui fonde et oriente l'intégralité des *Beïtrage*, les *Apports à la philosophie*.

oblitère cette suspension principielle, n'enlève rien à ce fait massif qu'il en est la manifestation même. Dans la production technique sans limite s'épuise l'attente de l'œuvre. Rien d'étonnant, alors, que cette actualité, l'époque elle-même y soit *suspendue*. Rien d'aberrant dans la radicalité et la nouveauté de cette pourtant si étrange déclaration : « l'actualité nous tient en haleine ». Ce temps est celui de l'accomplissement de l'*actualitas* comme régime de l'effectuation perpétuelle, en quoi il est pure suspension — *épokhè*. Ce temps est donc « époque de l'époque », époque de la mise en scène absolue et totale de l'époque comme telle. Le « narcissisme inouï » dont il était question au début trouve ici quelque peu sa raison d'être, qui est d'ordre métaphysique. Directement relié à cette nouvelle ontologie de l'*actualitas* comme pure *épokhè*, il est bien le narcissisme de l'époque où s'accomplit le monde comme tout de l'effectuation. Mais c'est qu'alors, face à une telle mise en scène de l'*épokhè*, à cet assez monstrueux, du moins étrange « mondo-centrisme » du temps présent, doit subsister l'impératif d'un questionnement de l'époque en tant que telle, de sa suspension principielle. À vrai dire, cet impératif domine. Il est ce que doit être la « pensée de ce temps ».

Les temps de détresse

Quelle serait la thématique générale permettant d'orienter un tel questionnement ? Des prémisses en ont déjà été indiquées. La configuration « technique » de l'actualité serait le fondement métaphysique de notre temps, en quoi celui-ci accomplirait l'*actualitas* comme suspension, *épokhè*. Filons notre hypothèse. L'acte est désormais pur mouvement sans œuvre, par quoi l'actualisation est manipulation et simulacre, c'est-à-dire, fondamentalement, *technique*. Ce qui règne alors est la contrainte du forçage de l'effectuation, renvoyant l'accomplissement au pur horizon mondial, en tant qu'en ce temps, seul s'accomplit le *monde* comme tout de l'effectuation. À cette contrainte de l'acte répond la contrainte de la pensée elle-même, devant répondre à l'impératif du questionnement de l'*épokhè*, comme suspension de l'*actualitas*.

Deux conséquences découlent de ce qui vient d'être dit. D'une part, si l'ontologie de l'acte se voit contrainte au strict mouvement de l'effectuation, alors se trouve en jeu de manière inédite la relation de la philosophie à la science. En effet, l'acte comme mouvement n'est rien d'autre que la forme scientifique de son appréhension, le «fait» du mouvement comme processus causal, ou dynamisme naturel[4]. À l'inverse, la face d'accomplissement renvoie à la forme poétique de l'acte, comme accomplissement d'œuvre. Ainsi la configuration «classique» correspond à une tenue par la philosophie d'un entre-deux rendant compte de la nuance essentielle à l'acte, entre effectuation et accomplissement, entre science et poétique, entre action et œuvre. C'est précisément cette tenue qui semble devoir voler en éclat dans la configuration «technique». D'autre part, la suspension principielle de l'actualité induit la double contrainte mentionnée. Celle-ci peut se dire d'un mot: elle est la contrainte de la *détresse*, qui est à la fois détresse du monde et détresse de la pensée. Autrement dit, si le temps présent est intégralement effectuation d'actualité et perpétuel renouvellement suspendu de cette effectuation, à la «question-tarte» du début — dans laquelle la pensée se voit sommée de se soumettre à l'accomplissement du temps comme pure *actualitas*, et à sa proclamation, en vue d'y *convenir* — il faut substituer la seule question qui en réalité, et inversement, convienne à la fois à la pensée elle-même et à la situation de l'époque: comment penser la détresse du temps de l'accomplissement technique de la science? Telle serait ainsi la «petite place» réservée à la pensée en ces temps de détresse: la détresse elle-même, qui doit devenir le *lieu* de la pensée, son *topos* — ce qui veut tout aussi bien dire son foyer que son orientation, ou, dans le langage de Heidegger, son *origine* en même temps que son *destin*, le lieu tenant ainsi autant de l'espace que du temps, parce que devant être pensé comme *lieu de déploiement*[5].

4. Nous entendons évidemment le terme «science» en son sens moderne, spécifique, celui des sciences naturelles — les «physiques» d'Aristote — ou «sociales», «humaines», ces dernières empruntant aux premières leur forme et leurs méthodes, et surtout leur représentation fondamentale de l'acte. Il s'agit donc de la science au sens des «sciences particulières».

5. De manière explicite les *Beïtrage zur Philosophie*, les *Apports à la philosophie*, parlent ainsi de «l'espace-et-temps», *der Zeit-Raum*.

Dans l'universalisation forcenée de l'*actualitas*, la pensée ne peut tirer sa seule orientation que de la consistance même de cet accomplissement généralisé de la pure effectuation, en tant précisément qu'il est fondamentalement manipulation et simulacre, c'est-à-dire *technique*, et du coup en même temps *détresse*. C'est bien la direction prise par Heidegger. C'est même, devrions-nous dire, sa découverte propre et son coup de génie : le destin de la pensée ne peut être conçu que comme irrémédiablement suspendu à la pensée de la technique comme *destin*. Cette universalisation technique a une double signification : elle est l'universalisation d'une « ontologie » d'ordre purement scientifique, par quoi se voit remise en cause l'idée même d'ontologie, et donc la place de la philosophie dans l'orientation de la pensée ; et elle est simultanément l'universalisation de la détresse contraignant la pensée dans l'accomplissement du « mondial ». Le questionnement de l'époque doit donc à la fois tâcher de circonscrire le contour de cette « ontologie » scientifique qui semble désormais devoir s'imposer, faisant office de métaphysique accomplie du temps présent, et investir ce « lieu » de la détresse, comme son propre horizon en même temps que le cœur de la mondanité contemporaine.

Dès lors, il apparaît clairement qu'un tel questionnement ne saurait pouvoir contourner l'œuvre de Heidegger. Bien que celle-ci s'apparente à un massif possédant de nombreux versants, l'hypothèse soutenue ici est bien qu'elle possède une ligne directrice en la figure de ce double horizon de l'accomplissement de la technique, dont le trait majeur n'est rien moins qu'une révolution des rapports de la philosophie à la science, et de la détresse comme « tonalité » de cet accomplissement. Heidegger est par excellence le penseur de la « détresse en acte », parce qu'il est le penseur de la technique comme destin de la métaphysique.

Il peut paraître quelque peu cavalier d'adopter une telle ligne, qui suppose une certaine unité de l'œuvre du philosophe, malgré les évidents virages de sa pensée, les fameux « tournants » largement commentés dans la littérature « heideggérienne ». Sur ce point, les choses sont claires : nous faisons en effet ici le pari, assumé, d'une unité sous-jacente aux tournants, donnée par le double horizon qui vient d'être mentionné. Nos développements tâcherons bien sûr de le justifier. Mais nous pouvons d'ores et déjà en donner un indice en citant l'introduction du cours de 1920 consacré à la *Phénoménologie de la vie religieuse*, mettant déjà très clairement en relation cette démarcation de la philosophie et de la science avec le thème recteur de la détresse :

> « On ne peut reprocher à la philosophie de tourner constamment en rond dans des questions préalables que si l'on emprunte le critère du jugement que l'on porte sur elle à l'idée des sciences et qu'on exige d'elle la solution de problèmes concrets et l'édification d'une vision du monde. Moi, je veux accroître et éveiller cette détresse de la philosophie qui tourne toujours en rond dans des questions préalables, au point d'en faire réellement une vertu. »

Et plus loin il précise :

> « Nous soutenons la thèse suivante : la science se distingue principiellement de la philosophie. »[6]

On voit bien ici apparaître un souci philosophique qui ne le quittera tout simplement pas. Il constitue le cœur de son interrogation du « problème » qu'est devenue l'existence même de la philosophie face à cet accomplissement technique de la science. Bien après, la conférence de 1956 *Qu'est-ce que la philosophie ?* déclare comme en écho :

> « Si cette question [de l'essence de la philosophie] provient d'une détresse dont elle demeure nourrie, si elle ne reste pas seulement une question de pure apparence servant de thème de conversation, alors la philosophie, en tant que philosophie, doit nous être devenue problématique. »[7]

6. M. Heidegger, *Phénoménologie de la vie religieuse*, trad. fr. J. Greisch, Paris, Gallimard, 2012, p. 14-19.

7. M. Heidegger, « Qu'est-ce que la philosophie ? », trad. fr. H. Corbin, *Questions I et II*, Paris, Gallimard, coll. « TEL », 1968, p. 318.

La détresse de la pensée n'est ici rien moins que le critère même de son sérieux, à partir duquel seul elle peut authentiquement s'engager dans le questionnement de la situation de la philosophie. Cette « situation » de l'époque, ce lieu, c'est désormais la « détresse » qui l'indique, bien loin donc du *thaumadzein*, de l'étonnement grec. Comme l'actualité, les temps semblent bien avoir changé. Alors, qu'est-ce que cette détresse qui s'actualise avec l'accomplissement technique du monde comme tout de l'effectuation, pour en constituer ce qui semble être non pas le cœur, mais la forme même, ou le « ton » ? Que sont donc ces « temps de détresse » censés dire le fin mot de la thématique générale de l'accomplissement de la technique, dont nous avons commencé à voir qu'elle signifie une forme d'affranchissement de la science vis-à-vis de l'ontologie philosophique ? Ils pourraient certes s'apparenter à un simple complément circonstanciel s'ils ne tranchaient pas si vivement avec le contenu même de cette thématique, recouvrant les rapports de la philosophie et de la science. À vrai dire, ces « temps de détresse » que nous collons un peu violemment au thème général n'en donnent pas tant une circonstance ou un contexte, qu'une *tonalité*, comme nous l'avons déjà indiqué, reprenant là un vocable typiquement heideggérien. Cette tonalité, quelle est-elle ? Il faut ici éviter d'une part l'ancrage strictement affectif d'une détresse purement subjective, qui n'aurait pour le coup que peu de sens, face au thème en question et appliquée au temps lui-même. Il ne s'agit pas de s'interroger sur la situation de la science et de la philosophie en « temps de grande dépression ». Du reste, la dépression en question ne dit finalement pas grand-chose de la situation, dont le *sens*, au-delà de la simple constatation « factuelle », est bien porté par ce qui échappe au fait brut et insensé, à savoir la détresse. Il convient également d'éviter l'ancrage circonstanciel, qui serait purement et simplement un contresens. Les « temps de détresse » ne sauraient en aucune manière se ramener, se réduire, se circonscrire à quelque chose comme des « temps de crise » par exemple. Ce qu'il s'agit d'emblée de poser, est bien que toute crise, toute dépression, doivent d'abord être pensées eu égard à une détresse plus fondamentale que son interprétation critique ou sa manifestation affective, et dont il s'agit d'aborder la texture propre. Dans la « crise », d'une certaine façon, la question de la détresse est déjà réglée par l'interprétation critique : elle est purement et simplement ignorée. Rappelons que le mot même indique cette secondarité de la crise : *krisis* en grec, qui vient du verbe *krinein*, juger, c'est la situation du jugement dans laquelle se montre une discrimination, une séparation entre des termes. C'est donc le moment décisif qui ouvre la possibilité de l'*apophansis*, c'est-à-dire de l'énoncé du jugement attributif, au sens logique, le jugement proprement dit, l'affirmation, c'est-à-dire ce qui affirme le vrai quant à ce qui se présente devant la crise, ce qui dit la réalité propre de la situation dans laquelle il y a crise ; c'est aussi bien le sens logique que médical. Faire face à la crise, c'est déjà prendre congé de la détresse. La faire passer en retrait, par devers soi. Alors que la détresse est éminemment ce à partir de quoi seulement quelque chose comme une crise peut être désignée et énoncée.

L'expression des « temps de détresse » fait explicitement référence à un texte de 1946, *Pourquoi des poètes ?*, que l'on trouve dans le recueil des *Chemins qui ne mènent nulle part*, les fameux *Holzwege*. Heidegger y aborde directement, c'est l'une des rares fois, cette question de la détresse, faisant de ce texte le point de départ obligé dans notre perspective. Or ces « temps de détresse » y sont une citation d'un vers de Hölderlin, par lequel démarre le texte de Heidegger. Ce vers, tiré de l'élégie *Pain et vin*, demande :

> « ...et pourquoi des poètes en temps de détresse ? »

Nous voici directement ramenés à ce que nous avions désigné comme le bord poétique de l'*actualitas*, celui de l'accomplissement d'œuvre, dont nous avons dit qu'il est par essence en tension avec le bord scientifique de l'effectuation, tension devenue contradiction dans la configuration technique de l'actualité. Précisément ce texte si capital tâche, entre autres, de caractériser ces « temps de détresse » à partir de la configuration métaphysique des « temps modernes ». Or celle-ci y est bien clairement articulée à partir de la question centrale de l'*objectivation*, c'est-à-dire du mode scientifique d'accès au domaine de l'étant, et à sa transformation résultant de l'installation inconditionnée de l'ordre technique. En ces temps, donc :

> « L'homme place devant lui le monde comme l'objectif en son entier, et il se place devant le monde. [...] La science moderne et l'état totalitaire constituent, en tant que conséquences nécessaires du déploiement essentiel de la technique, en même temps sa suite. [...] Que l'on croie trouver aujourd'hui tout sérieusement, dans les résultats et dans la situation de la physique atomique, des possibilités de prouver la liberté humaine, et d'ériger une nouvelle doctrine des valeurs, n'est qu'un exemple de plus de la domination de la représentation technique dont le déploiement s'est pourtant déjà depuis longtemps soustrait au domaine des idées et opinions personnelles. »[8]

Nous retrouvons ici, par le biais de l'objectivité, les différents éléments articulés précédemment à partir de l'actualité. Il est bien question de caractériser la détermination moderne de la représentation, donc du mode métaphysique de la donation d'objet. Or celle-ci se voit précisément directement reliée à ce que l'on pourrait nommer le destin technique de la science, dont les Temps modernes constituent la manifestation insigne, par la constitution du monde comme *tout de l'objectif*, comme nous avons vu qu'il est le tout accompli de l'effectuation. Notons en passant que la référence toute contextuelle, en 1946, à la physique atomique, pourrait parfaitement correspondre aujourd'hui à une mention, par exemple, de la génétique, mais aussi de la sociologie, de la théorie du chaos, ou, plus généralement — nous tâcherons précisément d'établir ce point — à la science comme *théorie générale des systèmes*, englobant tous les « cas » exemplifiant la spécificité de la science moderne. Alors, quelle relation établir entre cette configuration métaphysique inédite, organisant le mode même de l'objectivation représentante, et la détresse censée caractériser notre temps ? C'est que précisément, dit Heidegger :

> « Pour autant que l'homme se perd dans l'objectivation de l'étant, il reste sans abri au milieu de l'étant. »[9]

8. M. Heidegger, « Pourquoi des poètes ? », *Chemins qui ne mènent nulle part*, trad. fr. W. Brokmeier, Paris, Gallimard, coll. « TEL », p. 345-348.

9. *Ibid.*, p. 359.

L'homme est ainsi comme perdu au sein du domaine de l'étant. Comment une telle perte peut-elle advenir, lorsque précisément ce qui domine est la représentation tous azimuts de ce domaine ? Comment une surabondance apparente peut-elle se révéler désertique ? Ce sont évidemment là les questions massives qui seront notre fil rouge. Indiquons simplement ici quelques points. Nous commençons à apercevoir cette tonalité à laquelle nous avions fait référence. Elle est bien celle d'une confrontation entre deux modes du dire de l'étant, dont nous avons donné une première figure dans la contradiction du monde lui-même entre effectuation et accomplissement d'acte. D'un côté, nous avons surabondance du mode de représentation scientifique, face à laquelle s'opère comme une rupture dans l'accès à l'étant — rupture qui produit la perte — et dont la relation à la poésie doit précisément témoigner, dans une lutte incessante avec la perte. Ce qui signifie également que la détresse doit devenir le maître-mot de cette lutte. Car précisément, la détresse, pour être entendue, et avoir une chance d'être pensée, doit d'abord se *signaler*. Aussi Heidegger donne-t-il au tout début de son texte une indication capitale :

> « À supposer qu'à ce temps de détresse un revirement soit encore réservé, ce revirement ne pourra survenir que si le monde vire de fond en comble, et cela signifie tout uniment : s'il vire à partir de l'abîme. »[10]

L'abîme *(Abgrund)* nomme « l'absence totale de fondement », par quoi s'opère la perte dans l'étant qui signale la détresse. Autrement dit, ce n'est qu'à partir de la pensée de la détresse qu'un revirement de la détresse elle-même est possible. Elle ne saurait donc être conçue autrement que comme l'horizon propre de la pensée, en tant que tonalité de la situation de l'époque structurée par l'opposition inédite des deux « dire » de l'étant que sont la science et la poésie.

Pourquoi y a-t-il ainsi deux modalités au dire de l'étant ? Le texte pose la question par son titre même : pourquoi des poètes, si la représentation scientifique du « monde » comme tout de l'objectif et

10. *Ibid.*, p. 324.

de l'effectuation, permet d'envisager une détermination totale de ce monde des étants ? Qu'y aurait-il de « plus » à dire de l'étant que ce qu'en dit, ou ce qu'est capable d'en dire, la science ? Cette question recouvre la manière par laquelle la science « moderne » est envisagée par Heidegger. Cette dernière est la science déclarant son pouvoir absolu, au moins sous la forme d'une potentialité, sur l'intégralité de ce qu'il y a à dire de l'étant. Potentialité « absolue », c'est-à-dire « absoute »[11] de toute restriction qui lui serait imposée de l'extérieur, déliée de toute représentation n'émanant pas d'elle-même. C'est tout le sens de la détermination kantienne des fameuses « Lumières » : la maxime « penser par soi-même », qu'il donne en sa *Logique*[12], est avant tout l'affirmation de l'autonomie de la raison scientifique. Autonomie qui est bien « totale », parce que totalisante. La science doit être autonome, elle doit se donner sa propre loi, parce qu'elle porte en elle la possibilité de dire la totalité du *nomos*, la totalité de la loi régissant le monde de l'étant. Dès lors, en effet, pourquoi des poètes ?

La référence à Hölderlin, qui démarre le texte, prend ici toute sa portée. Son vers, « ...et pourquoi des poètes en temps de détresse ? », répond en quelque sorte à la question même qu'il pose. Les poètes sont ceux qui disent la détresse dont à la fois se soutient et qu'écarte l'autonomie. Détresse sur laquelle l'autonomie totalisante repose, et en même temps sur quoi elle s'impose. Pour dire les choses plus prosaïquement, la détresse, l'autonomie « s'assoit dessus » : elle l'ignore et l'oblitère en même temps qu'elle s'en soutient.

Tout le texte *Pourquoi des poètes ?* est tendu vers cette étrange nécessité d'un autre dire de l'étant, qui serait celui dont le poème véritable aurait la garde. La question n'est alors pas de dire « plus » que ce que peut dire la science. Précisément, aucun étant n'échappe à la science, dès lors qu'elle est bien désormais le mode d'approche de l'étant comme tel. Il ne s'agit pas ici de circonscrire une région de l'étant sur laquelle la science n'aurait plus prise. Pas plus que Hölderlin, ou Rilke, convoqué là en vue du commentaire de la question

11. Le mot *absolutius*, « achevé, terminé », dérive du verbe *absolvere*, « détacher », utilisé au sens figuré pour « détacher du péché ».

12. E. Kant, *Logique*, trad. fr. L. Guillermit, Paris, Vrin, 1997, p. 63.

portée par le vers de Hölderlin, Heidegger ne sombre dans ce qui s'apparenterait à une espèce d'occultisme romantique, ou un irrationalisme, voire un obscurantisme, dont on l'affuble pourtant bien souvent. La pensée de la détresse qu'il tente d'ouvrir n'est pas une sorte d'anti-science obscurantiste qui chercherait des régions inaccessibles à la science. Cela, ce n'est rien d'autre qu'une manifestation, peut-être un peu maladive, de la domination même de la science, se traduisant par la revendication d'une *autre science*, d'une science alternative. Il n'est qu'à considérer l'exemple, un peu dérisoire ou pouvant paraître décalé ici, de la fascination pour ce qui porte de près ou de loin le titre de «paranormal»: s'y exprime une telle dépendance vis-à-vis de la science que tout «autre» ne peut s'y teinter que de la couleur scientifique, quant bien même il s'agirait alors de mauvaise science. C'est bien sûr là un exemple un peu excessif—personne n'a jamais accusé directement Heidegger d'occultisme—mais qui est bien relié à la question de l'obscurantisme, ou de l'irrationalisme—et là pour le coup, les accusations fusent. Tout occultisme s'avère une revendication extrême d'une science totale, ce qui le lie, soit dit en passant, au matérialisme: les tables ne tournent jamais autant que lorsqu'elles sont fabriquées en masse. En réalité, il y aurait ici deux distinctions à faire. Face au «normal» ordonné scientifiquement comme *naturel*, et dont le paranormal n'est qu'un symptôme, il faudrait distinguer d'une part, le *surnaturel* théologico-religieux, qui dit l'étant à partir de Dieu, et d'autre part une sorte d'*infra-naturel* ontologico-poétique, qui dit l'étant à partir de l'être.

Heidegger ne parle pas d'une autre science[13], mais bien d'un autre dire de la vérité de l'étant. Il pointe un obscurantisme résiduel qui serait celui de la science se faisant *scientisme*, c'est-à-dire ordonnatrice de l'entièreté de l'étant. Obscurantisme résiduel, et capital à la fois, consistant à fermer les yeux sur la détresse elle-même. Et ce qu'il convient de pointer alors n'est pas un «dire plus», mais un «risquer plus», que nomment précisément les vers de Rilke auxquels

13. Et encore moins, bien sûr, d'une foi. Cette absence, importante, et forcément discutable, répond là à une orientation foncière de Heidegger, qu'il n'est pas temps d'analyser ici. Nous tâcherons d'aborder ce problème délicat dans un second volume.

se consacre le texte. Or, quelle est la nature de ce risque supplémentaire ? Heidegger tâche d'en donner un aperçu :

> « La parole est l'enceinte (*templum*), c'est-à-dire la demeure de l'être. L'essence de la langue ne s'épuise pas dans la signification ; elle ne se borne pas à la sémantique et au sigle. Parce que la langue est la demeure de l'être, nous n'accédons à l'étant qu'en passant constamment par cette demeure. [...] Pensant à partir du temple de l'être, nous pouvons présumer ce que risquent ceux qui parfois risquent plus que l'être de l'étant. Ils risquent l'enceinte de l'être. Ils risquent la langue. »[14]

Le langage est l'accès même à l'étant. C'est donc bien dans ce qui constitue comme le « sous-sol » des relations qui commencent à se dessiner entre philosophie, science et poésie, à savoir le langage lui-même, qu'il convient de trouver l'explication des deux modes du « dire de l'étant ». Le sous-sol n'est pas tant ce sur quoi repose le sol, que ce qui le fait exister. Le sol n'existe pas, si ce n'est en tant que surface apparente du sous-sol. Autrement dit, le dire de l'étant n'est que la surface du recours au langage, de l'habitation même dans le langage. Science et poésie n'existent qu'en tant que surface du langage. Or c'est précisément dans ce rapport au « sous-sol » que se joue l'écart fondamental entre science et poème. Le langage de la science est essentiellement énonciation, comme « voie et moyen » dit Heidegger un peu plus loin. La science prend le sous-sol pour le support du sol. Elle croit à l'existence du sol de l'énoncé, dont le langage ne serait que le support. Elle n'a d'ailleurs pas, du reste, à faire autre chose, il faut tout de suite y insister, et renforcer cela que Heidegger n'est certainement pas à la recherche d'une quelconque réforme de la science. Mais, et c'est le point clef, à l'inverse ceux qui « risquent la langue » prennent pied dans le sous-sol. Ils savent l'inexistence du sol, si ce n'est comme pure surface du sous-sol. Ils disent l'étant dans l'élément pur de la parole qu'est la *diction* :

> « À la différence de l'énonciation, il y a un dire qui s'ouvre

14. M. Heidegger, *ibid.*, p. 373.

> expressément à la diction comme telle, sans pour cela raisonner sur la langue, ce qui en ferait aussi un objet. L'entrée à une diction caractérise un dire qui suit la trace de ce qui est à dire, uniquement pour le dire. »[15]

Dans l'expression « dire de l'étant », il faut donc pointer deux accentuations. La science accentue l'étant : elle est un « dire de l'*étant* », là où le poème accentue le dire même : il est un « *dire* de l'étant ». La détresse prend ici un nouveau tour : elle est bien contrainte, mais en tant qu'existence au cœur du langage, entre deux accents du dire, énonciation et diction, auxquelles correspondent, rappelons-le, deux modalités de l'acte, effectuation et accomplissement.

Pour clore cette rapide présentation de la question de la détresse telle qu'elle est posée par Heidegger, il convient de faire une remarque de traduction. Le terme français « détresse » traduit l'allemand « *die Not* », terme recteur de la pensée heideggérienne, dans le couple qu'il forme avec la « sérénité », « *die Gelassenheit* ». Pourtant, ce n'est justement pas la « *Not* » qui apparaît dans le texte de Hölderlin, et par transition dans celui de Heidegger. Il s'agit de « *Dürftige* », substantif de l'adjectif « *Dürftig* ». Le vers de Hölderlin dit ainsi : « *wozu Dichter in dürftiger Zeit* ». Ce second terme dit l'indigence, le manque, la misère. Il provient de la demande : le verbe *dürfen*, par extension, désigne le don de permission, l'autorisation, qui suit la demande. Cette indigence peut donc être rapprochée de la supplication, dont parle si magnifiquement Péguy dans les *Suppliants parallèles*[16]. Supplication, dont l'exemple type se trouve dans le prologue de l'*Œdipe Roi* de Sophocle, ou encore dans la supplique de Priam à Achille dans l'*Iliade*, et dont précisément Péguy montre qu'elle ne peut plus être comprise par la modernité parce qu'elle signe un trait central de l'esprit antique[17]. Il faudrait considérer

15. *Ibid.*, p. 379.

16. C. Péguy, « Les suppliants parallèles », *Œuvres en prose complètes II*, Paris, Gallimard, coll. « Bibliothèque de la Pléiade », 1988, p. 312-376.

17. *Cf. ibid.*, p. 345 ; 349 : « C'est chez les modernes qu'une supplication est une opération d'aplatissement. [...] Dans la supplication antique, c'est le suppliant qui est le roi de la supplication. »

son lien avec l'humilité chrétienne, c'est-à-dire sa transformation par l'esprit de pauvreté du Moyen Âge. Or c'est précisément, dit-il ailleurs, à la fois avec l'antique et le médiéval que souhaite rompre définitivement le «moderne»[18]. Les Temps modernes seraient ainsi pour Péguy ceux où se redouble la détresse parce que la supplique y aurait perdu tout son sens, de même que pour Heidegger, ils seraient ceux de l'oubli même de l'indigence, de la perte dans le domaine de l'étant, déployant donc le même redoublement. L'emploi de ce terme par Hölderlin se comprend parfaitement dès lors que la détresse du temps est pensée dans l'élégie à partir du «défaut de dieu», après qu'Héraclès, Dionysos et le Christ ont quitté le monde. La détresse, comme indigence, tire son origine de ce «défaut» *(Fehl)*.

Die Not dit également la misère, la détresse proprement dite, mais avec une connotation plus «matérielle», comme difficulté, par exemple financière. C'est la nécessité du nécessiteux pourrions-nous dire. Ces deux premiers termes seraient également à rapprocher d'un troisième, *die Armut*, la pauvreté. Pourquoi Heidegger semble-t-il privilégier, en dehors de ce texte *Pourquoi des poètes?*, le second terme, dont il semble vouloir faire comme la racine des deux autres? Peut-être faut-il y voir son insistance sur la prééminence de la pensée de l'être sur celle de Dieu, par quoi l'indigence devrait d'abord s'entendre comme perte misérable au cœur de l'étant. Nous laissons provisoirement ce point en suspens. Reste que cette remarque n'est pas sans importance pour notre entreprise. Le moins que l'on puisse dire est que, pour une fois, le terme français «détresse» possède une portée qui semble conférer un point d'ancrage à la fois synthétique et originel à la polysémie des termes allemands. La «détresse» est bien ce qu'il faut entendre dans l'indigence comme dans la misère et la pauvreté. Elle nous amène directement à cela qu'il nous faut penser, et vers quoi Heidegger tourne sa propre pensée. Rappelons que «détresse» vient du latin «*districtia*», «étroitesse», d'où proviennent le «détroit» et le «district». Elle nomme donc quelque chose comme la *contrainte de l'étroitesse*. C'est d'ailleurs ainsi que

18. *Cf.* C. Péguy, «L'argent», *Œuvres en prose complètes III*, Paris, Gallimard, coll. «Bibliothèque de la Pléiade», 1992, p. 815: «Au regard du temps moderne l'antique et le chrétien vont ensemble, sont ensemble».

Michel Haar, dans son texte *Le tournant de la détresse*[19], interprète la «*Not*» telle que l'emploie Heidegger: comme détresse et contrainte. Sauf que cette «contrainte» réside d'emblée dans la détresse, en tant qu'elle signifie d'abord l'étroitesse de la situation. Cette situation est un «district», un lieu, une situation, celle de l'existence dans le langage, qui contraint l'homme dans la perte au sein de l'étant[20]. La détresse est ainsi la contrainte de l'étroitesse, qui se voit redoublée dès lors qu'elle est ignorée.

Il y a là comme un exemple frappant, et rare, qui illustre les questions gigantesques soulevées par la traduction. Ici, le français dit peut-être «mieux», c'est-à-dire de manière plus directe et incisive, ce que l'allemand tâche d'exprimer diversement. Ce point renverse quelque peu les opinions habituelles qui courent à ce sujet. Pensons à ce que disaient Jean Beaufret à ses étudiants quant à la meilleure méthode pour lire *Être et Temps*: «apprenez l'allemand». Nous ouvrons là bien sûr une boite à questions qui ressemble furieusement à une boite de Pandore. Mais il semble tout de même qu'il puisse parfois y avoir quelque éclair à penser en français ce qui provient d'une pensée allemande—ce dont du reste Heidegger ne disconvenait pas, ayant souvent mentionné la vertu propre de la traduction dans la méthode de pensée qu'il s'était lui-même donnée dans l'abord des textes de la tradition: «penser l'impensé d'une pensée».

Philosophie, science et pensée

Ce qui vient d'être présenté de la «tonalité de détresse», en écho à la question de l'actualité, oriente le questionnement de l'époque qu'il s'agissait d'introduire. Celui-ci semble trouver sa thématique

19. M. Haar, «Le tournant de la détresse», *Cahier de l'Herne Heidegger*, Paris, Éditions de l'Herne, coll. «Biblio essais», 1983.

20. Nous devons signaler l'originale proposition de François Fédier, pour les *Beïtrage*, du terme d'*urgence* comme traduction de la *Not* heideggérienne. Cette *urgence* accentue le caractère de *Zeit-Raum* du *topos* de la détresse. Reste qu'il s'agit là d'un forçage, qui ne peut se justifier qu'à la condition expresse de conserver à l'esprit le terme, directeur, de *détresse*.

générale, dont l'énoncé synthétique serait « Philosophie, science et pensée ». Avant de préciser cette thématique, quelques remarques s'imposent déjà quant à ce simple énoncé tripartite. Il n'est pas sans porter quelque étrangeté, de par, précisément, sa tripartition. On est en effet plus habitué à considérer et questionner des oppositions. « Philosophie et science », « Philosophie et pensée », « science et pensée », voilà les oppositions, ou les couples, dont nous serions naturellement plus enclins à entreprendre le questionnement. Que peut signifier alors une telle tripartition des relations entre ces trois notions ? Elle semble vouloir indiquer une certaine circulation des relations. Loin du « face à face », ou en-deçà de lui, elle impose comme une communauté, une circulation entre trois ordres à la fois hétérogènes et en références, voire en « attractions », mutuelles, en « dialogue », au moins implicite, où chaque binôme ne pourrait que se référer au tiers dans son dialogue même. Une telle circulation s'illustre parfaitement dès lors que l'on veut se représenter les trois formes de dialogue, définissant à chaque fois un tiers, qui peuvent se déduire d'une telle tripartition.

Ainsi, première forme, le dialogue « philosophie et science » instaure la pensée en place de ce tiers référent et incontournable qui le soutiendrait. En effet, la circonscription réciproque de la science et de la philosophie induit comme une différenciation, une discrimination interne à la pensée elle-même, entre des modes divers de sa propre activité dont la science et la philosophie seraient comme la concrétion. Laissons de côté pour l'instant la saillie fameuse de Heidegger, selon laquelle « la science ne pense pas », qui nous emmènerait trop loin pour cette introduction ; nous serons bien entendu amenés à en préciser le sens. Philosophie et science seraient ainsi comme l'émanation concrète, la réalisation, l'effectivité, de modalités noétiques fondamentalement distinctes. Ainsi, avant même cette discrimination, la pensée s'avère d'abord comme l'horizon d'une telle circonscription réciproque de la science et de la philosophie. Ce n'est qu'en regard de la pensée qu'une telle circonscription peut avoir du sens.

Mais à cette circonscription réciproque se surajoute une opposition interne à la philosophie elle-même, entre deux tendances contradictoires, et pourtant toujours bien vivaces. Deux tendances en apparence irréconciliables, et pourtant inséparables, en quoi il s'agit donc bien d'une contradiction *interne*. La première veut faire de la philosophie une science, voire la science dont dépendent toutes les autres, la science suprême, la science par excellence. On pensera au titre même de l'article de Husserl datant de 1911, *La philosophie comme science rigoureuse*; ou à la philosophie comme Science de l'Absolu chez Hegel; à la philosophie comme science de la raison pure, ou «métaphysique», se développant dans le cadre établi par la philosophie critique, chez Kant; ou encore à la philosophie comme arbre des sciences chez Descartes, image qu'il donne dans la préface aux *Principes de philosophie*, dont les racines sont la métaphysique, le tronc la physique, et les branches, les trois sciences pratiques, médecine, mécanique et morale. Mais on pensera également au courant «épistémologique», au sens large, de la philosophie, comme «science de la science», science de la définition, de la réflexion, voire de l'organisation de la science. La seconde tendance, quant à elle, se réfère à la discrimination précédente, entre philosophie et science, pour faire porter tout l'effort philosophique vers sa relation privilégiée à la pensée. Elle concerne des tentatives philosophiques fort éloignées, mais se signalant toutes par cette position de tiers qu'occupe la science face au dialogue entre philosophie et pensée. Platon, à sa manière, s'y inscrit, du fait de la distinction radicale qu'il introduit entre les domaines sensible et intelligible, par quoi la contemplation des Idées, et en premier lieu de l'Idée du Bien, ne saurait s'assimiler à la constitution d'un savoir systématique, en dehors du rapport de participation existant entre sensible et intelligible. Ce qui est visé est bien une «sagesse», comme contemplation et béatitude du Bien. Mais on pourra penser aussi d'une certaine manière à Wittgenstein, pour qui précisément le mimétisme scientifique conduit la philosophie aux plus parfaites obscurités et embarras, que seul le strict exercice «thérapeutique» de la philosophie, visant à restreindre ses prétentions savantes, serait capable de corriger. Ou enfin bien sûr, à Heidegger, pour qui la pensée constitue l'orientation même de toute philosophie authentique. L'opposition toujours présente entre ces deux tendances, du fait de la difficulté de la discrimination précédente, constitue comme les deux interprétations fondamentales et toujours ouvertes d'une même situation, stade ou «école» de la philosophie. Aussi s'incarne-t-elle à l'occasion dans les grandes oppositions philosophiques : Platon/Aristote, faisant figure de doublet fondateur, mais avant lequel nous pourrions penser au doublet Parménide/Héraclite, et après lequel nous pourrions proposer par exemple les oppositions, ou nuances, Pascal/Descartes, saint Augustin/saint Thomas, ou plus près de nous, Wittgenstein/Russell, et au sein de la phénoménologie, Heidegger/Husserl. Opposition inéliminable donc, qui fait de la science l'éternel chaperon de cette relation jamais parfaitement éclaircie entre philosophie et pensée, second dialogue de notre triptyque.

Enfin, dernier brouillage, si la science peut légitimement revendiquer la prétention d'organiser la pensée, de par le mode même de sa pratique comme production de savoir, une telle volonté d'organisation sera toujours bel et bien interrompue par le questionnement philosophique. Le dialogue de la science et de la pensée paraît ainsi devoir imposer l'intrusion violente du tiers philosophique, l'idée même d'un tel dialogue pouvant à bon droit constituer une définition possible de la philosophie elle-même, comme pensée de la science, pensée du savoir. Définition pouvant se décliner selon plusieurs modes : la philosophie comme théorie de la connaissance, c'est-à-dire épistémologie au sens large ; ou comme épistémologie au sens plus strict de la théorie de la science, logique de la pratique scientifique, etc. ; ou encore comme pensée fondatrice non seulement de l'activité scientifique, mais également et surtout de son concept même, c'est-à-dire comme établissement du support métaphysique préalable à toute science, cette dernière orientation pouvant définir en partie ce que serait l'abord heideggérien. La philosophie s'introduit alors en réponse à la question qui découle de ce troisième dialogue : si le savoir doit orienter la pensée, qui orientera le savoir lui-même sinon la pensée même de la science, c'est-à-dire la philosophie, que cette dernière soit entendue comme épistémologie, éthique ou métaphysique ? La philosophie est donc ce tiers incontournable s'intercalant au cœur même de la relation de la science à la pensée. Ce qui vient donc brouiller encore les choses ici, est bien que si les sciences sont fondamentalement fondées en philosophie, elles ne peuvent en retour que réclamer une indépendance — inhérente à leur activité même, qui par essence n'a pas à se préoccuper de philosophie — indépendance les rendant ordonnatrices de la pensée elle-même, par la construction d'un savoir de la pensée. Seulement, s'il y a bien fondation perpétuelle, alors une telle indépendance ne saurait être qu'une chimère, ou du moins une simple hypothèse de travail.

Bref, ça circule, entre trois ordres qui apparaissent d'emblée hétérogènes, et pourtant en dépendance, ou du moins en référence réciproque. Il convient donc d'ordonner quelque peu cette circulation, à partir des prémisses qui ont pu être dégagées précédemment, et dans la perspective qui est celle de Heidegger. Or pour ordonner ce triptyque, il faut, on l'a vu, commencer par lui adjoindre deux termes, que sont la poésie et le langage. À ce stade, il n'est peut-être pas inutile de synthétiser les choses selon un schéma, bien sûr tout à fait temporaire, et qui n'a d'autre but que de situer rapidement notre propre abord de la pensée heideggérienne. Il est bien entendu que vouloir ainsi résumer l'œuvre monumentale de Heidegger, en même temps que l'orientation possible d'un « questionnement de l'époque », à coup de schémas peut paraître scabreux. Mais enfin, cela fixe un peu les choses, ce qui est tout de même l'objectif premier d'une introduction. Ce schéma donc, le voici :

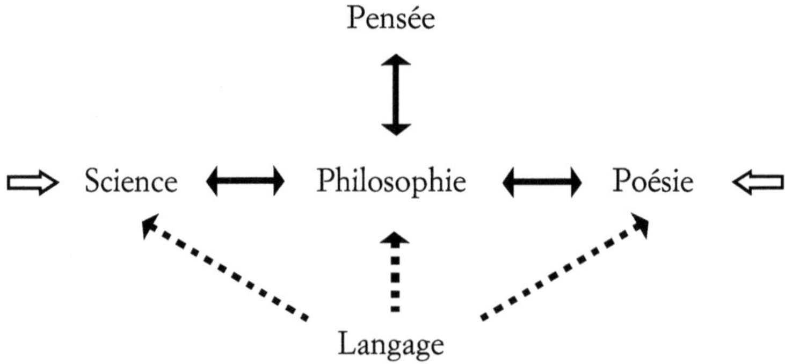

Y est indiquée de chaque côté la double entrée par laquelle le cœur de la réflexion heideggérienne se voit constitué. Ce cœur, c'est bien sûr la relation centrale Philosophie-Pensée, qui est ici présentée verticalement. S'y joue le thème heideggérien fondamental, à savoir la pensée de l'être en tant qu'être. Or, précisément, l'être est qualifié, dès le maître-ouvrage de 1927 *Être et Temps*, de *transcendant* par excellence :

> « L'être, en tant que thème fondamental de la philosophie, n'est pas un genre d'étant, et pourtant il concerne tout étant. Son « universalité » doit être cherchée plus haut. Être et structure d'être excèdent tout étant et toute déterminité étante possible d'un étant. *L'être est le* transcendens *par excellence.* »[21]

Le texte *Ce qui fait l'être essentiel du fondement ou « raison »*, publié en 1929, précise :

> « La mise en lumière de la transcendance, telle que nous l'avons tentée jusqu'à présent, permet déjà de comprendre que si c'est vraiment par elle seule que l'existant en tant que tel peut venir au jour, la transcendance forme un *cadre privilégié* pour l'élaboration de toute question concernant l'existant en tant que tel, c'est-à-dire l'existant dans son être. »[22]

Ces deux références nous permettent de préciser le premier bord de notre schéma, à savoir la relation verticale de la philosophie à la pensée : verticale, en tant précisément que s'y joue l'expérience même de la transcendance dont Heidegger fait l'élément du *Dasein*, de l'existant. Autrement dit, si la visée de la philosophie ne peut qu'être la pensée de l'être, alors la pensée peut quant à elle être dite *l'expérience philosophique de la transcendance.*

Maintenant, *quid* des relations horizontales de notre schéma ? Le premier texte, tiré d'*Être et Temps*, indiquait que l'être « n'est

21. M. Heidegger, *Être et Temps*, trad. fr. E. Martineau, Paris, Authentica, 1985, § 7, [38], p. 48.

22. M. Heidegger, « Ce qui fait l'être essentiel du fondement ou "raison" », trad. fr. H. Corbin, *Questions I et II*, *op. cit.*,, p. 136.

pas un genre d'étant, et pourtant il concerne tout étant». L'être ne vient en question qu'à partir de l'étant. S'il doit bien être pensé en tant que tel, et non pas seulement comme «être de l'étant», ce n'est pourtant bien qu'à partir du domaine des étants que leur être en vient à concerner la pensée, et donc que celle-ci se voit comme placée de force face à la question abyssale de l'être en tant qu'être. Aussi la philosophie doit-elle, par essence, se mettre à l'écoute de ce qui tâche de dire la vérité du domaine de l'étant. Et il y a là pour elle une double nécessité d'écoute, un double entretien incontournable, auquel se consacre précisément l'œuvre du philosophe souabe, en direction de la science d'une part, et du poème, de l'art, d'autre part. Nous retrouvons ici la contradiction des modes de l'*actualitas*, entre mouvement d'effectuation et accomplissement d'œuvre.

Or, nous l'avons vu, le texte *Pourquoi des poètes ?* exhibe explicitement cette nécessité, à partir du «sous-sol» du langage. Ce cinquième terme travaille donc de l'intérieur les deux couples de relations horizontales, philosophie et science, philosophie et poésie, comme immanence fondamentale travaillant tout ordre du discours. C'est dans son rapport singulier au langage que chacun des trois termes horizontaux trouve son «régime» propre, son mode d'être, et qu'il peut à partir de là s'inscrire dans les relations indiquées. Aussi est-ce bien à partir de l'immanence du langage que peut s'envisager la pensée de la transcendance de l'être. L'enjeu du double dialogue est l'éclaircissement du «monde», comme sphère de l'étant, comme totalité de tout ce qui est. Un tel éclaircissement est bien le fait d'un «dire», d'un discours, discourant de l'étant, du monde comme sphère de l'étant, selon deux «modalités», celle de la science et celle de l'art, énonciation et diction. Cette opposition constitue l'accès obligé à la relation de la philosophie à la pensée, en laquelle réside la visée philosophique par excellence, à savoir la question de l'être. Dans cette perspective, la pensée, avant que d'être une faculté, constitue alors ce que nous appelons «l'expérience philosophique de la transcendance de l'être». Ce qu'indique notre schéma est bien cela, que cette expérience — la pensée — est fondamentalement une plongée dans le sous-sol du langage, «demeure de l'être» dit la *Lettre sur l'humanisme*.

Il semble donc qu'au triptyque «philosophie, science et pensée» doive correspondre symétriquement un second triptyque, « philosophie, art et pensée ». Du reste, celui-ci est l'objet même de textes tels que *L'origine de l'œuvre d'art*, *...l'homme habite en poète...*, *La provenance de l'art et la destination de la pensée*, ou encore du recueil *Approche de Hölderlin*. Or précisément, cela nous rassure un peu quant à ce que nous essayons de faire ici, Heidegger fait référence explicitement à cet autre triptyque dans le texte dont nous sommes partis :

> « Qui voudrait, de nos jours, prétendre séjourner familièrement aussi bien dans la nature véritable de la poésie que dans celle de la pensée ? Et être en outre assez fort pour faire entrer l'essence intime des deux en l'extrême discorde, pour fonder ainsi la concorde de leur accord. »[23]

Il donne ici rien moins que l'horizon même de la philosophie — de son second horizon devrions-nous dire. Philosopher serait viser cette essence intime des deux, pensée et poème, penser leur discorde et fonder ainsi leur concorde, leur communauté. Il nous faudrait donc compléter notre schéma, par l'insertion de cette relation à la fois discordante — il n'y a pas homogénéité — et concordante — mais il y a communauté. Relation pour le moins étrange, donc, mais dont l'étrangeté signifie qu'elle n'existe que par l'intermédiaire de la philosophie, de la même façon que de l'« autre côté », science et pensée ne peuvent se rapporter l'une à l'autre que via l'incontournable médiation philosophique.

Seulement le schéma devient là quelque peu trompeur, quant à la symétrie qu'il semble vouloir exhiber. Les deux rapports hypothétiques indiqués ne sauraient porter aucune homogénéité, aucune équivalence, dès lors qu'ils découlent de l'absolue différence entre énonciation et diction, entre lesquels, précisément, n'existe aucune symétrie. Ce qui signifie que les deux entrées, du côté de la science et du côté de l'art, ne sauraient être considérées séparément, dans une équivalence méthodique pour le coup totalement erronée. Autrement dit, l'impératif du second triptyque ne peut s'entendre qu'à partir du

23. M. Heidegger, « Pourquoi des poètes ? », *op. cit.*, p. 332.

premier, comme la nécessité du dire poétique de la diction ne peut s'entendre qu'à partir de l'énonciation. Il n'y a pas deux pans de la pensée heideggérienne, que l'on pourrait aborder indifféremment, de la même manière qu'il n'y aurait aucun sens à vouloir questionner l'*épokhè* du temps présent en ignorant l'un des termes de la contradiction entre action et œuvre, effectuation et accomplissement. L'urgence du questionnement provient bien de l'intrication foncière des deux triptyques, ce que précisément la tonalité de détresse tend à signaler. Plus précisément, elle marque une modification métaphysique majeure qui serait le propre de ce temps, où cette intrication se ferait oublieuse de son équilibre ténu. D'une certaine façon, ce qu'il convient d'appeler la technique moderne serait une réinterprétation des relations exhibées par le schéma, par laquelle l'ensemble des termes se verraient redéfinis, dans un sens qui n'aboutirait à rien moins qu'une amputation, celle de la possibilité même de l'entrée droite, l'accomplissement d'œuvre. Sans trop vouloir anticiper les choses, disons que dès lors que la tendance lourde de la technique est de transformer le langage en *code*, la relation philosophie-poésie n'a purement et simplement plus de sens. Par définition, un code est *sans diction*. À partir de quoi la science elle-même change de nature, devenant l'unique accès au domaine de l'étant, et instituant dans le même mouvement le *calcul* en lieu et place de la pensée. Autrement dit, dans l'époque de la technique moderne, il n'y a plus, apparemment, qu'une entrée, *modifiée*. Il s'agit bien alors de reconsidérer les relations pour les dégager de ce qui s'apparente à une emprise technique qui les défigure. Or cette question concerne en premier lieu la science, dont il s'agit d'interroger le « destin technique », sa supposée nécessité, et ses conséquences quant à la philosophie et la pensée. Aussi, notre thématique est bien celle portée par le titre général du premier triptyque, mais dont le sens ne peut s'entendre qu'articulé à l'œuvre dans l'horizon de l'étant, et au sous-sol du langage dans la relation « verticale » à la transcendance.

Reste à déterminer la raison d'une telle modification. Qu'est-ce qui, en notre temps, suscite un tel renversement métaphysique ? La perspective heideggérienne est claire : la détresse qualifie « nos temps » parce que ces temps sont bien ceux de l'installation inconditionnelle du règne de la technique. Mais que signifie une telle

« installation » ? N'a-t-elle pas toujours déjà eu lieu selon le progrès continu des découvertes technologiques ? En quoi « nos temps » devraient-ils être ainsi métaphysiquement qualifiés par la technique elle-même ? C'est que s'y accomplit de manière absolument inédite son *essence* même :

> « Ce n'est qu'à l'époque moderne que cette essence commence à se déployer comme destin de la vérité de l'étant en entier ; jusqu'alors, les manifestations et tentatives sporadiques de la technique ne sortaient pas de la vaste sphère de la culture et de la civilisation. »[24]

Se voient opposés ici, d'une part la vérité de l'étant en entier, et d'autre part la sphère de la culture et de la civilisation : d'un côté, la totalité du monde de l'étant, de l'autre la sphère, ou région locale de ce monde, comme région culturelle, région de l'action humaine non encore déterminée « mondialement », c'est-à-dire en référence directe et déterminante à cette totalité. Le « jusqu'alors » semble vouloir indiquer une sorte de relativisme technique qui serait celui d'avant « l'époque moderne ». Que faut-il y entendre ? Cela que toute manifestation technique s'inscrivait bien, « jusqu'alors », au sein de cette région culturelle. Elle n'est donc qu'un cas de culture, à côté des manifestations scientifique, artistique, religieuse, politique, etc. C'est pourquoi aussi Heidegger parle de simples « tentatives sporadiques » : la technique n'a pas alors déployé son essence propre. Dans ce « jusqu'alors », la manifestation technique ne fait que participer du cadre de la culture, c'est-à-dire de l'inscription de l'homme *dans* le monde. Elle n'apparaît pas encore comme ce qui détermine son face à face avec lui, comme tout de l'objectif et de l'effectuation.

Le renversement moderne consisterait ainsi en une sortie de cette stricte sphère, cette région culturelle *dans* le monde, en direction du « mondial » comme tel, face auquel l'homme vient se placer. Par quoi la technique accèderait ainsi à son sens propre, de détermination de la « vérité de l'étant en entier ». Ce qui caractérise nos temps est ainsi, dans cette perspective, une sorte de « totalitarisme métaphysique » — il

24. *Ibid.*, p. 348.

convient évidemment de mettre cette expression entre guillemets — par quoi c'est la totalité de l'étant — le monde — qui se voit déterminé techniquement. C'est d'ailleurs pourquoi Heidegger fait suivre cette opposition de l'étant en son entier et de la sphère de la culture, par la remarque déjà citée selon laquelle :

> « La science moderne et l'état totalitaire constituent, en tant que conséquences nécessaires du déploiement essentiel de la technique, en même temps sa suite. »[25]

Si la technique se révèle être ce retournement vers le tout du monde comme tel, vers l'entièreté de l'étant appréhendée par l'objectivation scientifique, alors l'univocité de cette appréhension objectivante du monde et sa traduction politique totalitaire en sont bien les *conséquences*. Ce qui domine, c'est le total comme tel, le monde comme tout de l'effectuation objective, qui ne peut avoir d'autre perspective que de s'énoncer. Le *mondial*, comme le code, est sans diction.

Découle d'une telle emprise technique le *redoublement* de la détresse. À la détresse essentielle, comme existence précaire au creux du langage, entre énoncé et diction, entre les deux accentuations du « dire de l'étant », se surimpose une détresse inessentielle comme simple ignorance — au sens actif aussi bien que passif — de la détresse. Cette seconde détresse est bien « inessentielle », parce qu'elle n'est d'abord qu'un *accroissement* de détresse. Elle ne fait que contraindre la contrainte de l'étroitesse. Mais elle la rend alors plus intense que jamais. Elle est détresse de la détresse, sorte de détresse « au carré », qui ignore toujours plus la détresse fondamentale à partir de laquelle seule, un revirement est possible. Aussi les temps du déploiement de la technique sont-ils bien les « temps de détresse », en tant que ceux où se pose avec le plus d'acuité et d'urgence cette question de la détresse, en même temps que s'y rendent plus opaques les ressources pour la penser. Ce peu de ressources, c'est par le prisme du triptyque « philosophie, science et pensée » que nous pourrons le trouver, dès lors que cette « actualité de la détresse » provient d'abord de la

25. *Ibid.*

configuration technique, au sens de l'organisation totale de l'étant, par quoi le dire scientifique de l'étant devient l'unique mode d'accès à l'étant, coupant l'homme de son rapport insigne au langage, en l'amputant de la diction qu'accomplit l'œuvre. Notre questionnement du triptyque « Philosophie, science et pensée », selon la tonalité de la détresse, et en référence au texte heideggérien, se justifie ainsi pleinement dès lors que nos temps sont bien ceux de la « technique achevée », selon l'expression que donne ailleurs Heidegger.

Or, que dit-il de cette époque de l'avènement de la technique ? Il en dresse essentiellement deux diagnostics[26]. Le premier déclare, de façon singulièrement tranchante, qu'en cette époque la philosophie vient à finir, à terminer son histoire. Le second, tout aussi singulier,

26. Du moins est-ce sur ceux-là que nous concentrerons toute notre attention. Il ne s'agit pas ici de faire une recension exhaustive de l'ensemble de l'œuvre heideggérienne et de toutes les formes prises par ses divers diagnostics — une telle chose est-elle seulement possible ? — et donc encore moins d'« évaluer » — à partir d'où ? — ni de « pister » des « positions » ou postures doxographiques qui seraient celles de cette œuvre, mais bien d'y trouver des ressources pour la question qui s'impose à nous : la place de la pensée à l'époque technique, qui pourrait bien être celle où se dessine son *lieu propre*. Pour une telle question, la référence heideggérienne est évidemment incontournable, ne serait-ce déjà, comme il vient d'être montré, que parce qu'elle pointe, circonscrit et configure cette question fondamentale et sa nécessité. Après que les diverses « affaires » ont mis, et continuent à mettre en question la pertinence même d'une telle référence, alors que la guerre — à l'enjeu pour le moins flou — de l'« heideggérianisme » fait « rage », cette remarque ne saurait être tout à fait inutile. Aucune « affaire », aucun positionnement — y compris celui qui risque d'être le nôtre à la toute fin de cet essai (ce point sera abordé en détail dans le second volume) concernant notamment le rapport entretenu par Heidegger avec le christianisme, rapport tortueux dont il ne serait pas absurde d'interroger l'importance quant au supplément politique désastreux qu'il a pu vouloir donner à la radicalité de sa pensée —, aucun agacement langagier ou stylistique, aucune indignation qu'elle soit niaise ou légitime, ne pourront effacer ce fait le plus bêtement massif, à savoir l'acuité, l'ampleur et l'originalité inégalées du questionnement heideggérien du « phénomène » technique, en tant que rapporté à l'historialité de l'être et la pensée du poème. Il y a là comme un poinçon ineffaçable, au moins sous forme de problème, dans l'histoire de la pensée, qu'aucune posture quelle qu'elle soit ne saurait passer par pertes et profits. S'il faut adopter une « position » face à cette œuvre, ce qui semble être le nouvel impératif catégorique des « temps critiques » qui sont les nôtres, voilà qui est réglé, certes de manière minimale. Cette pseudo-position ne prétend pas à l'originalité. L'inverse serait un comble, étant donné l'énormité dont elle se prévaut.

caractérise l'époque comme avènement de la cybernétique en place de domination absolue sur la totalité de la considération de l'étant, par quoi elle prend la place de la philosophie[27], va jusqu'à dire Heidegger, et constitue ainsi la véritable métaphysique de ce temps. Que faut-il entendre *réellement* dans ces deux affirmations, par-delà ce qui pourrait ne paraître au mieux qu'un mordant sympathique mais excessif, au pire qu'un effet rhétorique stérile ? Surtout, que penser de leur jointure, et de son éventuelle nécessité ? Comment ne pas rester figés dans la perplexité qu'elles rendent obligatoire, dès lors qu'il faudrait prendre au sérieux ce constat accablant pour notre époque : la philosophie se termine, et la cybernétique prend sa place, alors même que les universités de philosophie existent bel et bien toujours, et qu'aucune d'entre elles n'a, pour l'heure, été remplacée par un institut de recherche cybernétique ? Comment donc, comprendre la radicalité d'un tel constat ?

Le concept de système — mais est-ce vraiment un « concept » ? Peut-être vaudrait-il mieux parler de « proto-concept », ou de simple notion, voire de mot, en tant précisément qu'il est d'abord le lieu d'une relation tout intime entre un usage et une thématisation — nous permet d'approcher quelque peu ces questions, et notamment de comprendre la jointure des deux affirmations, en tant qu'il constitue le vecteur même de ce que Heidegger tâche de penser comme essence de l'âge technique. Plus précisément, il s'agira de le montrer, cet âge se démarque rigoureusement par cela qu'il met en scène l'accomplissement et l'effectuation de ce qu'il convient de nommer le *système comme tel*. La suspension invoquée précédemment est ainsi le régime même de l'effectuation de l'*actualitas* comme *système*. Notons-le tout de suite, il s'agira aussi d'expliquer, autant que faire se peut, pourquoi Heidegger n'a pas lui-même fait du

27. *Cf.* par exemple l'entretien « Martin Heidegger interrogé par *Der Spiegel* », dans M. Heidegger, *Écrits politiques 1933-1966*, trad. fr. F. Fédier, Paris, Gallimard, 1995, p. 262 : « S : Et qui prend maintenant la place de la philosophie ? H. : La cybernétique. » Ou le texte de 1966 *L'affaire de la pensée*, trad. fr. A. Schild, Mauvezin, T.E.R., 1990, p. 17 : « La fin de la philosophie est caractérisée par la décomposition de ses disciplines en des sciences indépendantes dont l'unification, d'un genre nouveau, se fraye un chemin dans la cybernétique. » Ce texte est tiré d'une conférence de 1965 au titre explicite : *La fin de la pensée sous la figure de la philosophie*.

système un terme recteur de ses propres analyses, se contentant de s'y référer subrepticement, et pas toujours de la même manière.

« Accomplissement du système comme tel » : dans cette formule, où il tient lieu de « résolution », le « comme tel » se voit doté d'une primauté signifiante inattendue. Son adjonction est en effet primordiale, en tant que ce qui marque cette époque est précisément, non pas le développement effréné des sciences particulières, investissant toujours plus la totalité des champs du rapport à l'étant, mais bien l'avènement de l'unification de la science comme pure théorie des systèmes. Une telle unification donne son sol à ce développement des sciences particulières. Elle en est la condition de possibilité. Or cette unification n'advient elle-même que lorsque la science se fait considération du système *comme tel*, c'est-à-dire qu'elle détermine le fond de toute considération de l'étant — devenue exclusivement scientifique — comme pure *systémique*. L'étant ne peut entrer dans la considération qu'en tant qu'il s'intègre dans l'élément de la cohérence de la connexion qu'instaure le système. L'étantité est donc établie comme pure *systémicité*, c'est-à-dire appartenance essentielle à cet élément. Sur un tel fondement, ce qui est, apparaît univoquement comme le *différencié unifié* dans et par le système. Univocité de l'apparaître de l'étant où se révèle la *prescription du Système de production*, qui impose le mode systémique de l'être de l'étant, rendu systémicité, en même temps qu'elle en élabore le support, le dispositif systémique tenu pour « monde ». Dès lors, la question de la place de la pensée dans le temps suspendu de la pure actualité se laisse reformuler : quelle place se voit réservée la détresse de la pensée face à la domination du système comme tel où s'actualise la détresse du monde ?

Voici orienté sommairement le trajet que nous voulons emprunter. Nous réservons à un prochain volume l'abord direct du thème délicat de la « fin de la philosophie », ce qui ne nous empêchera pas d'y faire naturellement référence, et d'en entamer le questionnement, dès lors qu'elle constitue comme l'horizon indépassable de l'œuvre de Heidegger, et donc de la pensée de la détresse. Mais nous nous consacrerons ici plus particulièrement à la question de la systémique, où convergent les divers éléments dégagés dans cette introduction. Elle éclaire notamment la reconfiguration des rapports de la philosophie à la science, dans la constitution progressive d'une raison scientifique inédite, que l'on peut bien nommer dès lors la « raison systémique », dont il s'agit d'entamer ici la critique.

Chapitre premier

Différence(s)

Subjectivisme et objectivisme

Examiner le lien existant entre science et philosophie demande d'abord de circonscrire ce lien, d'établir son domaine propre. Une façon d'entamer une telle circonscription peut être de dire ce qu'il n'est pas. Or, il convient d'écarter immédiatement une première fable, qui serait celle des « subjectivités au travail ». La relation liant science et philosophie n'est pas celle pouvant se nouer, institutionnellement, informellement ou thématiquement, entre philosophes et scientifiques. La relation liant science et philosophie n'est pas celle de subjectivités travaillant dans des domaines séparés, des problématiques différentes ou des institutions complémentaires. Elle n'est donc pas la relation pouvant se nouer à la frontière de champs de questionnement *a priori* distincts mais connexes, dont il conviendrait d'examiner les échanges. Peu importe, dans ce cadre, de savoir ce que les uns pensent des autres, ce que chacun considère du travail de recherche poursuivi dans « l'autre champ ». Non pas que cela n'ait aucun intérêt. Mais il paraît capital — et certainement pas superflu, quoiqu'il en paraisse — de bien indiquer que ça n'a strictement rien à voir avec l'interrogation en question, et de tâcher d'expliciter pourquoi. À y prendre garde, on s'apercevrait bien vite que cette « fable » n'a rien d'une affabulation : substituer à un questionnement « thématique »[1] l'examen de son support subjectif « en acte », « au travail », est précisément devenu une habitude, celle des supposées « sciences humaines ». Il est tentant de parler ici de mauvaise habitude. Contentons-nous d'y voir une tendance qu'il convient d'éviter, pour la raison simple qu'elle *détourne* de ce dont il s'agit. Certainement pas inepte ou absurde en soi, cette tendance parle d'autre chose. Que cette autre chose soit reliée d'une façon ou d'une autre à la question est une évidence, mais relation ne signifie pas équivalence.

Si l'on s'intéresse à la relation entre scientifiques et philosophes, alors le moins que l'on puisse demander est de modifier l'énoncé de la question : « quel rapport entretiennent scientifiques et philosophes ? », et non plus « quel rapport entre science et philosophie ? ». Ramener la seconde à la première énonciation revient à déclarer que science et philosophie n'ont pas d'existence propre, que ces catégories ne sont qu'une vue de l'esprit, oblitérant la seule réalité qui soit, au sens plein, à savoir l'existence de subjectivités travaillant, questionnant, œuvrant dans des domaines ou des champs de questionnement différents. On se place alors dans un cercle qu'on peut bien dire vicieux puisque, déniant toute essentialité à des catégories telles que « science » et « philosophie », on se voit renvoyé à l'existence de champs de questionnement dont on ne saurait fonder la différence sans précisément faire appel à des dénominations telles que « champ scientifique » et « champ philosophique », le cercle consistant en une simple transformation artificielle du substantif en adjectif. On ne peut dès lors échapper à la question du *style* de chaque type d'interrogation, quand bien même on chercherait coûte que coûte à circonscrire le questionnement aux subjectivités en présence, dans une perspective « sociologique » par exemple, et en se targuant d'un supposé « réalisme » autoproclamé et sans

1. Est thématique, dit Husserl, « ce vers quoi l'on est orienté » (E. Husserl, « La crise de l'humanité européenne et la philosophie », *La crise des sciences européennes et la phénoménologie transcendantale*, trad. fr. G. Granel, Paris, Gallimard, coll. « TEL », 1976, p. 361).

fondement. Mais ce style, se rattachant à chaque type subjectif, n'est alors lui-même rien de proprement subjectif en tant précisément qu'il est toujours le style d'un « type ».

Poser, *a priori*, l'existence de types tels que « scientifique » ou « philosophe », donc des types de style, revient à considérer objectivement les subjectivités liées à ces types, subjectivités caractérisées par leur travail de questionnement dans les champs scientifique et philosophique. Cette typologie revient ainsi à fonder l'être-sujet des subjectivités, considérées du point de vue exclusif de leur « objectivité » typologique. Autrement dit, le « subjectivisme » supposé s'avère, par la typologie qui le soutient, intégralement dominé par l'objectivisme naïf qui obsédait tant Husserl. Cette apparition de l'objectivité propre au sujet, Heidegger la caractérise comme « l'apparition de la subjectité objective du *subjectum* (l'être de l'étant), lequel est pensé en tant que forme humaine »[2]. Deux choses sont déclarées simultanément ici, qui sont bien sûr en relation intrinsèque. D'une part, le *subjectum*, c'est-à-dire le fond substantiel de l'étant, support de la prédication, a pris forme subjective, dès lors que toute prédication est rapportée au sujet humain qui la produit. Ce « sujet » est donc le *subjectum* insigne. Mais d'autre part, l'être-sujet prend alors figure objective, celui de « forme humaine », résurgence et transformation modernes de l'*idea* platonicienne, désormais unique car centralisé par le sujet humain objectivement constitué en tant qu'ordonnant l'étant. En l'occurrence, la forme humaine en question ici, et à laquelle fait référence Heidegger dans le texte cité, est celle du « Travailleur », dont l'émergence est dépeinte par Jünger, en une langue mélangeant subtilement ultra-réalisme et prophétie quasi apocalyptique — sorte d'« hyper-métaphysique » donc — comme forme (ou « figure » ; le terme allemand est *Gestalt)* dominante de l'humanité de l'homme du XXe siècle. Cette figure vient relever l'« individu bourgeois » du siècle précédent, en vue de la « mobilisation totale » du monde technique, mais par le biais précisément de l'imposition de la *figure* comme telle, dépassement ontologique des catégories d'individu et de communauté. Aussi cette imposition est-elle précisément portée par la domination du « type » :

2. M. Heidegger, « Contribution à la question de l'être », trad. fr. G. Granel, *Questions I et II*, *op.cit.*, p. 213.

> «La mobilisation de la matière par la Figure du Travailleur telle qu'elle apparaît comme technique reste donc aussi peu visible à son stade ultime et suprême que, parallèlement à elle, la mobilisation de l'homme par cette même Figure. Ce stade ultime consiste dans la réalisation du caractère total du travail qui apparaît dans un cas comme totalité de l'espace technique, dans l'autre comme totalité du type. Ces deux phases ne peuvent intervenir qu'en étroite liaison l'une avec l'autre—on le remarque au fait que, d'une part, le type a besoin des moyens propres à le rendre efficace et que, d'autre part, ces moyens recèlent une langue qui ne peut être parlée que par le type.»[3]

Sans entrer dans le détail de l'analyse de Jünger, notons ici ce qui en surnage, à savoir la domination du type comme mode «subjectif» de l'imposition du Travailleur, dont le pôle «objectif» est constitué par l'espace technique. C'est bien ce que relève Heidegger, parlant de «subjectité objective» pour qualifier le «type» comme *subjectum* insigne, nouveau support pour toute détermination de l'étant. L'homme est désormais univoquement sous la domination de la *figure* du Travailleur, comme «sujet travaillant». Pour en revenir à notre problème, cela signifie que les types «philosophe» et «scientifique» devraient ainsi être considérés comme des formes locales déclinant la forme globale du travailleur. On décline alors la forme générale du travail, en un *cas* qu'est le travail théorique de recherche au sein de champs thématiques d'investigation, travail organisé et champs identifiés par l'existence d'institutions clairement différenciées. L'ensemble n'en reste pas moins structuré par la prédominance des types, et en fonction d'eux. C'est ce que pointe Jünger comme «étroite liaison» entre type et espace technique.

Le cercle vicieux du «subjectivisme» se fonde sur cette représentation strictement formelle, dont découle la typologie comme déclinant la forme : science et philosophie devraient en ce sens être appréhendées à partir seulement du travail subjectif qui les soutient, à partir, donc,

3. E. Jünger, *Le travailleur*, trad. fr. J. Hervier, Christian Bourgeois éditeur, 1989, p. 140.

des sujets travaillant, considérés typologiquement, à l'œuvre dans chacun de ces domaines. C'est là le fondement de ce qu'il faut bien appeler la mainmise contemporaine des « sciences humaines » sur le mode même d'appréhension de tout phénomène touchant de près ou de loin l'humanité, immédiatement considéré sous la lumière exclusive de concepts tels que « phénomène social », « économie », ou autres appariés. Quoique de tels concepts tâchent de construire comme une phénoménologie du collectif, ils trouvent bien leur source commune dans cette figure fondamentalement subjective du Travailleur. Il s'agit là d'une sorte de subjectivisme réflexe, qui trouve dans la typologie des sujets au travail la source de déploiement de ses interrogations, qu'elles soient anthropologiques, sociologiques ou économiques.

Mais, où l'on voit apparaître le vice du cercle, l'appréhension « subjectiviste » de la question implique de poser une objectivité — la typologie — fondée elle-même sur la *subjectité* censée constituer le fond — l'essence — de tout questionnement de ce qui est. Cherchant à court-circuiter l'interrogation de l'essence, l'appréhension subjectiviste nous renvoie vers une essence non fondée, l'être-sujet du sujet travaillant, c'est-à-dire la « forme humaine » du Travailleur. Non fondée, elle l'est parce que reste en suspens le *quod* du travail soutenant la figure subjective-objectivée du Travailleur. Pour notre problème, cela signifie que reste ignorée la consistance propre du travail scientifique et du travail philosophique. Le lien pouvant exister entre les deux tient-il uniquement dans ce simple mot commun, « travail » ? Est-ce univoquement sur ce mot visiblement devenu fondateur que doit s'orienter toute tentative de questionnement de l'humanité de l'homme ? Une autre question, la plus importante, se fait jour immédiatement, qui est également laissée de côté : existe-t-il vraiment équivalence entre « travail scientifique » et « science » ? Entre « travail philosophique » et « philosophie » ?

Doit-on inversement, et afin d'éviter le cercle vicieux de l'appréhension dite subjectiviste, considérer ces deux, « science » et « philosophie », non pas du point de vue de leurs agents — les subjectivités au travail — mais de celui de leur résultat, c'est-à-dire, plus précisément, du point de leur *production* ? C'est là la seconde fable qu'il convient d'écarter. Ceci reviendrait effectivement à inverser la perspective, en considérant « science » et « philosophie » directement comme champs thématiques distincts, indépendamment des acteurs à l'œuvre dans ces champs. Il s'agit alors de recenser et d'étudier les thèmes de chaque champ, les méthodes de questionnement, les résultats auxquels chaque type d'investigation parvient. Par là, la démarche consiste à objectiver le questionnement, directement et sans détour, en le ramenant à l'élucidation du lien existant entre deux systèmes d'investigation, deux types de formations de l'esprit, considérés au même titre que n'importe quel système « naturel ». La production de chacun d'eux fonderait sa « naturalité », son inscription dans l'ordre « objectif », c'est-à-dire « réal ». Ce serait là appliquer la forme directe de l'objectivisme naïf dénoncé par Husserl, dont le principe généalogique n'est, selon lui du moins, rien d'autre que l'enivrement devant « les succès extraordinaires de la connaissance de la nature [qui] doivent alors devenir aussi le lot de la connaissance de l'esprit »[4]. Dès lors il convient d'appliquer les méthodes propres à cette connaissance de la nature à toute investigation quelle qu'elle soit, y compris lorsqu'elle porte sur les formations de l'esprit. Cette application suppose donc d'emblée que « nature » et « esprit » forment deux branches d'une même et unique réalité, en l'occurrence celle de la « corporéité ». Autrement dit, l'ontologie cartésienne séparant la *res cogitans* et la *res extensa* se voit ainsi transformée en ce que Husserl nomme le « dualisme psycho-physique », sur lequel l'étendue, la corporéité spatio-temporelle, possède une mainmise totale. Une telle application présuppose donc un *déplacement ontologique* majeur, par lequel la singularité absolue de l'esprit se voit absorbée, et donc niée, au cœur du corporel pur, censé illusoirement fonder l'« objectivisme ». Husserl décrit ainsi ce processus :

> « La méthode de la science doit ouvrir aussi les secrets de l'esprit. L'esprit est real, objectif dans le monde, fondé en tant que tel dans la corporéité. La conception du monde prend donc aussitôt, et d'une façon omni-dominante, la forme d'un dualisme, et d'un dualisme psycho-physique. La même causalité, mais divisée en deux branches, enserre le monde unique, le sens de l'explication rationnelle est partout le même, mais de telle façon cependant que toute explication de l'esprit, si

4. E. Husserl, *ibid.*, p. 376.

> elle doit être unique et par là universellement philosophique, ramène au physique. »

Appuyant un peu plus loin les conséquences de cet état de fait objectiviste, il déclare :

> « L'être de l'esprit est fragmentaire. Si l'on demande quelle est la source de cet état de chose, il faut de toute nécessité répondre : cet objectivisme ou cette conception psycho-physique du monde est, malgré son évidence apparente, une unilatéralité naïve qui est restée incomprise en tant que telle. La réalité de l'esprit en tant qu'annexe prétendument réale des corps, son être prétendument spatio-temporel à l'intérieur de la nature, est un contresens. »[5]

On ne peut qu'abonder dans le sens de cette réévaluation des prétentions absurdes de tout objectivisme. Toutefois, il convient d'y remarquer que le fond de l'analyse repose sur la détermination corporelle, au sens de l'étendue spatio-temporelle, de l'unité du dualisme psycho-physique. C'est bien par là que Husserl peut qualifier cette imposture objectiviste comme naturalisme forcené. Or, si l'on en revient à notre question, la tendance objectiviste ne consisterait pas tant à naturaliser, ou « corporéiser », science et philosophie, qu'à n'en considérer que les *productions* — thèmes, méthodes et résultats — organisées en *systèmes*, pour pouvoir les comparer. L'absorption dans l'élément ontologique unique de l'extension consiste ici avant tout en une incorporation forcée dans la forme du système. Le « corps », l'extension spatio-temporelle, est d'abord *système*, chaque système étant composé d'éléments — que l'on peut bien qualifier d'objets, en tant que ce sont les éléments posés par et face à l'interrogation : thèmes, méthodes et résultats — reliés entre eux et en perpétuel remaniement, bref en « interaction ». L'étude de chaque système, conformément, comme nous allons le voir, à l'étude de tout système, doit alors être celle de ces éléments et de l'ensemble de leurs interactions. Aussi, le déplacement ontologique doit être plus

5. *Ibid.*, p. 376-377.

précisément qualifié : ce dont il s'agit, en tant qu'« omni-dominance » de la *res extensa*, peut à bon droit se nommer domination de la *res systema*.

Examinons, jusqu'à l'absurde, ce à quoi pourrait *a priori*, ressembler une telle étude purement « objectiviste ». Le système étudié est le domaine ou champ d'investigation, constitué de divers ensembles : l'ensemble des thématiques et hypothèses associées à chaque thématique ; l'ensemble des méthodes développées en vue d'interroger et de mettre en œuvre ces thématiques ; enfin, l'ensemble des résultats auxquels ces méthodes conduisent. Telles sont les classes d'objets de chaque système. L'ensemble des interactions est constitué par les relations existant entre thématique et méthode, entre méthode et résultats, entre thématique et résultats. L'étude de ces interactions doit ainsi permettre d'appréhender le mode d'évaluation et les mécanismes de régulation de la production de chaque système. Dans ce cadre, étudier le lien entre science et philosophie revient à comparer objectivement les thématiques, les méthodes et les résultats de chaque domaine, ainsi, et surtout, que le mode d'évaluation propre à chacun d'eux, lisible dans l'ensemble des procédures de régulation de la production. Comparer, mais également repérer les similitudes, les divergences, les incompatibilités. Une telle étude doit bien entendu également recenser l'évolution historique de chaque domaine, les différences géographiques pouvant affecter cette évolution, et finalement l'ensemble des variations historico-géographiques liées à ces systèmes. En bref, une telle approche se doit d'intégrer ce qu'il faut bien appeler, conformément au vocabulaire des sciences naturelles, la « dynamique spatio-temporelle » de chaque système étudié, de la même manière que l'on considère, dans les domaines scientifiques intéressés, la dynamique de tel ou tel système écologique, économique, ou anthropologique.

Ainsi, questionner le lien entre science et philosophie ne pourrait se faire directement, mais par le biais de maintes études locales, pouvant porter par exemple sur les relations entre la méthode critique de Kant et la mécanique newtonienne, ou, en poussant plus loin, entre phénoménologie et biologie dans la France de l'après-guerre, études s'insérant dans le cadre très général de « l'histoire des idées ». De telles études seraient loin de ne présenter aucun intérêt. On y apprendrait — et on y apprend ; elles existent de fait—beaucoup quant aux deux systèmes « science » et « philosophie ». Mais il convient, avec Husserl pour le coup, de prendre acte qu'on n'y ferait aucun pas en direction de notre question de la relation de ces deux « formations de l'esprit », pour reprendre son expression. Le système « science » et la formation de l'esprit « science » ne sont pas les mêmes choses, quand bien même on leur donnerait capricieusement le même nom. Le cas de la philosophie est encore pire, car la question de l'existence même d'un système « philosophie » pose au minimum question. Il est clair que le terme de « système » ne saurait avoir le même sens dans les deux expressions « système de la science » et « système de la philosophie ».

Travailleur et Système

Une telle approche objectiviste semble s'opposer radicalement au subjectivisme typologique de la première fable. On s'attache ici clairement au « quoi » du travail—l'ensemble des thématiques, méthodes, résultats et modes d'évaluation propres à chaque système—en laissant délibérément de côté le « qui » du travailleur—les types de subjectivités que sont le « scientifique » et le « philosophe ». Objectivant ainsi « science » et « philosophie », à quoi aboutissons-nous ? Objectiver signifie ici faire apparaître les objets de la production des activités culturelles « science » et « philosophie ». On décrit ainsi, sans le fonder, l'être-objet de ces activités : « science » et « philosophie » sont posées dans leur objectivité à partir d'une objectité supposée, mais non questionnée. Or en quoi consiste cette objectité ? Chaque activité est étudiée génériquement en tant que système, c'est-à-dire comme structure de planification et d'organisation d'une production. L'objectivisme en question ici ne fait aucune différence *a priori* entre un système de production biologique, écologique, économique ou culturel, puisqu'il se fonde précisément sur une supposée *généricité systémique*, c'est-à-dire l'existence *a priori* d'une structure organisée. Il s'agit alors d'étudier cette organisation, d'en comprendre les mécanismes de régulation, liés aux interactions entre entités du système, mécanismes qui renvoient dans le cas présent aux modes d'évaluation des activités théoriques « science » et « philosophie ».

On voit qu'en poussant cette logique objectiviste jusqu'au bout, on ne fait rien d'autre qu'en élaborer la forme contemporaine, cybernétique puis systémique, dont Ludwig von Bertalanffy a décrit, en 1968, les soubassements théoriques dans sa *Théorie générale des systèmes*[6].

L'objectité de toute activité organisée est celle du système de production. Or cette objectité reste ininterrogée, bien que placée au fondement du questionnement objectiviste. Sur cette question, Heidegger tranche de manière radicale. Analysant les conditions *a priori* de toute appréhension objectiviste des phénomènes, il montre qu'une telle appréhension n'est possible qu'à partir de l'avènement préalable de ce qu'il appelle «objectivité objective du *subjectum*», avènement laissé sans fondement. De quoi s'agit-il ? Il nous faut, pour suivre le fil de cette analyse, repartir de ce qui forme le départ du questionnement objectiviste, à savoir la constitution de l'être-objet de tout étant, à laquelle est accrochée viscéralement la possibilité même de la considération d'un «système»:

> «Comment l'objectité en arrive-t-elle à constituer l'essence de l'étant comme tel ? On pense "l'être" comme objectité et à partir de là on se donne beaucoup de mal au sujet de l'"étant en soi". La seule chose que l'on oublie, c'est alors de demander — et de dire — ce qu'on entend ici par "étant" et par "en soi".»[7]

Autrement dit, le système est décrit mais non fondé. C'est-à-dire, plus précisément, le système est posé comme le fond de toute organisation ; à partir de là, l'organisation «est» le fond de toute structure, et la structure «est» le fond de toute activité, objectivement pensée. Mais le système est laissé sans fond, représenté comme l'essence objective de toute activité organisée.

Or, la considération du système n'est possible que sur la base d'une interrogation objectivante de ce qui se présente comme production. À

6. L. von Bertalanffy, *Théorie générale des systèmes*, trad. fr. J.B. Chabrol, Paris, Dunod, 1973.

7. M. Heidegger, «Dépassement de la métaphysique», *Essais et conférences*, trad. fr. A. Préau, Paris, Gallimard, coll. «TEL», 1958, p. 96-97.

son tour, une telle interrogation prend son départ d'un retour sur soi, une réflexion, où l'interrogation se constate elle-même comme production originelle ; un tel retour, une telle réflexion constituent donc la base de toute objectivation future, en tant qu'elle est la première objectivation possible, dans laquelle se fixe le sujet de toute interrogation. C'est ici qu'intervient de manière décisive la référence obligée à la méditation métaphysique de Descartes[8], qui fait de cette première objectivation l'attestation de la production d'un sujet objectif qui interroge. Une telle production est la production originelle, rendant indubitable la constatation de toute production, et comme telle, constitue l'objectité originelle sous-jacente à toute interrogation objectivante de la production :

> « L'objectité originelle est le *je pense* au sens du *je perçois* qui, antérieurement à tout perceptible, s'étend devant et s'est déjà étendu devant, qui est *subjectum.* »[9]

Toute prédication est suspendue à cette objectité première, désormais seul support de l'étant. Mais elle doit préalablement se produire et s'instituer elle-même. Ainsi, peut-on dire, le *subjectum* est déjà système de production. Rien d'étonnant donc, à ce que le « je » du « je pense » soit aujourd'hui considéré et étudié par la neurologie moderne comme système psycho-physiologique complexe dont

8. Nous laissons en suspens la question de savoir si cette référence est « légitime », c'est-à-dire parfaitement honnête vis-à-vis de Descartes lui-même, dont Heidegger va jusqu'à faire, dans le cours sur Schelling, le fondateur de « la véritable histoire de l'idéalisme » close par Hegel (cf. M. Heidegger, *Schelling. Le traité de 1809 sur l'essence de la liberté humaine*, trad. fr. J.-F. Courtine, Paris, Gallimard, 1977, p. 164). Il s'agit ici de donner la consistance d'une telle référence, et d'interpréter cette consistance à partir du système. La discussion « Heidegger et Descartes » est un gouffre où nous préférons ne pas plonger immédiatement, de peur de nous y engloutir. Il faudra donc sagement le garder à distance, en considérant les interprétations heideggériennes comme capitales pour le dépli de la vérité d'un certain « cartésianisme » de la modernité, dans la transmission duquel il est certain que, par exemple, Kant et Hegel portent une forte responsabilité. Que Descartes se réduise à ce cartésianisme est évidemment une tout autre affaire. Du reste, il n'est pas si certain que Heidegger lui-même ait jamais voulu affirmer pareille chose. Nous y reviendrons dans le second volume.

9. *Ibid.*, p. 85.

émerge le « pense ». Mais cette objectité du système, cofondée par l'objectité originelle du sujet objectif, reste sans fond.

L'interrogation objectiviste cherche à court-circuiter le questionnement d'essence par l'établissement des *faits* par lesquels s'atteste le système. Ces faits sont les objets du système, en tant qu'éléments perceptibles, c'est-à-dire plus rigoureusement observables, par le *subjectum* interrogeant. Mais les faits ne sont perceptibles que si est déjà donnée l'objectité objective du sujet, c'est-à-dire le système comme être de tout étant, qui ainsi fondé devient un étant interrogeable. Aussi se rencontre là le même vice que précédemment : tâchant d'oblitérer la question de l'essence, l'interrogation objectiviste nous y reconduit, en nous plaçant devant l'objectité systémique, et en laissant ininterrogée l'essence du système, c'est-à-dire le fond de l'objectité.

D'une certaine façon, l'objectivisme, comme le subjectivisme, vise à l'établissement d'une typologie — typologie de systèmes, décrivant des types d'organisation et de validation (donc, de manière plus générale, de régulation) d'une production. Or de la même manière que le style des figures subjectives du travailleur n'est rien de subjectif, le système n'est lui non plus rien d'objectif, en tant qu'il est précisément la condition de toute objectivation — l'objectité elle-même. Décrivant le système de la science, la question « qu'est-ce que la science ? » trouvera-t-elle sa réponse ? C'est là ce que l'objectivisme ne dit pas. Plus précisément, dans une telle description, l'être de la science (ou de la philosophie) est pensé comme systématicité scientifique (ou philosophique) ; il faudrait dire plutôt « posé », puisque cette description ne pense justement pas cette objectité en tant que telle, mais la *caractérise*. La systématicité est posée comme fondement sur lequel se développe l'interrogation, qui est *caractérisation prédicative*. L'être est le fond de l'interrogation, non pas l'interrogé lui-même. Aussi, la question « qu'est-ce que la science ? », loin de constituer le nœud de l'interrogation, est irrémédiablement occultée ; ce pourquoi, au bout du compte, subjectivisme et objectivisme disent la même chose. Aussi :

> « L'essentiel à retenir ici, c'est le jeu nécessaire et réciproque entre subjectivisme et objectivisme »[10].

Dans les deux cas du subjectivisme et de l'objectivisme, l'interrogation, bien loin de se mouvoir hors de l'essentialité, se fonde sur une essence représentée et laissée ininterrogée, comme fixée à la base de toute interrogation possible : la forme du travailleur d'une part, et le système productif d'autre part. Ces deux visent à circonscrire l'étantité de l'étant dans son versant subjectif et dans son versant objectif. Mais les deux sont les versants d'un même mont : l'étantité de l'étant. Qu'est-ce à dire ?

La forme du travailleur, comme forme ultime de l'humain, dit ceci que toute appréhension de l'étant est travail du travailleur — du sujet comme travailleur. Par là, la question, par exemple, « qu'est-ce que la science ? » doit se traduire par : « quel est le style de travail du scientifique ? », ou plus précisément : « quelles déterminations subjectives objectivement observables, sont celles du sujet travaillant scientifiquement ? » La nécessité d'une telle traduction est prescrite par la reconnaissance prépondérante de l'étantité de l'étant comme le « travaillé par le travail du travailleur », comme matière pour un style de travail. L'étant est alors donné par l'appréhender du travailleur, donc par son style d'activité, qu'il s'agit ensuite de décrire par l'observation objective des déterminations subjectives constituant la forme de ce style.

On voit bien que, comme pour l'interrogation objectiviste, il s'agit ici de *décrire* un ensemble coordonné — les déterminations subjectives — c'est-à-dire de *caractériser* la subjectité du travailleur, d'en dévoiler les prédicats : l'abord subjectiviste du questionnement est également, dans son fond, une *caractérisation prédicative*, cherchant à décrire le style de travail du travailleur. Cette prédication se fonde à son tour sur l'existence *a priori* d'un ensemble organisé dont émerge le style : les déterminations subjectives que le subjectivisme suit à la trace constituent ni plus ni moins que le *système du travailleur* — système de production produisant un style de travail. L'orientation

10. M. Heidegger, « L'époque des conceptions du monde », *Chemins qui ne mènent nulle part, op.cit.*, p. 115.

subjectiviste n'est alors qu'un type particulier d'objectivisme, centré sur la description et la compréhension d'un système particulier qu'est le sujet travaillant. Autrement dit, le subjectivisme n'est rien d'autre qu'un cas d'objectivisme dont l'objet de questionnement est un « objet » particulier, ledit « sujet ».

Ici s'aperçoit nettement l'écart incompressible avec la conception husserlienne, qui ménage à la subjectivité un tout autre sens, contraire à ce qui vient d'être explicité. Il fait d'elle ce qui précisément échappe à tout objectivisme, et à la recherche de quoi doit tendre toute recherche phénoménologique intentionnelle-transcendantale pure, orientée selon l'horizon exclusif de l'esprit :

> « Dans la mesure où le monde-ambiant intuitif, ce pur subjectif, est oublié dans la thématique scientifique, dans cette mesure est également oublié le sujet qui travaille lui-même, et le savant ne devient jamais un thème. »[11]

Il n'est pas anodin qu'ici encore, le sujet poursuivi est bien déterminé par opposition à son *travail*. Seulement on ne voit pas ce qui dans la thématisation du sujet au travail empêche l'absorption objective du sujet en question, et ce précisément par le biais typologique. De fait, « savant » indique déjà le type objectif qu'il s'agit d'appréhender, et ne saurait jamais être le titre d'une pure singularité. La position médiane de Husserl s'avère quelque peu intenable, tant que n'est pas franchement dépassée l'opposition artificielle entre subjectivisme et objectivisme qui le contraint à des formulations de ce genre.

Mais d'où provient alors cette singularisation du « sujet », une fois posé que ce « sujet » est, dans son fond, système de production ? Du strict point de vue de la considération de l'étant comme tel, subjectité et objectité désignent la même chose : *l'étantité de l'étant comme système de production*. Cette désignation se fonde sur la considération de l'étantité, du *subjectum*, de « ce qui se tient sous » l'étant comme tel, la substance réale. Or, « ce qui se tient sous » est d'abord la possibilité même de cet étant. Ce qui fonde rend possible : il est la condition de possibilité de l'étant. Et ce qui

11. E. Husserl, *ibid.*, p. 378.

rend possible — le *subjectum* — n'est lui même possible que par la considération du possible comme tel. Par la considération du *subjectum* est fondée la possibilité du possible, du « ce qui se tient sous ». *Le possible est attesté par la considération.* La considération est le *subjectum* insigne se tenant sous tout *subjectum*. Elle est le *subjectum* qui se rend possible lui-même, et par là possibilise tout « se tenir sous », possibilise tout possible. Ainsi, le possible lui-même n'existant que par et à partir de la considération du possible, la considération fonde sa propre possibilité, attestant par là même son autonomie absolue vis-à-vis du possible : elle est le *subjectum* de tout *subjectum*.

Toute considération est ainsi, dans son fond, « pure considération » : manifestation de l'autonomie absolue de la considération se considérant elle-même, c'est-à-dire fondant sa propre possibilité par elle-même. Ce retour sur soi de la considération n'est en réalité pas un « retour », mais la manifestation même de la considération, comme l'a décisivement pointé Hegel. Le « retour sur soi » consiste ici simplement dans la considération du possible comme tel qui est au fond du questionnement du *subjectum*, de l'étantité de l'étant. Considérant le possible, la considération se considère elle-même — c'est là le principe même du « spéculatif » —, et par là fonde toute possibilité en attestant sa propre autonomie. Or l'essence du « retour sur soi » ainsi pensé, est le « soi » lui-même, c'est-à-dire le « je » à l'œuvre dans la considération, pure égoïté du considérant :

> « Le Je est donc ce qui de manière insigne gît au fond — ὑποκείμενον, *subjectum* — le *subjectum* du poser purement et simplement. »[12]

C'est pourquoi ce mouvement de la considération vers le *subjectum* vient fonder tout à la fois le possible comme tel, c'est-à-dire le *subjectum* comme tel, la substance en tant que « ce qui est véritablement présent »[13],

12. M. Heidegger, *Qu'est-ce qu'une chose ?*, trad. fr. J. Reboul et J. Taminiaux, Paris, Gallimard, 1971, p. 114-115.

13. M. Heidegger, « La fin de la philosophie et la tâche de la pensée », trad. fr. J. Beaufret et C. Roëls, *Questions III et IV*, Paris, Gallimard, 1966 et 1976, p. 290.

l'ὑποκείμενον *(hupokéïménon)*, et l'égoïté du «Je» qui pense, qui considère. Le «Je» et la considération ne font qu'un : le *subjectum* de tout *subjectum*. C'est ainsi qu'il faut entendre ce qui se dit pour la première fois chez Descartes par la proposition du *cogito*. C'est du moins vers cette entente que dirige Heidegger :

> «Dans la philosophie de Descartes l'ego devient le *subjectum* qui donne à tout sa mesure, c'est-à-dire ce qui, dès le départ et avant tout, déploie son être.»[14]

Avant tout, c'est-à-dire avant toute subjectivité et objectivité, avant toute considération d'un «sujet» ou d'un «objet», et avant même toute subjectité et objectité, c'est-à-dire constitution d'être d'un sujet ou d'un objet. Bien plus, le «Je» de la considération rend possible cette considération différentielle des sujets et objets, en fondant la possibilité même de la différenciation, à partir de sa propre permanence substantielle. Mais alors la considération — désormais nommée avec Descartes le «Je» qui pense — déplie, dans son auto-fondation comme *subjectum*, la différence entre, d'une part, *le possible de tout possible s'auto-possibilisant par la considération elle-même du possible*, et, d'autre part, le possible de l'étant comme tel, fondé par ce mouvement d'auto-fondation de la considération, et fondant l'étantité de l'étant. Se déplie donc la différence entre la permanence d'une substance — le «Je» de la considération — fondatrice de tout fondement, et le mouvement fondateur de la considération vers l'étant. Ce n'est qu'à partir de ce dépli qu'est possible la différenciation postérieure d'un sujet et d'un objet, et par là la différenciation des versants de l'étantité que sont subjectité et objectité — travailleur et système, ou système subjectif et système objectif.

14. M. Heidegger, «Hegel et les Grecs», trad. fr. J. Beaufret et D. Janicaud, *Questions I et II, op.cit.*, p. 355.

La production originaire du *subjectum* comme Système

Or ce que Heidegger pointe comme repéré, relevé et élaboré spéculativement par Hegel et complétant la métaphysique cartésienne, à savoir cette auto-fondation du *subjectum* et de la considération comme «Je», est au sens propre une *production*, à savoir la production du processus dialectique par lequel le *subjectum* se produit lui-même comme sujet absolu de la connaissance de Soi: «la dialectique est le processus de la production de la subjectivité du sujet absolu et comme tel son “action nécessaire”»[15]. Ce processus est celui, inexorable et nécessaire, de la considération attestant le possible, et par là s'attestant elle-même. C'est-à-dire qu'il est celui de la considération se produisant elle-même par le double mouvement, dont l'écart est la différence comme telle se dépliant: mouvement d'auto-fondation permanente du Possible—«le retour sur soi» de la considération—et mouvement de possibilisation de l'étant—la considération du fondement. Par ce double mouvement, que Hegel détermine comme dialectique, la considération se produit elle-même comme fond, et produit simultanément la totalité de l'étant, comme fondée par le possible qu'«elle est» elle-même, totalité qu'il faut alors plus justement nommer «Système de la science de la logique»[16].

Le double mouvement marque non pas la complémentarité, mais bien l'unité dans la différence, l'équivalence polémique, des deux pôles que sont *la production pure et vide*, c'est-à-dire le «se poser soi-même» de la considération, et le système de production, comme considération des possibilités de l'étant, où la considération advient dans sa plénitude comme «Pensée totale» *(der Gedanke)*. Il est le

15. *Ibid.*

16. *Cf.* également, cette fois à propos du système de la liberté de Schelling, mais qui sur ce point dit la même chose que Hegel: «Le “système” dit l'*essence* de l'étant comme tel en totalité, c'est-à-dire l'étantité de l'étant. Être en tant que *systasis*: le systématique constitue l'être de l'étant, parce que l'être est maintenant subjectité. Penser cette subjectité, telle est la tâche essentielle de la métaphysique.» (M. Heidegger, *Schelling. Le traité de traité de 1809 sur l'essence de la liberté humaine, op. cit.*, p. 306).

mouvement double «de la pensée qui la conduit de sa vacuité à l'épanouissement de sa plénitude»[17]. La production est ainsi à la fois l'*opération vide* de l'auto-fondation du possible de tout possible se possibilisant par la considération du possible—la considération se considérant elle-même—et la constitution pleine, à partir du vide de cette opération, du système de production «Pensée»—la considération du possible de tout étant, qui est l'accomplissement même de la considération. L'opération vide du «Je», comme *subjectum* de tout *subjectum*, est production de la possibilité de la production, système de production se produisant lui-même.

Si nous adoptons temporairement la précompréhension de la philosophie comme questionnement des essences, voire, selon la formule husserlienne, comme «appréhension phénoménologique des essences»[18], un début de résolution du questionnement qui nous sert de guide ici se laisse entrevoir. Nous l'avons vu, objectivisme et subjectivisme se caractérisent essentiellement par cela que ces abords du questionnement laissent en suspens la question de la fondation de l'essence de l'étant. Posant l'étantité comme telle, à partir du double mouvement d'auto-fondation de la pensée interrogeante à la fois comme *système et production*, ils ne peuvent que laisser ininterrogés l'essence du système, l'essence de la production, et l'essence de la différence se dépliant dans ce double mouvement où se déploient système et production. C'est sur ce manque que se fondent tout objectivisme et tout subjectivisme, dont la question est bien plutôt la caractérisation, dans des domaines déterminés, du mode typologique de déploiement du système de production, sous les formes objective et subjective du Système et du Travailleur. Inversement la philosophie, comme questionnement des essences, doit alors trouver sa propre question, son «affaire» selon l'expression heideggérienne, dans ce face à face avec le système comme tel, la production comme telle, la différence comme telle: ici se montre que la philosophie trouve précisément son questionnement propre hors de tout objectivisme et de tout subjectivisme. Inversement, objectivisme et subjectivisme

17. *Ibid.*, p. 291.

18. E. Husserl, *La philosophie comme science rigoureuse*, trad. fr. M. Buhot de launay, 4e ed., Paris, PUF, p. 86.

se meuvent nécessairement, dans leur réciprocité même, hors de la sphère propre à la philosophie. Ils ne peuvent tous deux que prétendre au mieux à une «philosophie avortée».

D'après ce qui vient d'être exposé, le *subjectum* peut être décrit comme production originaire du système de production, faisant advenir, ou accomplissant le *subjectum* comme système. C'est pourquoi nous pouvions dire précédemment que le *subjectum* est *déjà* système de production. Notons que c'est d'ailleurs là l'un des points de départ de l'interprétation heideggérienne de la philosophie transcendantale de Kant, sans que celle-ci ne s'y trouve bien sûr intégralement résolue, puisque s'y adjoint la question si fondamentale de l'ouverture de la transcendance :

> «Par la production [*Herstellen*] de la forme du concept, l'entendement permet au contenu de l'objet de se mettre à notre disposition [*beistellen*].»[19]

Une «formule» peut alors être proposée: dans cette production originaire du *subjectum* gît *l'unité de la différence du système et du produire,* unité fondée sur *l'opération vide du «se poser» de la considération possibilisant tout possible.* Il y a là quatre points à préciser.

D'une part, la différence du système et du produire, ouverte par le double mouvement d'auto-fondation du *subjectum*, constitue la possibilité même de toute différenciation future. En cela, elle est la différence insigne, la différence comme telle, «originaire», gisant au fond de toute différenciation ou identification, au cœur donc de toute différence au sens «ontique». Ce que nous nommons ici «différence», c'est-à-dire fondamentalement différence du système et du produire, se rapporte donc pleinement à la fameuse différence ontologique réintroduite par Heidegger. Toutefois, qu'elle s'y rapporte ne saurait signifier sans plus qu'elle lui est homogène. Dès lors ce rapport rend nécessaire de poser la question : comment à l'intérieur

19. M. Heidegger, *Kant et le problème de la métaphysique*, trad. fr. A. de Waelhens et W. Biemel, Paris, Gallimard, coll. «TEL», 1953, p. 91. Nous retrouverons plus loin et discuterons abondamment le vocabulaire ici introduit par Heidegger, construit sur le *stellen*, signifiant «poser», «disposer», lorsqu'il s'agira d'analyser le sens de son emploi du terme *Gestell.*

même de ce rapport, le produire se rapporte-t-il à l'être, et le système à l'étant ? N'est-ce pas d'ailleurs en sens inverse qu'il convient de poser la question de ces rapports, du système à l'être et du produire à l'étant ?

D'autre part, la différence ainsi entendue dans ce sens insigne, est bien en même temps radicalement unité, en tant qu'elle constitue l'assise de toute production et présentation — *a fortiori* de toute reproduction et représentation. L'ouverture de cette différence insigne constitue fondamentalement le nœud de ce que Kant a pointé sous le vocable d'*unité originairement synthétique de l'aperception*, dont il fait « le point le plus élevé auquel on doit rattacher tout usage de l'entendement, ainsi même que la logique entière et, à la suite de celle-ci, la philosophie transcendantale ; mieux : ce pouvoir est l'entendement même »[20]. Or, en quoi consiste précisément ce pouvoir ? Il est fondamentalement pouvoir de liaison, c'est-à-dire *synthèse* : synthèse d'un divers de l'intuition, qui précède donc toute représentation de ce divers, en tant précisément qu'il la rend possible en la fondant en une unité que porte le « se poser » de la considération. Aussi, dit Kant : « tout le divers de l'intuition entretient une relation au : *je pense*, dans le même sujet où ce discours se rencontre »[21]. Et c'est en cette relation fondamentale que réside l'aperception originaire, par laquelle seule devient possible une représentation. Le mouvement du « se poser » de la considération est bien le fond sur lequel repose l'unité de la synthèse, en tant que « cette identité complète de l'aperception d'un divers donné dans l'intuition contient une synthèse des représentations et n'est possible que par la conscience de cette synthèse »[22]. Toutefois, la différence elle-même reste occultée par Kant, et ce pour la raison exacte qu'il y a pour lui unilatéralité du mouvement fondateur du « se poser » de la considération, le « je pense », qui constitue l'unité interne et fondatrice de toute synthèse, et par là possibilise la liaison du divers en une représentation. Cette unité est bien *synthétique* en tant qu'elle est le pouvoir de liaison présupposé par toute représentation d'objet, mais elle précède, comme pur pouvoir,

20. E. Kant, *Critique de la raison pure*, trad. fr. A. Renault, Paris, Aubier, 1997, B 134, p. 199.

21. *Ibid.*, B 132, p. 198.

22. *Ibid.*, B 133, p. 199.

toute différence, que Kant conçoit exclusivement en terme de diversité de l'intuition, c'est-à-dire finalement diversité objective — disons « différence ontique ». Cette préséance de l'unité de l'aperception est clairement marquée par Kant :

> « L'unité synthétique du divers des intuitions, en tant que donnée *a priori*, est donc le fondement de l'identité de l'aperception elle-même, qui précède *a priori* toute *ma* pensée déterminée. »[23]

Le mouvement unilatéral de fondation des conditions de possibilité de la production d'un jugement est donc bien celui-ci : le « se poser » de la considération — « je pense », l'*Ich denke* supportant toute représentation — fournit le principe de l'unité synthétique originaire de l'aperception, par lequel est rendue nécessaire la synthèse *a priori* des représentations, qui est elle-même à l'œuvre dans le principe de liaison du divers ; enfin, ce principe de liaison fonde à son tour les catégories et principes de l'entendement, par lesquels peuvent exister des jugements. L'unité, « qui précède *a priori* tous les concepts de liaison »[24] est ainsi « ce qui intervient en premier lieu pour rendre possible, en venant s'ajouter à la représentation du divers, le concept de liaison »[25], en même temps qu'elle rend cette liaison nécessaire, en tant précisément qu'elle est unité synthétique. Ce n'est qu'à partir de là qu'un jugement est effectivement possible :

> « Car toutes les catégories se fondent sur des fonctions logiques inscrites dans nos jugements, mais dans ces jugements se trouve déjà pensée la liaison, par conséquent l'unité, de concepts donnés. La catégorie présuppose donc déjà la liaison. »[26]

23. *Ibid.*, B 134, p. 200.

24. *Ibid.*, B 131, p. 198.

25. *Ibid.*

26. *Ibid.*

Malgré sa puissance d'analyse, cette succession semble bel et bien occulter le caractère essentiellement double du mouvement d'auto-fondation du *subjectum*. Kant rend successif ce qui est fondamentalement simultané : auto-fondation du Possible — le « retour sur soi » de la considération — et possibilisation de l'étant — la considération du fondement. C'est très précisément sur cette question du mode de constitution du *subjectum* que repose le désaccord fondamental entre Kant et Hegel : *succession transcendantale* fondée sur l'unité pour l'un ; *simultanéité dialectique* fondée sur la différence pour l'autre. C'est bien pourquoi ce n'est qu'avec Hegel que se révèle pleinement ce que nous avions avancé, à savoir que le *subjectum* est toujours déjà système de production. Reste qu'il n'est pas certain non plus que l'on doive nécessairement considérer cette simultanéité comme « dialectique » : c'est bien la radicale originalité de la position heideggérienne que de lire dans cette simultanéité, dans ce double mouvement, la différence comme telle, en tant que *déploiement du Possible*, ce que nous tâcherons de dégager et préciser par la suite. Remarquons immédiatement que c'est également sur ce point que se singularise radicalement la position de Descartes, en tant que le *cogito* est essentiellement la triple *donation simultanée*, du « Je », de Dieu, et du *lumen naturale*.

Justement, et c'est le troisième point que nous voulions préciser, la différence du système et du produire, qu'ouvre l'opération d'auto-fondation de la considération, possibilise, avons-nous dit, tout possible. Il faut entendre par là que ce n'est qu'à partir d'elle que peut se constituer une « possibilité » au sens modal. Il faut donc, pour en rendre compte, se placer *en-deçà de la modalité*, car c'est bien de la possibilité même de l'alternative possibilité-impossibilité, et même de toute alternative catégorielle, qu'il s'agit. Ce qui nous enjoint à considérer la condition *a priori* de tout *a priori*, à savoir ce que nous nommons « possible de tout possible », ou Possible comme tel, c'est-à-dire pour Kant, le Transcendantal pur. Nous sommes ainsi conduits à faire jouer au Possible le rôle qu'a l'unité de l'aperception dans le dispositif kantien, qui, parce qu'elle « précède *a priori* tous les concepts de liaison, ne saurait être la catégorie de l'unité »[27]. Le

27. *Ibid.*, B 131, p. 198.

Possible ne doit ainsi en aucun cas être représenté comme simple possibilité catégorielle, mais comme absolue condition portée par l'ouverture de la différence, en deçà de la catégorialité. C'est du reste le sens même de la philosophie transcendantale que d'exhumer ce «possible» fondamental, en tant que condition *a priori*, à partir duquel la modalité tire son sens. La distinction des deux sens de la possibilité est donc d'abord kantienne, comme Heidegger le précise dans le *Kantbuch*:

> «On peut comprendre l'expérience "possible" en la distinguant de l'expérience réelle. Mais dans la "possibilité de l'expérience" l'expérience "possible" est aussi peu en question que l'expérience réelle; l'une et l'autre sont considérées relativement à ce qui d'emblée les rend possibles. La possibilité de l'expérience vise donc ce qui rend possible une expérience finie, c'est-à-dire une expérience qui n'est pas nécessairement mais éventuellement réelle. La possibilité qui rend possible cette "éventuelle expérience", est la *possibilitas* de la métaphysique traditionnelle, identique à l'*essentia* ou *realitas.*»[28]

Enfin, l'opération du «se poser» soi-même de la considération produit la condition de toute production, en tant qu'elle inaugure la différence du système et du produire. C'est en tant qu'elle se pose elle-même comme différence qu'elle peut être qualifiée d'opération «vide»: elle ne produit rien, si ce n'est la possibilité même de la production—en quoi, comme nous venons de le préciser, elle doit être rapportée au Possible comme tel. Plus exactement, elle produit bien quelque chose, à savoir le *subjectum* insigne, mais qu'il faut comprendre comme pure condition pour toute production, c'est-à-dire d'abord condition de toute *productibilité*, et donc finalement, condition de tout *subjectum.* Aussi, le vide de l'opération, bien loin d'être un rien, constitue en propre l'unité de la différence elle-même.

28. M. Heidegger, *Kant et le problème de la métaphysique*, *op. cit.*, p. 174.

L'unité de la différence comme «parole du pli»

L'analyse heideggérienne de la constitution du *subjectum*, lue à travers le prisme du système de production, nous a conduit à dégager le moment nécessaire et fondateur qu'est l'ouverture de la différence du système et du produire, en même temps que l'unité de cette différence, unité constituée par l'opération vide d'auto-possibilisation du *subjectum*. Or, dans ce double mouvement, avons-nous dit, la considération atteste son autonomie vis-à-vis du Possible, se faisant elle-même le Possible de tout possible, c'est-à-dire *subjectum* de tout *subjectum*. Mais le caractère fondateur de ce moment réside en ce qu'il nous montre l'originarité radicale de l'ouverture elle-même de la différence, qui constitue le Possible à partir duquel seulement peut s'autonomiser un *subjectum*. Ainsi, l'opération vide du «se poser soi-même» de la considération, sur laquelle nous avons fait porter, dans une première analyse, l'unité de la différence, doit donc receler, plus essentiellement, comme un «principe» qui bien que postérieurement occulté par l'opération d'autonomisation du *subjectum*, n'en reste pas moins l'origine propre de cette opération. Une remarque d'emblée, s'impose: le terme de principe ne saurait ici tout à fait convenir, en tant qu'il est censé précéder la constitution même de la possibilité de «principes». Conservons donc la terminologie transcendantale de «possible». Où devons-nous le chercher? Il semble clair, à ce stade, qu'il ne peut reposer que dans la béance laissée au creux de la constitution du *subjectum* par l'ouverture de la différence du système et du produire, dans le vide lui-même de l'opération, qui décidément s'annonce plus riche que ne le laisse présupposer sa qualification de «vide». Ce ne serait donc pas vraiment l'opération, mais bien sa béance propre, sur quoi il faudrait faire reposer l'unité de la différence.

Cette béance fondamentale, qui semble un abîme, le sans fond par excellence, mais n'est donc pourtant pas rien car portant l'unité propre de la différence, Heidegger y est bien mené dans le cours de sa méditation. Ce point focal, il le nomme *Ereignis*, la «copropriation», comme appropriation réciproque, de l'être et de l'homme.

L'accentuation en *Er-eignis* tâche de faire entendre cette réciprocité du « propre » :

> « Il s'agit pour nous de percevoir dans sa simplicité cette "propriation" (*Eignen*), par laquelle l'homme et l'être sont "propriés" l'un à l'autre ; c'est-à-dire qu'il s'agit d'accéder à ce que nous nommons *das Ereignis*, la *Copropriation*. »[29]

Arrivés à ce point, il paraît inévitable d'ouvrir une parenthèse explicative à propos de ce terme, et surtout de l'emploi si particulier qu'en fait Heidegger. Étant donné son importance dans l'ensemble de l'œuvre du philosophe, les diverses nuances qu'il lui fait subir pour en faire, progressivement, le pivot de sa pensée, il ne saurait bien sûr, en quelques lignes, être circonscrit dans toute sa portée généalogique. Mais on ne peut faire l'économie d'une explication ne serait-ce que rapide de l'emploi qu'il en fait ici, comme appropriation réciproque de l'être et de l'homme, sans quoi la suite risquerait de sombrer rapidement dans un ésotérisme langagier exactement contraire au but poursuivi. Sur ce point, il faut reconnaître aux positivistes que la langue heideggérienne ne facilite pas toujours les choses, quoique cela provienne plus de l'ambition de pensée assez radicale qui est la sienne, que d'une mauvaise volonté aux atours sophistiques. Heidegger est certainement tout sauf un sophiste, la résurgence moderne de la sophistique étant d'ailleurs plus à rechercher du côté de la logistique, ou du moins de ce qu'elle a pu produire d'épigones relativistes, dont la frénésie pédagogiste issue des pseudosciences de l'éducation constituerait un assez bon exemple.

Ce terme d'*Ereignis* signifie usuellement « événement ». Mais comme à l'habitude, l'emploi « usuel » n'intéresse que peu Heidegger, du moins pris tel quel. Non pas parce que cet usage serait de quelque manière « faux ». Une telle façon de dire serait proprement absurde : un usage n'est ni « vrai » ni « faux », il s'impose, et porte donc toujours quelque vérité, ne serait-ce que celle d'un oubli. Mais bien parce que l'usage est susceptible de cacher une *usure*, par quoi

29. M. Heidegger, « "Identité et différence". Le principe d'identité », trad. fr. A. Préau, *Questions I et II*, *op.cit.*, p. 270.

le sens propre vient à s'occulter. Il devient alors un simple *usuel*, oubliant toute la portée de l'*usage*. C'est à cette portée de l'usage qu'il convient d'être attentif[30]. Donc, la question ici est de tâcher d'entrevoir le sens que porte comme par devers lui ce terme d'« événement », *Ereignis*. Le préfixe *Er-* « marque un mouvement vers un endroit élevé, la manière d'atteindre un but et l'accomplissement d'une chose »[31]. Le verbe *eignen* quant à lui signifie « convenir », « être propre à », « être qualifié pour ». Aussi, la construction d'*Ereignis* est une redondance, sorte de surdétermination dans laquelle l'accomplissement du *Er-* vient renforcer le « propre » que dit le verbe *eignen*. *Ereignis*, c'est l'accomplissement du plus propre. Il y a donc presque contradiction à le traduire par « événement », c'est-à-dire comme le « venir hors ». Nous disons « presque », car il y a dans l'accomplissement quelque chose comme l'événement de la venue au plus propre. Aussi Heidegger en vient-il à déclarer ce terme absolument intraduisible, tout en proposant, ces traducteurs le suivront sur ce point, l'« appropriation », ou « appropriement », qui a le mérite de souligner la place fondamentale, quelque peu oubliée dans l'usage moderne, du verbe *eignen* :

> « Le mot *Ereignis* est une forme de l'allemand moderne. Le verbe *er-eignen* vient de *er-äugen*, qui voulait dire : saisir du regard, appeler à soi du regard, ap-proprier. Le mot *Ereignis*, pensé à partir de ce qu'il nous découvre, doit maintenant nous parler comme un terme directeur au service de la pensée. Comme tel, il est aussi intraduisible que le λόγος grec ou le

30. Rappelons l'importance que Heidegger confère au terme *der Brauch*, l'usage, par exemple dans le cours *Qu'appelle-t-on penser ?*, trad. fr. A. Becker et G. Granel, Paris, PUF, coll. « Quadrige », 1959, p. 177 : « [...] seul le véritable usage conduit ce dont il use dans le déploiement de son être et l'y maintient. Ce qui s'appelle l'usage, ainsi pensé, est lui-même l'appel qui requiert que quelque chose soit engagé dans le déploiement de son être et que l'usage ne se désengage pas de cela. » Nous retrouverons plus loin ce lien entre « usage » et « maintien » que synthétise l'emploi heideggérien du terme *der Brauch*.

31. F.G. Eichhoff et W. de Suckau, *Dictionnaire étymologique des racines allemandes, avec leur signification française et leurs dérivés classés par familles*, Paris, Thiérot, 1840, p. 53.

> *Tao* chinois. *Ereignis* ne signifie plus ici événement, une chose qui arrive.»[32]

Désignant ainsi l'appropriation réciproque, l'*Ereignis* est bien le point focal de la relation de l'homme à l'être. Notons en passant que c'est bien la copropriation comme telle qu'il s'agit de mettre en lumière par ce terme, qui finira par désigner, dans la conférence de 1962, *Temps et être*, l'appropriation réciproque de l'être et du temps. Mais c'est qu'alors la perspective est celle de l'apparaître pur, au-delà du mode métaphysique de son appréhension, qui repose, lui, sur cette appropriation réciproque de l'homme et de l'être.

La *béance* de la différence dit donc autre chose que «système et produire». Heidegger y entend non seulement «être et homme», mais surtout l'appropriation réciproque des deux, par quoi la conjonction tire son essence. Ce n'est qu'à partir de cette appropriation réciproque qu'il convient de nommer l'homme *Dasein*, «être-là», terme dans lequel s'inscrit ce rapport de réciprocité fondateur. Et ce rapport est bien fondateur en tant qu'il gît au fond de la constitution de l'être au monde, y compris lorsqu'il semble totalement inapparent, totalement absent. Une telle inapparence, ou plutôt une telle «apparence d'absence», qui caractérise par excellence le «monde technique» de la production où il s'agit précisément, sous tous les modes possibles de cette production—industriel, langagier, conceptuel, scientifique, etc.—de remplir, combler et saturer toute béance, est même lue par Heidegger comme *insistance* de l'*Ereignis*, en tant que *suspension principielle* de la béance. C'est lorsque la saturation gouverne que la béance apparaît comme telle, en un «premier et insistant éclair»:

> «La Copropriation est la conjonction essentielle de l'homme et de l'être, unis par une appartenance mutuelle de leur être propre. Dans l'Arraisonnement, nous percevons un premier et insistant éclair de la Copropriation. L'Arraisonnement constitue l'essence du monde technique contemporain. En

32. M. Heidegger, «"Identité et différence". Le principe d'identité», *op.cit.*, p. 270.

> lui nous entrevoyons une *coappartenance* de l'homme et de l'être.»[33]

Sans entrer dans le détail de l'analyse de l'Arraisonnement *(Gestell)* et de son lien à la copropriation, que nous tâcherons de mener ci-après, nous pouvons toutefois d'ores et déjà le relier à ce qui vient d'être dit. L'«arraisonnement», en tant qu'il vient ici nommer «l'essence du monde technique contemporain», doit se rapporter au principe même de la saturation productive de ce monde. Il la gouverne. Or, ce principe, nous l'avons dit précédemment, repose sur l'opération de la considération se possibilisant elle-même, par quoi se constitue l'autonomie du *subjectum.* Dans cette production originaire du *subjectum* peut se lire l'unité du système et du produire. Mais c'est bien sur l'opération vide du «se poser» de la considération, à partir de quoi s'ouvre l'espace de tout possible, que se fonde cette unité. Nous sommes donc menés ici vers la béance portant l'unité de la différence. En quoi, dit Heidegger, elle nous fait entrevoir, en un «insistant éclair», la copropriation de l'être et de l'homme. Quelle est la nature de cette «entrevue»? Elle consiste en l'unité fondamentale portée par la différence entre système et production. C'est à travers le voile de cette «unité» pour le moins problématique, que peut s'apercevoir, pour peu qu'on l'y cherche, l'appropriation réciproque de l'homme et de l'être. Mais alors, cela revient-il à dire que le monde de la production généralisée, organisée autour de la différence entre les deux pôles occupés par les deux ultimes «transcendantaux» que sont le Travailleur et le Système, est le lieu de cette appropriation?

La question, pour absurde qu'elle puisse paraître, peut s'avérer toutefois capable de donner un autre éclairage au fameux épisode du Rectorat, qui a correspondu à un engagement et une compromission bien réels auprès du régime nazi entre 1933 et 1934. Heidegger n'a du reste jamais nié la sincérité de cet engagement, mais en insistant sur la nécessité de le restreindre à une erreur d'appréciation, certes monumentale dans l'après-coup, mais clairement circonscrite à cette courte période initiant le gouvernement hitlérien, avec toutes les plus fantastiques et fantasques espérances qu'il avait pu susciter

33. *Ibid.*, p. 272.

dans l'Allemagne agonisante du moment. Et erreur reconnue clairement dès 1937[34] : « Sans contredit — une erreur, de quelque manière que l'on veuille prendre la chose. »[35] Or, le thème de cette erreur, au-delà de l'objectif déclaré d'une réforme en profondeur de l'Université s'engluant dans la spécialisation technique, peut se résumer ainsi : imaginer dans la révolution national-socialiste la lueur d'une illusoire reprise en main de la technique par l'homme qui en aurait infléchi la domination, sans apercevoir encore qu'elle en était au contraire le plus violent déchainement. C'est bien ce que déclare la fameuse parenthèse placée à la fin du cours de 1935, faisant référence à « la rencontre, la correspondance, entre la technique

34. Mais le cours de 1935, *Introduction à la métaphysique*, fait déjà entrevoir cet accablement en deux endroits, dont on oublie souvent de citer le premier, où le thème sous-jacent est dans les deux cas celui du sens de la technique planétaire. Tout d'abord, dans la première partie du cours, la seconde forme (parmi quatre) de mécompréhension de l'esprit est décrite ainsi : « L'esprit faussé en intellect, se réduit par là au rôle d'un instrument au service d'autre chose, et dont le maniement peut s'enseigner et s'apprendre. Peu importe que ce service ait trait à la réglementation et à la domination des rapports matériels de production (comme dans le marxisme), ou plus généralement à la systématisation et à l'explicitation rationnelle de tout ce qui se trouve déjà pro-jacent (*vor-liegend*), établi, posé (comme dans le positivisme), ou qu'il s'accomplisse en dirigeant l'organisation d'un peuple conçu comme une masse vivante et comme race ; dans tous les cas l'esprit devient, en tant qu'intellect, la superstructure impuissante de quelque chose d'autre, et cette autre chose, parce qu'elle est sans esprit, voire contraire à l'esprit, est considéré comme le réel véritable. » (M. Heidegger, *Introduction à la métaphysique*, trad. fr. G. Kahn, Paris, Gallimard, coll. « TEL », 1967, p. 58). À la toute fin de ce même cours, la fameuse phrase, qui fait couler tant d'encre, marque peut-être encore plus nettement, non pas une adhérence persistante au mouvement, encore qu'y subsiste une adhérence aux raisons de l'engagement passé à ce mouvement, mais l'accablement devant sa grossièreté insigne, ne demandant qu'à se transformer rapidement en pure et simple barbarie, et rendant cet engagement proprement *grotesque*, au sens le plus tragique du terme : « Et en particulier, ce qui est mis sur le marché aujourd'hui comme philosophie du national-socialisme, et qui n'a rien à voir avec la vérité interne et la grandeur de ce mouvement (c'est-à-dire avec la rencontre, la correspondance, entre la technique déterminée planétairement et l'homme moderne) fait sa pêche dans les eaux troubles de ces "valeurs" et de ces " totalités" » (*ibid.*, p. 202). « Tragiquement grotesque » pourrait surprendre. Il me paraît pourtant le bon mot, pour peu que l'on s'imagine Heidegger récitant Héraclite et Hölderlin aux dignitaires du parti.

35. M. Heidegger, « La menace qui pèse sur la science », *Écrits politiques, op.cit.*, p. 187.

déterminée planétairement et l'homme moderne»[36]. L'erreur porte donc plus fondamentalement sur la nature même de ce qu'il convient d'entendre par la «technique», et par son essence, en tant qu'elle serait maîtrisable par l'homme ou pas :

> «Le rectorat de 1933-1934, événement insignifiant à lui tout seul, est sans doute un symptôme de la situation métaphysique où se trouve la science quant à son essence ; elle ne peut plus être déterminée par des tentatives de renouvellement ; le changement essentiel qui la détermine en pure technique ne peut plus être contenu. Cela, je ne m'en suis aperçu que dans les années qui suivirent.»[37]

Bien après, et toujours dans le cadre d'une explicitation de cette «erreur», Heidegger affirmait en effet :

> «La technique dans son être est quelque chose que l'homme de lui-même ne maîtrise pas.»[38]

Autrement dit, et pour revenir à notre «absurde» question, Heidegger a bien pu, dans ce contexte du tout début des années trente, c'est-à-dire après la forte impression que lui fit la parution de l'ouvrage cité de Jünger, *Le travailleur*, voir dans cette conjonction du système et du travailleur — non thématisée comme telle, mais c'est bien elle qui est en question — l'horizon même de la coappartenance essentielle, au lieu d'y voir le voile de cette coappartenance, à travers lequel perce son «éclair». L'entrevue en question, dans le texte qui nous occupe, n'est précisément pas une «vue» à proprement parler parce qu'elle n'est que l'effet, comme en négatif, de l'insistance de l'*Ereignis*. Dans le régime saturé perce la béance. Mais une telle percée n'est possible que parce qu'il y a presque «similitude formelle» entre

36. M. Heidegger, *Introduction à la métaphysique*, *op.cit.*, p. 202.

37. M. Heidegger, «Le rectorat 1933-1934. Faits et réflexions», *Écrits politiques, op.cit.*, p. 234.

38. M. Heidegger, «Martin Heidegger interrogé par *Der Spiegel*», trad. fr. J. Launay, *Écrits politiques, op.cit.*, p. 257.

le voile et ce qui peut y transparaître. Entre la différence unifiée «système et travailleur» et l'unité ouverte de l'être et de l'homme.

Que cette dernière ne se laisse qu'entrevoir fugitivement, mais de manière insistante, tient précisément à ce qu'elle est fondamentalement portée par une *béance*. La copropriation se donne essentiellement dans la *suspension* de cette béance. Il n'est certes pas aisé d'apercevoir une suspension comme telle. Suspendre, c'est ouvrir un abîme tout en s'y reliant, c'est-à-dire donc, ouvrir un abîme «plein» de cette relation inapparente :

> «Cet abîme, toutefois, n'est pas un néant vide et pas davantage une obscure confusion, mais bien la copropriation elle-même. En elle se fait sentir, dans sa pulsation, l'essence de ce qui nous parle comme langage, comme ce langage que nous avons appelé un jour "la demeure de l'être".»[39]

Que vient faire ici le «langage»? En quoi nous parlerait-il? N'est-ce pas nous qui «le» parlons? Il y a ici, il faut bien le dire, un renversement étrange de perspective. Étrangeté redoublée par le fait que la formule «ce qui nous parle comme langage» peut elle-même s'entendre, ou plus exactement s'accentuer de deux manières. S'agit-il d'entendre le langage en tant que s'adressant à nous, par quoi nous serions comme en dialogue avec «lui»? Ou bien sommes-nous nous-mêmes «parlés», et ainsi rendus pur «langage», par une instance dont il s'agirait de percevoir «dans sa pulsation», l'essence? À vrai dire, la formule semble bien dire les deux à la fois. Nous avons affaire au langage comme tel. Il est notre plus insigne fondement, constituant à la fois notre lieu, notre élément, et notre horizon. Par quoi nous sommes nous-mêmes langage, et ne sommes que cela. Non pas son produit distinct, mais sa manifestation même. Précisément, «langage» dit ici, et incarne, la «pulsation de la relation», la vie même de la relation de l'homme à l'être. Il est ainsi le lieu par excellence de l'appropriation réciproque. En tant que parlant, nous portons nous-mêmes la marque de cette appropriation :

39. M. Heidegger, «"Identité et différence". Le principe d'identité», *op.cit.*, p. 273.

> « Car le langage, dans cette construction, à fondations internes, de l'Appropriation, est la pulsation la plus délicate et la plus fragile, mais aussi celle qui retient tout. Pour autant que notre être propre est dans la dépendance du langage, nous habitons dans la Copropriation. »[40]

Et ce précisément parce que le langage est par essence un « port », un « porter et recevoir annonce », sur lequel s'ancre la relation herméneutique à l'être. Dans le texte *D'un entretien de la parole*, antérieur de quelques années à la conférence sur *Le Principe d'identité* de 1957 que nous suivons ici, Heidegger expose ce lien intime qu'est le langage même, comme herméneutique de l'être. Revenant d'abord sur sa formule, proposée dans la *Lettre sur l'humanisme*, du langage comme demeure de l'être, il y indique très précisément le lien du langage au *pli* de l'être et de l'étant :

> « Dans la tournure qui nous intéresse, je ne vise pas l'être de l'étant, l'être représenté métaphysiquement, mais au contraire le déploiement de l'être, et plus exactement le déploiement duplice d'être et étant — cette duplication toutefois dans la mesure où elle est digne de pensée. »[41]

Le langage est lieu du pli, ou duplication *(Zwiefalt)*, par quoi se déploie l'être comme présence du présent. Autrement dit, la nomination de l'étant ouvre la transcendance du monde comme déploiement duplice d'être et étant, présence du présent. Le langage tient l'unité du pli, par quoi bien qu'il soit « la pulsation la plus délicate et la plus fragile », il est aussi « celle qui retient tout ». C'est donc assez naturellement que, dans l'œuvre du philosophe, le thème de la transcendance du *Dasein* laisse place progressivement à une méditation du langage comme tel. Il y a bien là un « tournant », mais qui est la même méditation continuée et approfondie, en tant que le

40. *Ibid.*, p. 272.

41. M. Heidegger, « D'un entretien de la parole », *Acheminement vers la parole,* trad. fr. J. Beaufret, W. Brockmeier, F. Fédier, Paris, Gallimard, coll. « TEL », 1976, p. 112.

langage est le lieu immanent à partir duquel se déploie la transcendance. Où l'on retrouve le renversement de perspective mentionné plus haut. Ainsi, à la suite de, et dans la même perspective que l'analytique existentiale d'*Être et Temps*, le *Dasein* est pensé comme configurateur d'un monde, configuration qui est la transcendance elle-même, ou « être-au-monde » :

> « Que "la réalité-humaine transcende", cela revient à dire : dans l'essence de son être, la réalité-humaine [*Dasein*] est *configuratrice d'un monde*, et "configuratrice" en un sens multiple : elle fait qu'un monde s'historialise ; elle se donne avec le monde une figuration originelle qui, pour n'être pas expressément saisie, n'en joue pas moins le rôle d'une préfiguration pour tout l'existant manifesté, auquel appartient elle-même chaque fois la réalité-humaine. »[42]

S'y « substitue » (mais il s'agit bien de la même chose, pensée plus essentiellement) le *Dasein* configuré par le langage, comme « recueil où sonne le silence ». La transcendance n'est plus pensée à partir du *Dasein* ; c'est à l'inverse le *Dasein* lui-même qui ne peut avoir sens qu'à partir de la transcendance déployée depuis le langage :

> « Le recueil où sonne le silence n'est rien d'humain. L'être humain, au contraire, en lui-même est parlant. Ce mot : "parlant", signifie ici : amené à sa propriété à partir du parler de la parole. Ce qui est ainsi approprié, l'être humain, est porté par la parole en son propre ; son propre est de rester en propre confié au déploiement de la parole : recueil où sonne le silence. »[43]

42. M. Heidegger, « Ce qui fait l'être-essentiel d'un fondement ou "raison" », *op.cit.*, p. 135.

43. M. Heidegger, « La parole », *Acheminement vers la parole, op.cit.*, p. 34. Nous ne distinguons pas ici « parole » et « langage », que dit le même mot allemand « *die Sprache* ». Cette distinction ne serait d'ailleurs nullement évidente, car engageant justement le rapport du français à l'allemand, en tant que la distinction *n'est pas la même* dans les deux langues. Elle ne peut pas l'être, la métonymie gréco-latine de la « langue » étant propre au français.

Mais ce renversement, qui dirige vers l'appropriation comme telle, relie en réalité les deux parcours, de la transcendance d'une part, et du langage d'autre part, car il est une percée vers l'essence de l'herméneutique. Le grec *herméneia* est rapproché du messager des dieux, *Hermès*, «en un jeu plus obligeant que la rigueur de la science»[44]. Dès lors :

> «De tout cela ressort clairement que ce qui est herméneutique veut dire non pas d'abord interpréter, mais avant cela même : porter annonce et apporter connaissance.»[45]

La relation herméneutique de l'homme à l'être s'avère ainsi le rapport langagier de l'homme à la duplication, où la nomination, le «porter annonce» de l'étant, ouvre l'espace de la transcendance de l'être. Et ce rapport est lui-même requis par le déploiement duplice de l'être. Sa parole est donc toujours réponse à l'*autre* parole, le pli, «la faisant connaître en ce qu'elle annonce». Il faut donc bien parler de *relation,* portée par le langage même, qui s'avère ainsi fondamentalement *dialogique*, pour peu que l'on entende ce terme en un sens absolument pas intersubjectif, mais bien transcendant. Aussi :

> «C'est la parole qui donne voix à la relation herméneutique.»[46]

Le langage est le lieu même de l'appropriation réciproque de l'être et de l'homme, comme parole du pli. L'unité simple de cette situation est ce que tâche de nommer l'*Ereignis*, la copropriation. C'est d'elle qu'émane la duplication dialogique où être et homme s'approprient l'un à l'autre et ainsi se voient portés à leur propre. L'abîme béant de la copropriation ouvre la relation, dont le langage est le port. C'est aussi pourquoi le régime de la saturation implique une attaque en règle du langage lui-même, selon toutes les formes que peut prendre sa «codification».

44. M. Heidegger, «D'un entretien de la parole», *op.cit.*, p. 115.

45. *Ibid.*

46. *Ibid.*

Permettons-nous ici encore une rapide parenthèse. Un des signes majeurs de cette attaque en règle est bien pour Heidegger, ce qu'il appelle la «logistique» moderne, c'est-à-dire, plus simplement, l'élaboration de la logique symbolique par Frege, Whitehead et Russell, et surtout, à partir de cette élaboration, la tentative incombant nommément à l'empirisme logique dont Carnap s'est fait le héraut—malheureux, car réfuté par la science et la logique même, à travers le théorème d'incomplétude de Gödel—, d'établir la supposée «langue universelle de la science» comme norme de validité du langage même[47]. Les deux aspects ne sont pas strictement identiques, le premier partant avant tout du projet de fondation logique de l'intégralité des mathématiques. Mais ils sont intimement reliés, dès lors que la «thèse de la métalogique» défendue par Carnap ne peut s'élaborer que sur la base du calcul symbolique. Inversement, le premier mène nécessairement au second, en tant qu'il constitue une première tentative de totalisation logique du monde, comme pur calcul symbolique. Aussi, les nuances internes à la logistique n'intéressent pas Heidegger, précisément parce que toute logistique se présente comme cette totalisation. Ainsi, dans l'article cité, Carnap se réfère au projet de «développement complet d'une théorie strictement formelle des formes de langage entièrement réalisée»[48], c'est-à-dire au projet d'établissement d'une «métalogique». Il s'agit bien alors d'appliquer à l'intégralité du phénomène du langage ce que les précurseurs ont tâché d'établir sur l'intégralité des mathématiques. C'est en ce sens général que Heidegger se réfère à de nombreuses reprises au développement de la logistique, menaçant de transformer l'abîme du langage en vide stérile où toute relation sombre dans la pure inexistence paramétrée:

«La “relation”, à son tour, chose bien-connue, nous pouvons

47. *Cf.* l'article de 1932: R. Carnap, «La langue de la physique comme langue universelle de la science», trad. fr. D. Chapuis-Schmitz, *L'âge d'or de l'empirisme logique. Vienne-Berlin-Prague. 1929-1936*, sous la direction de C. Bonnet et P.Wagner, Paris, Gallimard, 2006, p. 321-362. Il n'est pas anodin pour notre propos de noter que Carnap y qualifie cette langue universelle de «langue-système».

48. R. Carnap, *op.cit.*, p. 325.

> la désigner en un sens vide, formel, et l'utiliser à titre de numéraire. Pensez à la manière dont procède la Logistique. »[49]

Dans cet exemple, la référence se fait justement au principe même de la logique symbolique, telle que développée dans les *Principia Mathematica* de Russell et Whitehead, où la relation est définie « extensionnellement » comme classe de couples déterminée par une fonction propositionnelle[50]. La défiance de Heidegger ne vise donc pas spécifiquement le projet de normalisation du langage de Carnap, mais bien la logistique en tant que telle, et à ses procédés, dont la normalisation n'est qu'une conséquence directe. En examinant d'un peu plus près cet exemple de la relation, on aperçoit facilement pourquoi. La construction symbolique proposée dans les *Principia* est la suivante. La fonction R entre x et y est la classe des couples (x, y) (paires ordonnées) vérifiant la fonction propositionnelle $\phi(x, y)$, c'est-à-dire l'ensemble des couples pour lesquels cette fonction est *vraie*. La formule de la relation est alors donnée par :

$$R = x\text{^}y\text{^}\phi(x, y).$$

Mais alors, et afin, disent les auteurs, de rester le plus proche possible du langage commun, une série de calculs propositionnels est donnée (les points n'interviennent ici qu'à titre de séparateurs, et non de produit logique) :

$$\vdash :.\, R = x\text{^}y\text{^}\phi(x, y). \equiv :\, xRy. \equiv_{x,y} .\, \phi(x, y)$$
$$\vdash :.\, R = S. \equiv :\, xRy. \equiv_{x,y}.\, xSy$$
$$\vdash .\, x\text{^}y\text{^}(xRy) = R$$
$$\vdash .\, \{x\text{^}y\text{^}\phi(x, y)\} \in Rel$$

La première ligne explicite la définition de la relation. La seconde définit l'identité de deux relations. Les troisième et quatrième justifient le passage de la *fonction* de deux variables à la *relation* entre ces

49. M. Heidegger, *ibid.*, p. 117.

50. *Cf.* B. Russell et A. N. Whitehead, *Principia Mathematica*, vol. 1, Cambridge, University Press, 1910, p. 27-28.

variables. Ces propositions ont donc pour conséquence que toute fonction de deux variables est formellement équivalente à la relation *xRy*, c'est-à-dire «*x* est en relation *R* avec *y*». On voit bien apparaître le but de cette formalisation, qui est de justifier la notation se rapprochant dudit «langage commun». Mais alors, inversement, c'est donc qu'il s'agit avant tout non pas de questionner ce langage commun, mais bien de le normaliser. Procédé tout à fait contradictoire propre à la logistique, consistant à se débarrasser des formulations considérées comme trop vagues et ambigües du langage, pour finalement y revenir mais après ce filtre de la normalisation formelle[51]. Notons que c'est précisément ce que tâchera d'éviter Wittgenstein, dont le trait, pour le coup totalement singulier, et donc justement pas «logistique», consiste au contraire à interroger ce «langage commun», par la confrontation à la forme logique d'abord, puis par la notion de «jeu de langage» ensuite. Procès qui n'est pas sans laisser beaucoup d'ambiguïtés, expliquant les malentendus nombreux dont il eut à se plaindre.

Il n'est donc pas illégitime de considérer la logistique dans son ensemble, comme le fait Heidegger, sous ce biais de la normalisation du langage, dont Carnap ne fait finalement que tirer les conséquences. Nous reviendrons sur ce pan strictement logistique, que nous compléterons des deux autres modes «énergétique» et «cybernétique» de la domination technique comme imposition du système comme tel. Contentons-nous ici d'une simple remarque pour clore cette parenthèse. Que les deux auteurs se soient reconnus mutuellement comme antithèses radicales et ennemis définitivement irréconciliables n'est évidemment pas pour surprendre. L'unique référence directe que fait Heidegger à Carnap, en 1964, parle des «deux positions antagonistes les plus extrêmes» de la philosophie contemporaine[52].

51. Wittgenstein pointe la contradiction dans la parenthèse de la proposition 5.412 du *Tractatus*: «C'est ainsi que dans les *Principia Mathematica* de Russell et Whitehead des définitions et des lois fondamentales sont données en mots ordinaires. Pourquoi ce soudain usage de mots? Ceci appellerait une justification, qui manque, et qui doit manquer, car cette façon de procéder est en fait inadmissible.» (L. Wittgenstein, *Tractatus Logico-philosophicus*, trad. fr. G.-G. Granger, Paris, Gallimard, coll. «TEL», 1993, p. 81).

52. Cité dans F. Volpi, «Sur la grammaire et sur l'étymologie du mot "être"»,

C'est peut-être une des seules réussites langagières de Carnap : avoir transformé ce « dialogue » en non-sens absolu. Heidegger n'y est sans doute pas pour rien non plus, s'étant manifestement trompé d'interlocuteur. Peut-être, en fait, l'a-t-il pris trop au sérieux, s'empêchant du coup de considérer d'un autre œil la manière autrement plus fertile et singulière d'interroger la logique qui fut celle de Wittgenstein, absolument pas réductible à sa « reprise » et son incorporation forcée au sein du « positivisme logique ». Nul doute que le « dialogue » eût pris un autre relief s'il s'était engagé avec le maître revendiqué mais incompris du malheureux Carnap[53]. Relief qui eût été celui d'une confrontation, forcément saisissante et d'une tout autre allure, entre « les murs du langage » et son abîme.

À la fois, il est aisé de comprendre l'obsession « logistique » de Heidegger, dès lors qu'il est certain que les tentatives carnapiennes furent un signe majeur du temps, nullement rassurant. Mais elles manifestent aussi, à leur corps défendant bien sûr, un irrésistible *comique*, dont le ressort n'est pas sans faire penser à celui qui soutient les « *slapsticks* » du burlesque américain. Que les deux naissent à la même époque de l'entre-deux guerres n'est sans doute pas anodin. Qu'on songe par exemple aux diverses formes prises par le problème de la « démarcation » logique de la science et de la métaphysique, qui furent l'objet des controverses avec Popper, et dont ce dernier montre qu'elles aboutissent à chaque fois à l'exclusion des lois universelles de la science elles-mêmes, tout en conservant du côté supposé « scientifique » la plupart des énoncés métaphysiques, et surtout des pseudosciences comme l'astrologie. Mais, plus encore, le malheur tragi-comique de Carnap n'est-il pas d'avoir sincèrement cru que les sciences avaient besoin de lui ? N'est-il pas que, pris dans sa haine foncière de la « métaphysique », avec toute l'approximation restant finalement accrochée à ce terme lorsqu'on ne veut l'entendre que

L'introduction à la métaphysique de Heidegger, J.-F. Courtine (éd.), Paris, Vrin, 2007, p. 136.

53. Dans une lettre à Moritz Schlick datée du 8 Août 1932, et à propos du *Tractatus*, Wittgenstein dit ne pas pouvoir « imaginer que Carnap ait pu se tromper si complètement et si manifestement sur les dernières phrases de [son] livre — et du coup sur la conception fondamentale du livre entier. »

formellement, il n'aperçoive pas que, comme le dit expressément et avec raison Popper, son propre problème de la construction logique d'un langage de la science qui exclurait tout énoncé métaphysique, est précisément un *pseudo-problème*[54]. Ces tentatives désespérées, et réitérées, de Carnap font quelque peu penser aux tribulations, ratages et catastrophes émaillant la vie des personnages plongés dans et confrontés au gigantisme, au machinisme, et à l'absurdité du monde moderne en construction, mis en scène, par exemple, par Buster Keaton ou Harold Lloyd. L'*aventure* en moins. Mais cette dernière fait toute la différence. Précisément, cette « différence », l'aventure l'ouvre et la maintient. Fermons la parenthèse. Nous reviendrons abondamment sur le contenu même de cette attaque du « langage même », lorsqu'il s'agira d'établir la *connexion* comme l'un des trois piliers du système.

Pour clore ce chapitre, il reste à poser quelques questions quant à ce qui relie ce qui a été explicité dans ce paragraphe à ce qui a été dit précédemment de la différence du système et du produire. L'unité de la différence est l'*Ereignis*, la copropriation gisant dans la béance de l'opération de tout « se poser » de la considération. Seulement, nous avions parlé de l'unité de la différence *du système et du produire*, alors que la copropriation doit être pensée comme copropriation de *l'être* et de *l'homme*. Comment dès lors, penser le lien entre « système » et « production » d'une part, et « être » et « homme » d'autre part ? Que signifie, et qu'implique le passage de la conjonction « être et homme », à celle plus inquiétante, mais correspondant le plus concrètement à la situation présente, « système et travailleur » ?[55] Que devient, dans

54. *Cf.* K. Popper, « La démarcation entre la science et la métaphysique », *De vienne à Cambridge*, trad. fr. P. Jacob, Paris, Gallimard, coll. « TEL », p. 131-192.

55. Il convient de relier ce glissement à ce que disent, en 1938, les *Beïtrage* à propos de la coappartenance de la *fabrication*, la *Machenschaft*, et de l'*expérience vécue*, l'*Erlebnis* : « Fabrication et expérience vécue sont formellement la saisie plus profonde de la formule qui sert à appréhender la question directrice de la pensée occidentale : étantité (être) et pensée (comprise comme représentation préalable qui prend conceptuellement ensemble). » (M. Heidegger, *Apports à la philosophie. De l'avenance*, trad. fr. F. Fédier, Paris, Gallimard, 2013, § 61, [128], p. 155-156).

ce glissement, le langage, et avec lui la nature de l'« appropriement » dont il est le lieu insigne ?

Il semble bien qu'ici se heurtent frontalement deux abords de l'*unité*. L'unité que forme l'appropriation réciproque de l'être et de l'homme, au sein de la béance suspendue de l'*Ereignis*, met en jeu la question de l'identité, c'est-à-dire l'unité de soi à soi, par quoi elle peut être dite appropriation du propre. Elle est en quelque sorte l'« identité de la différence ». Qu'en est-il de cette « identité » dans la mise en jeu de l'« autre » unité, celle que forment le système et le « produire », ou le système et le travailleur ? Y a-t-il ici la même mise en jeu de l'identité ? Ou peut-on alors parler d'une *unité sans identité* ? Ou de *moindre identité* ? Évidemment, cela peut paraître absurde, ou au minimum scabreux. Mais ce n'est pas tant absurde que *formel*. L'unité sans identité serait la pure unification formelle, un « relier » au sens d'un pur « connecter ». L'unité comme strict *unifié*, en quelque sorte. Comment alors penser le rapport entre « unifié », « unité » et « identité », à partir de la différence ? Pour entendre quoi que ce soit à ces questions, il nous faut ici nous arrêter quelque peu sur le terme avancé « identité de la différence » et sur son lien avec la constitution du *subjectum*, en tâchant de suivre le fil de l'analyse du « même » et du principe d'identité qu'a pu proposer Heidegger.

Chapitre II

Unité(s)

Unité, identité, différence

Que les choses soient claires : le titre de paragraphe qui vient d'être posé pourrait bien, si l'on n'y prend garde, nous mener droit au précipice. Le problème est alors de ne pas y sombrer. Imaginer pouvoir faire ici la généalogie des rapports entretenus par ces termes — unité, identité, différence — relève de la pure gabegie. Il ne s'agit donc, dans ces considérations préliminaires, que de poser quelques indications nécessairement rapides, quelques jalons, en tâchant d'éviter à la fois les contrepieds et les portes ouvertes. Indications à partir desquelles il faudra tâcher de situer la position heideggérienne.

Commençons par l'« identité », puisque c'est elle qui nous intéresse en premier lieu ici[1]. Le terme est emprunté, au XIVe siècle *(ydemtite)*, au bas latin *identitas*, comme « qualité de ce qui est le même », qui dérive du latin classique *idem* traduisant le grec ταὐτότης *(tautotês)*.

1. *Cf.* A. Rey, *Dictionnaire historique de la langue française*, Paris, Dictionnaires Le Robert, 3e édition, 2000, p. 1062.

À partir du XVIIIe siècle, le mot prend le sens philosophique de la permanence (identité personnelle), le sens logique de ce qui est un, et le sens juridique de l'individualité. Son sens algébrique, bien connu des collégiens lorsqu'elle est « remarquable », désigne une égalité vraie quelles que soient les valeurs attribuées aux variables qui la constituent.

Qu'elle soit explicite ou non, ce terme porte donc la double résonnance de l'être comme « être le même » et de l'un comme « unité du même ». C'est bien ainsi qu'Aristote, à qui l'on doit l'effort le plus conséquent, insistant, et du coup référé, de clarification de ces notions, définissait l'identité :

> « Il est donc clair que l'identité est une unité d'être, unité d'une multiplicité d'être, unité d'un seul traité comme multiple, quand on dit, par exemple, qu'une chose est identique à elle-même : la même chose est alors traitée comme deux. »[2]

L'identité, y compris dans le principe d'identité qu'Aristote signale ici en passant, signifie une unité d'être. Seulement cette détermination tourne rapidement à la tautologie, ou au contraire, et plus exactement à l'aporie, dès lors que l'on remarque l'intimité fondamentale de l'unité et de l'être (et du bien, troisième transcendantal aristotélicien). Ainsi, « à chaque signification de l'être correspond une signification du bien ou de l'un »[3], rendant ces termes « convertibles » ou coextensifs :

> « L'Être et l'Un sont identiques et d'une même nature, en ce qu'ils sont corrélatifs l'un de l'autre. »[4]

Chacun d'eux est un πρὸς ἓν λεγόμενον *(prôs èn légomênon)*, un dire, certes multiple, un πολλαχῶς λεγόμενον *(pollakhôs légoménon)*,

2. Aristote, *Métaphysique, tome 1*, trad. fr. J. Tricot, livre Δ, 9, 1018 *a* 7-10, Paris, Vrin, 1991, p. 184.

3. P. Aubenque, *Le problème de l'être chez Aristote*, 4e éd., Paris, PUF, coll. « Quadrige », 2002, p. 203.

4. Aristote, *Métaphysique, op.cit.*, Γ, 2, 1003 *b* 23-25, p. 112.

mais se rapportant toujours à un terme unique, une nature unique, c'est-à-dire à la signification primordiale de l'essence à laquelle se rapportent les autres catégories. Mais en cela il reste transcendant aux catégories de la prédication, car se disant dans chacune d'elles sans pouvoir s'y réduire. C'est pourquoi ils ne sont pas plus des genres que des substances, mais les plus universels des prédicats, car pouvant être dits de chaque genre, de chaque espèce, de chaque substance. Ni équivoques (homonymie) ni univoques (synonymie), ces termes se déploient au sein d'un statut qui leur est absolument singulier : Heidegger, classiquement, parle d'*analogie*[5] ; Aubenque d'*homonymie non–accidentelle*[6]. Aussi :

> « Que l'Un et l'Être signifient, en un sens, une seule et même chose, cela résulte clairement de ce que l'Un est lié également à l'une quelconque des catégories et ne réside spécialement en aucune d'elles, par exemple ni dans la substance, ni dans la qualité, mais il se comporte de la même façon que l'être envers les catégories »[7].

Mais inversement, le même, l'identique (ταὐτό), c'est-à-dire l'« être le même », est en même temps un mode de l'un, comme unité de soi à soi. Aristote distingue ainsi, comme degrés d'unité, l'un, l'identique, l'égal, le semblable, auxquels s'opposent la pluralité, l'altérité, l'inégalité, la différence. L'essence de l'identique reçoit alors autant d'acceptions que l'Un :

> « Outre le même par accident, il y a le même par soi, en autant de sens qu'il y en a pour l'Un par soi. Le même par soi se dit, en effet, des êtres dont la matière est une, soit par l'espèce,

5. M. Heidegger, *Aristote, Métaphysique* Θ *1-3. De l'essence et de la réalité de la force*, trad. fr. B. Stevens et P. Vandevelde, Paris, Gallimard, 1991, p. 40-47.

6. P. Aubenque, *op.cit.,* p. 191.

7. Aristote, *Métaphysique, tome 2*, livre I, 2, 1054 *a* 13-16, trad. fr. J. Tricot, Paris, Vrin, 1991, p. 69.

soit par le nombre, aussi bien que des êtres dont l'essence est une.»[8]

Cette énumération ne semble pas tout à fait concorder avec la distinction classique, exposée au Livre VII des *Topiques*, entre identité numérique, identité spécifique et identité générique. Force est de constater que l'indication d'Aristote reste difficile à bien appréhender, comme du reste toute son hénologie. D'abord parce que cette référence aux différents sens de l'Un par soi n'est pas si claire qu'elle en a l'air: s'agit-il bien des quatre sens de l'Un, comme continu (matière), tout (forme), individu (indivisibilité numérique), universel (indivisibilité spécifique)? Ou de l'un appréhendé selon les trois principes de la substance, matière, forme et privation, ou encore selon les catégories? Il semble ici n'indiquer que trois sens à l'identité, comme dans le livre *I* de la *Métaphysique* où il revient sur cette définition de l'identité:

> «Le même a différents sens; dans un premier sens, nous le désignons parfois par l'expression «identité numérique»; dans un second sens, c'est quand il y a unité, tant dans la définition que dans le nombre: par exemple, tu es un avec toi-même par la forme et la matière; enfin, s'il y a unité de la définition de la substance première: ainsi les lignes droites égales sont les mêmes, comme aussi les quadrilatères égaux et équiangles; il y a bien pluralité d'objets, mais, dans ces cas, égalité et unité.»[9]

Ce n'est sans doute pas un hasard que de grandes divergences existent également entre les diverses traductions de ce passage. Ainsi, par exemple, Pierront et Zévort regroupent les deux premiers sens, et scindent le troisième[10]. Le problème est donc plus épineux que

8. Aristote, *Métaphysique, op.cit.*, Δ, 9, 1018 *a* 5-7, p. 184.

9. Aristote, *op. cit.*, I, 3, 1054 *a* 31—1054 *b* 3, p. 70.

10. «Il y a d'abord l'identité numérique qu'on exprime quelquefois par ces mots: c'est un seul et même être; et cela a lieu quand il y a unité sous le rapport de la notion et du nombre: par exemple, tu es identique à toi-même sous le rapport

l'on pourrait croire, et met en jeu l'immense question du statut de la systématicité aristotélicienne, toujours poursuivie et travaillée, en même temps qu'impossible à établir. Nous n'allons pas le résoudre ici. Remarquons simplement une chose. Le dernier sens cité, l'identité de définition, montre que la conception aristotélicienne n'oppose pas directement identité et différence, celle-ci s'opposant au semblable, mais identité et altérité. La différence, ou «le différent» (διάφορον; *diaphoron)* suppose un élément d'identité, genre ou espèce, à partir duquel peuvent se différencier les individus. Reste qu'il y a bien opposition entre la série «un-même-semblable» et la série «multiple-autre-différent». C'est bien ainsi que la tradition philosophique a l'habitude de situer ces deux termes, si l'on fait abstraction de la subtilité sémantique signalée par Aristote: identité et différence sont de prime abord en rapport d'exclusion mutuelle, dont il ne s'agit donc pas de questionner la relation. Mais il n'est pas anodin de signaler qu'au point de départ de cette tradition philosophique, ce questionnement n'est justement pas absent, quoique dilué par les complexes interpénétrations entre les termes. Malgré tous les efforts déployés, il est évident qu'il ne peut s'agir pour Aristote d'établir un système où seraient hiérarchisés l'ensemble de ces notions. Mais cette compénétration même illustre parfaitement que le questionnement aristotélicien se tient au cœur du rapport entre identité et différence.

Après lui, identité et différence se voient plus ou moins relégués au simple rang de préceptes ou contraintes strictement logiques. Kant, par exemple, réduit le principe d'identité (ou de contradiction[11]) à un simple critère formel de la vérité logique des jugements. Il n'a donc plus le sens ontologique qui était encore le sien chez Aristote. L'identité, comme règle de comparaison opposée à la diversité, est ainsi dans son principe ce par quoi «la possibilité interne d'une

de la forme et de la matière. Identique se dit aussi quand il y a unité de notion pour la substance première: ainsi, des lignes droites égales sont identiques. On appelle encore identiques des quadrilatères égaux et qui ont leurs angles égaux, quoiqu'il y ait pluralité d'objets: dans ce cas, l'unité consiste dans l'égalité.»

11. Dire «A est A» ou «A est B ou non-B» a le même sens logique. L'intrication des deux principes, en un sens ontologique, est la même chez Aristote, qui parle explicitement du principe de contradiction, mais en y incluant le principe d'identité.

connaissance est déterminée pour des jugements problématiques»[12], à côté des principes, tout aussi formels, de raison suffisante et du tiers exclu, fondant respectivement la *réalité* d'une connaissance en vue des jugements *assertoriques*, et la *nécessité* d'une connaissance comme principe des jugements *apodictiques*. D'un autre côté, il est clair que toute son analyse de la synthèse transcendantale comme acte de liaison du divers au sein d'une unité *a priori* repose intégralement sur ce domaine opaque du rapport entre identité et différence. La synthèse entend précisément en être le fin mot. Le questionnement du rapport entre identité et différence n'est pas posé comme tel, mais résolu d'emblée, et se voit donc substitué par le thème directeur de la synthèse transcendantale.

C'est finalement Hegel qui, après Aristote, et à partir de Fichte et Schelling, est le premier à thématiser *explicitement* le rapport entre identité et différence. En l'occurrence, ce thème est celui de la constitution de l'essence, intermédiaire dans le procès dialectique menant de l'être au concept. Mais ce rapport est alors lui-même *dialectique*. L'opposition entre identité et différence se résout dialectiquement dans l'unité du fondement de l'essence:

> «Le *fondement* est l'unité de l'identité et de la différence; la vérité de ce comme quoi la différence et l'identité se sont produites,—la réflexion-en-soi qui est tout autant réflexion-en-autre chose, et inversement. Il est l'*essence*, posée comme *totalité*.»[13]

Sans entrer dans le détail de ce processus dialectique, il faut noter que là encore, le rapport n'est posé qu'en tant qu'exclusion mutuelle, mais qui ici trouve sa résolution. L'opposition est conceptuellement maintenue, bien que s'y adjoigne le troisième stade synthétique du mouvement de résolution dialectique.

Aussi n'est-il pas absurde de voir dans cette *relation* entre identité et différence, opaque car reçue par la tradition univoquement sur le

12. E. Kant, *Logique*, *op. cit.*, p. 58.

13. G. W. F. Hegel, *Encyclopédie des sciences philosophiques I. La science de la logique*, § 121 [1827 et 1830], trad. fr. B. Bourgeois, 4e éd., Paris, Vrin, 1994, p. 380.

mode de l'*exclusion* réciproque, un thème fondamental de la philosophie, agissant comme un leitmotiv souterrain traversant de part en part son histoire, tout en restant en partie impensé par elle. C'est du moins ce que semblent vouloir affirmer les deux textes formant l'ensemble intitulé *Identité et différence*, s'attachant à exhumer cette relation, l'un à partir du principe d'identité, l'autre à partir de la différence ontologique. Textes qu'il s'agit donc de lire en parallèle, en vue d'approcher cette relation paraissant *a priori* contradictoire. C'est pourtant bien vers cette relation que Heidegger, dans son avant-propos, oriente expressément les deux textes :

> « Dans le présent travail, nous désignons l'appartenance mutuelle de l'Identité et de la Différence comme étant le thème à méditer. »[14]

L'identité est d'abord, dans cette histoire philosophique, principe logique d'identité, « loi suprême de la pensée »[15] guidant tout énoncé philosophique, sur la base de ce qui peut s'énoncer par la formule « A=A ». Toute chose est égale à elle-même. Seulement précisément, l'égalité change le ton qui est celui de l'*identitas*. « Identité » dit non pas l'être égal, mais « être le même », *idem*. Aussi le principe doit-il être donné sous la forme de la proposition « A est A » : toute chose est elle-même la même avec elle-même. L'identité est une *restitution* de soi à soi. Mais depuis où ? Qu'est-ce qui se voit ainsi comme restitué par le principe ? Même transformée, la formule ne dit pas grand-chose de l'identité, semblant non pas la fonder mais au contraire la présupposer :

> « Même dans la formule amendée *A est A*, c'est l'identité abstraite qui seule apparaît. Peut-on même dire qu'elle apparaît ? »[16]

14. M. Heidegger, « "Identité et différence". Le principe d'identité », *op.cit.*, p. 255-256.

15. *Ibid.*, p. 257.

16. *Ibid.*, p. 259.

Une telle discussion sur la forme qu'il convient de donner au principe peut surprendre sous la plume de Heidegger, qui ne passe pas généralement pour un «formaliste». Ce point n'est pourtant pas de vain ergotage, pour la raison, justement, que le principe se donne habituellement comme pur formalisme. Or il s'agit bien pour Heidegger de se mettre à l'écoute du principe lui-même, pour y entendre autre chose qu'un simple axiome formel, à savoir l'identité comme telle. Mais pour que l'identité résonne depuis le principe, encore faut-il que celui-ci ait une forme qui d'une certaine manière laisse «passer» cette résonnance, au lieu d'en étouffer les harmoniques. En l'occurrence, il s'agit d'accentuer le principe en «A *est* A», par quoi il devient clair que:

> «Le principe d'identité nous parle de l'être de l'étant. S'il est une loi de la pensée, c'est seulement dans la mesure où il est une loi de l'être, une loi qui statue: à tout étant comme tel appartient l'identité, l'unité avec lui-même.»[17]

La question de la «bonne forme» n'est donc pas ici un problème logico-formel. La «bonne forme» est tout simplement celle qui permet d'éviter de contourner le problème de l'être de l'identité. Celle qui laisse subsister la possibilité de penser la chose même, *malgré* le formel. Or le contournement consiste précisément à assimiler le plus simplement du monde l'identité à l'égalité. On retrouve évidemment là la controverse de la logistique déjà évoquée, mais sous une forme très nettement élargie. Frege ou Russell ne font cette assimilation qu'à la suite de Leibniz[18]. La formalisation logistique n'est sur ce point que la *fixation* d'une tendance persistante, et du reste bien compréhensible, de la philosophie elle-même. L'égalité numérique constitue en ce sens le *modèle* de l'identité. Seulement,

17. *Ibid.*, p. 260.

18. *Cf.* M. Fichant, *Science et métaphysique dans Descartes et Leibniz*, Paris, PUF, 1998, p. 292, disant à propos de la relation entre égalité et identité chez Leibniz: «Les deux idées sont condensées dans l'énoncé lapidaire: "Une chose est égale à elle-même, ou ce qui est le même est égal." En représentant l'identité par le symbole de prédicat binaire *I*, et l'égalité par son signe usuel, la traduction formelle de cet énoncé serait quelque chose comme: (1) $I(x, x) \Rightarrow (x=x)$».

n'est-ce pas là un simple rapport d'analogie, certes pratique, mais qui en fin de compte ne dit rien de l'identité en tant que telle ? Ou disant qu'il n'y a rien à en dire ? En effet, l'égalité est au nombre ou à l'idéalité mathématique, ou plus généralement à l'objet logique, ce que l'équivalence « métalogique » est à la proposition, et l'identité à la chose. Mais c'est donc, précisément, qu'on ne peut pas substituer l'une à l'autre. Les trois écritures « A=A », « A≡A », et « A est A », si elles sont bien en rapport analogique, n'ont pas le même sens pour ce qui concerne le mode d'être du « A » : nombre (à entendre au sens large d'unité d'un calcul logique), proposition, chose. Il apparaît alors clairement que le principe d'identité inclut et précède ceux de l'égalité et de l'équivalence, dès lors que les nombres et les propositions sont bien elles-mêmes des « choses ». Autrement dit, l'égalité et l'équivalence ont leur propre mode d'être, leur propre manifestation, c'est-à-dire leur propre *identité*. C'est du reste le sens même de l'introduction de la notion de « définition » (« $=_{DF}$ ») en logique formelle, par quoi il semble que l'on commence à tourner en rond. Qu'est-ce qu'une définition, disant ce que l'objet « est », avant toute « identité » ? Ramener le principe à la forme « A=A » est donc bien au sens strict une *réduction*.

Mais plus encore, l'égalité comme l'équivalence sont toutes deux définies à partir de l'*indiscernabilité*, d'où découle la *substituabilité*. Sur ce point, aucune variation notable depuis Leibniz[19] : sont égaux deux objets de mêmes propriétés, ce qui les rend substituables au sein d'un calcul ; sont équivalentes deux propositions de mêmes valeurs de vérité, ce qui les rend substituables au sein d'un calcul propositionnel[20]. Mais peut-on dire la même chose de l'*identitas* ? Que peut signifier « avoir les mêmes propriétés » sans recourir derechef à l'identité desdites propriétés ? Comment « être substituable » avant même d'« être » déjà, en tant qu'« être soi » ? Indiscernabilité et

19. *Cf.* M. Fichant, *op.cit.*, p. 306-307.

20. *Cf.* par exemple, B. Russell et A. N. Whitehead, *Principia Mathematica*, *op.cit.* Pour l'équivalence (p. 120-121), l'indiscernabilité est donnée par la définition : * 4.01. $p \equiv q . =_{DF} . p \supset q . q \supset p$ (« p implique q et q implique p ») ; la substituabilité par : $p \equiv q . \supset . f(p) \equiv f(q)$ (avec f une fonction de vérité). Pour l'égalité (p. 176), la seconde propriété exhibe à la fois l'indiscernabilité et la substituabilité : * 13.12. $\vdash : x = y . \supset . \psi x \equiv \psi y$.

substituabilité apparaissent comme des expédients pour le contournement du problème, qui reste ainsi central, de l'identité. Leur intérêt pour la définition de l'égalité n'est évidemment pas à remettre en cause. Mais celle-ci laisse intacte et entière la question de l'identité.

Remarquons en passant que ces ambiguïtés ont poussé Wittgenstein, et son tranchant coutumier, à vouloir purement et simplement éliminer le symbole «=» de toute idéographie. Il en donne la possibilité et la justification dans l'aphorisme 5.53, et les propositions afférentes, du *Tractatus*. Ainsi :

> «5.5303 — Sommairement parlant, dire que *deux* choses sont identiques est dépourvu de sens, et dire d'*une* chose qu'elle est identique à elle-même c'est ne rien dire du tout.»[21]

On voit ici poindre l'origine de sa gêne, qui est précisément la confusion entre égalité et identité. Car il s'agit bien pour lui d'interroger la logique de la *chose*. En 1913, c'est-à-dire pendant la période préparatoire à la rédaction du *Tractatus*, il écrivait ce mot, pour le moins extraordinaire dans le contexte de l'interprétation des *Principia Mathematica*, à Russell :

> «L'identité, c'est le Diable en personne, et d'une *immense importance ; bien plus* que je ne le pensais. Elle se relie — comme toute chose — directement aux questions les plus fondamentales, en particulier à celles qui concernent l'intervention d'un *même* argument à différentes places d'une fonction.»[22]

Il faut bien avouer que tout cela ne fait pas très «logistique». Et ne peut que faire regretter, à nouveau, que Heidegger n'ait pas semblé juger utile d'aller voir qui se cachait derrière Russell et Carnap. Mais quels auraient pu être leurs «échanges» sur le sens du «même»? Y avait-il seulement un terrain d'entente, un «langage commun», entre le franc-tireur Wittgenstein et le cheminant

21. L. Wittgenstein, *Tractatus logico-philosophicus*, *op.cit.*, p. 88.

22. L. Wittgenstein, *Carnets 1914-1916*, trad. fr. G. G. Granger, Paris, Gallimard, coll. «TEL», 1971, p. 223.

Heidegger ? Certainement non. À part seulement cela, peut-être, que tous deux visaient « le même ».

Bien plus tard, dans le cadre, non plus de l'analyse logique, mais des jeux de langage, le « second Wittgenstein » affirmait :

> « La substitution du mot "identique" au mot "le même" (par exemple) est également un expédient typique en philosophie. »[23]

Notons que Heidegger se propose ici de faire exactement le contraire.

Métaphysique des réductions

Le second texte de l'ensemble, *La constitution onto-théo-logique de la métaphysique*, fait de la différence, abordée via le thème de la différence ontologique, la différence de l'être et de l'étant, le sol non questionné sur lequel s'est construit, dit Heidegger, l'ensemble des « termes recteurs de la métaphysique : être et étant, fond et fondé »[24]. Ainsi, il résume :

> « La différence constitue le plan général suivant lequel l'essence de la métaphysique s'est édifiée. »[25]

Pensant et questionnant l'être de l'étant, la philosophie œuvre dans l'élément de cette différence ontologique sans jamais pouvoir orienter son regard vers la différence comme telle. Celle-ci, dit Heidegger, ne peut qu'être représentée sur la base du divers de l'étant, et « par là rabaissée à n'être plus qu'une distinction, une fabrication

23. L. Wittgenstein, *Recherches philosophiques*, trad. fr. F. Dastur, M. Élie, J.-L. Gautero, D. Janicaud, É. Rigal, Paris, Gallimard, 2004, § 254, p. 139.

24. M. Heidegger, « "Identité et différence". La constitution onto-théo-logique de la métaphysique », *op.cit.* p. 305.

25. *Ibid.*, p. 306.

de notre entendement»[26]. Mais alors, dans ce «rabaissement» de la différence a lieu simultanément la réduction de l'identité à l'indistinction du même, c'est-à-dire à l'égal, comme règle pour l'entendement. Il y aurait ainsi comme une *convergence des réductions*, manifestant en négatif une relation plus secrète entre différence et identité. Par cette double réduction à la stricte opération de discrimination de l'entendement entre distinct et indistinct, le différent est l'opposé de l'identique, opposition assurée comme évidence logique fondatrice pour la marche de la pensée, mais qui dès lors, de par son statut même d'évidence, reste elle-même non mise en cause. C'est donc sur le socle de cette opposition de l'identité et de la différence que se déploie la pensée métaphysique. Dès son départ, celle-ci est ainsi déterminée et fondée par ce rapport secret de l'identité et de la différence, rapport qui, réduit à l'opposition, constitue comme son sol.

Comment comprendre ce que tâche de pointer ici Heidegger, d'une manière il faut bien le dire à la fois obscure et révolutionnaire, sous le thème de l'appartenance mutuelle de l'identité et de la différence ? Dans une telle désignation du sol métaphysique, il ne peut être question que de la détermination du mode d'être de la métaphysique elle-même. De fait, ce sol détermine également la difficulté essentielle, paradoxale, de toute pensée métaphysique. Où celle-ci vacille à chaque instant, dans l'incapacité à *fixer* son dire : c'est bien ce qui insupporte au plus haut point l'empirisme logique, nécessairement attaché qu'il se trouve à la *fixation* — jusqu'au sacrifice de la proposition à la *tautologie*. Le sol de l'opposition pure et simple de l'identique et du différent se dérobe, en même temps qu'il est revendiqué dans chaque *proposition* métaphysique, précisément parce que la proposition tâche de poser l'identité de ce qui diffère comme fondation de ce qui est, sous le thème de l'identité de l'étant. La différence fondamentale de l'être et de l'étant se voit ainsi refermée dans l'étantité comme forme de l'identique. L'évidence fondatrice de l'opposition pure et simple des deux termes n'est que la forme rabaissée de l'élément véritable de la pensée, qu'il faudrait nommer *identité et différence du même*. Répondant à l'appel de cette identité, mais revendiquant du même coup le sol de l'évidence de l'opposition,

26. *Ibid.*, p. 296.

c'est-à-dire le sol de la différence comme distinction et opposition, la proposition métaphysique, en sa pointe la plus extrême, en son aboutissement dans le dire de l'être de l'étant qui lui est propre, fondant l'étantité de ce qui est pour toute considération future du divers de l'étant, cette proposition *vacille* en même temps qu'elle advient en sa vérité. C'est pourquoi elle se présente essentiellement comme *paradoxe*.

Cela, Heidegger ne le dit pas tout à fait, du moins pas sous cette forme. Il pointe au cœur de l'identité, en tant que celle-ci implique cette étrange relation «avec soi-même», la présence d'une «médiation, une liaison, une synthèse: l'union en une unité»[27]. Mais une unité conquise, qui n'est donc pas la pure et simple uniformité. Avec l'identité, comme unité avec soi-même, s'impose la médiation de l'unité comme travail de l'étant en vue de sa constitution d'être, son «étantité». Aussi:

> «De là vient que, d'un bout à l'autre de l'histoire de la pensée occidentale, l'identité se présente avec le caractère de l'unité.»[28]

Mais alors s'ouvre à la pensée la différence de l'étant à son mode d'être. La médiation de l'unité oriente la philosophie vers la constitution de l'étantité. Cette orientation, on peut dès lors à bon droit la relier à ce que nous avons appelé «identité et différence du même», mais précisément en tant que la proposition métaphysique *ne la pense pas*. Elle l'établit et y repose. Elle *s'y* établit. Toute vérité métaphysique est par essence paradoxale, précisément parce qu'elle a son origine dans le «même» comme identité-et-différence, origine qui, en tant qu'elle reste impensée par ce qu'elle déploie, constitue simultanément le sol et la limite de la pensée métaphysique. Contre laquelle la proposition vient comme buter. Aussi Heidegger peut-il déclarer:

> «Ce qu'énonce le principe d'identité, entendu dans sa basse

27. M. Heidegger, «"Identité et différence". Le principe d'identité», *op.cit.*, p.259.

28. *Ibid.*

> fondamentale, est précisément ce que toute la pensée occidentale ou européenne pense, à savoir que l'unité propre à l'identité forme un trait fondamental de l'être de l'étant. Partout où nous entretenons un rapport, quel qu'il soit, avec un étant de n'importe quelle sorte, nous nous trouvons placés sous un appel de l'identité. Sans cet appel, l'étant ne pourrait jamais apparaître dans son être. Partant, il n'y aurait pas non plus de science. »[29]

Le dire de l'étant répond à cet appel de l'identité en investissant le champ de la différence de l'être à l'étant. Sans cette ouverture de la différence, où résonne l'appel de l'identité, l'investigation de l'étant n'aurait pas lieu, dès lors qu'elle n'est elle-même que la recherche de l'unité. Il faut donc, en deçà de l'élaboration scientifique de l'étant, qui n'a lieu qu'à partir de l'établissement philosophique de la constitution d'être de l'étant selon le trait de l'unité, entendre, et ce en son principe même, l'appel qui la mène de bout en bout. Or le principe logique d'identité, parce qu'il se déploie à partir de l'élément de la différence ontologique, fait entendre l'« identité-et-différence du même » comme coappartenance *(Zusammengehörigkeit).* Celle-ci s'oppose et contredit l'indifférenciation de l'identique revendiquée dans l'évidence de l'opposition logique. Que l'étant apparaisse dans son être, et qu'une telle apparition constitue en propre l'événement que la philosophie suit à la trace, étire cette tension paradoxale extrême à l'œuvre au sein même de la proposition métaphysique, tension qui ne peut se résoudre, en tant précisément que l'apparaître comme tel, qui déploie cette « identité de la différence », n'est jamais questionné. Aussi reste-t-elle par essence en *retrait.* C'est également pourquoi, quoi qu'en ait Hegel, l'expression « identité-et-différence » ne marque pas la résolution d'un mouvement dialectique. La conjonction ne résout rien, elle tient ouvert l'espace d'unité. Cet espace est maintenu comme retrait du « même ». Le « même » doit donc s'entendre comme la double conjonction, ou la conjonction « au carré » : « identité-et-différence », *et* retrait. Mais les deux « et » sont le même. L'espace ouvert par la conjonction de l'identité et de

29. *Ibid.*, p. 260.

la différence est le fond *implicite* de toute explicitation, que celle-ci soit d'une identité ou d'une différence.

Le rapport de l'homme à l'étant donne lieu à la proposition métaphysique tâchant de *dire* et de *correspondre* à l'apparaître de l'étant en son être. C'est dans ce « dire » de la proposition, dans la parole propre de la philosophie, que s'ouvre le domaine paradoxal de la différence comme identité à soi. Ce domaine, nous l'avons dit, Heidegger le qualifie comme ouverture du « même » *(das Selbe)*. Son principe est le « colloque » qui conjoint homme et être, en forme donc fondamentalement dialogique :

> « Ce débat en forme de colloque, où il y va de ce qui toujours de nouveau concerne les philosophes comme étant le Même, est le Parler, le λέγειν, au sens du διαλέγεσθαι. »[30]

Le dire est dialogue en tant qu'il est essentiellement *correspondance*. Ici le paradoxe métaphysique est redoublé, la proposition émergeant de la tension entre l'énoncé qu'elle veut être — un dire fixé identifiant la différence séparant l'ordre de ce qui est dans son être, et l'ordre de ce qui dit l'être de ce qui est, à partir de l'évidence du principe de l'opposition de l'identique et du différent — et le dialogue qu'elle constitue comme correspondance. Aussi, la proposition est bien une « réponse », mais en tant que cette « réponse n'est pas un énoncé en retour [...] ; la réponse est bien plutôt l'*Entsprechung*, la correspondance qui parle en faisant face à l'être de l'étant »[31]. Nous retrouvons ici la médiation philosophique dont il était question dans l'introduction. La parole de la philosophie, c'est-à dire la proposition métaphysique de l'être de l'étant, tient simultanément l'*énonciation* et la *diction* de la parole. Autrement dit, il faut y entendre non seulement son énoncé, d'ordre scientifique, mais également l'écho poétique qui s'y rattache, et qui pointe vers la correspondance que porte le langage. L'énoncé repose sur une diction qui, loin de se réduire au simple fait d'une « action », constitue au contraire l'expérience même de la correspondance de

30. M. Heidegger, « Qu'est-ce que la philosophie ? », *op.cit.*, p. 333.

31. *Ibid.*, p. 334.

l'homme et de l'être. La diction n'est bien sûr pas l'énoncé de cette correspondance, mais son déploiement. Aussi Heidegger pointe-t-il vers cette «réponse» au questionnement métaphysique de l'être de l'étant, qu'est la correspondance en tant que telle.

Or, une forme de reconnaissance mutuelle est le préalable obligé de toute correspondance, et cette «reconnaissance» signifie d'abord la coappartenance des correspondants. Ce qui correspond repose sur l'appartenance réciproque de ce qui est ainsi mis en correspondance. Dès lors, l'*Entsprechung* et la *Zusammengehörigkeit*, la correspondance et la coappartenance, sont intimement reliées, et c'est précisément cette relation que tâche de nommer le «même» invoqué par Heidegger. Seul peut correspondre ce qui déjà s'entre-appartient tout en maintenant l'écart de la différence des correspondants. La parole qui correspond, se soutenant de la coappartenance, affirme le «même», dit la «mêmeté» *(Selbigkeit)* de ce qui diffère:

> «Le même, pensé au sens de la coappartenance essentielle, brise l'indifférence de ce qui s'entr'appartient, et le maintient au contraire écarté dans la plus extrême inégalité—il le maintient et ne le laisse justement pas se séparer et se défaire. Ce tenir-ensemble dans le tenir-écarté est un trait de ce que nous nommons le même et la mêmeté.»[32]

Le «même» ainsi pensé maintient l'ouverture de la différence dans la reconnaissance de l'identité. Il est, dit Heidegger, ce que porte comme son origine impensée, toute proposition métaphysique tâchant de dire l'être de l'étant. En cette tâche, elle correspond à l'être, à partir de la coappartenance essentielle de l'être et de la pensée. Elle déploie donc toujours le *«même»* comme ce qui tient ensemble dans l'écart de la différence. Or, dans un tel tenir-ensemble advient la «mêmeté du même» comme appropriation réciproque de ce qui correspond dans la coappartenance. Disant le «même», la correspondance se déploie dans l'élément d'appropriation réciproque de

32. M. Heidegger, *Le principe de raison*, trad. fr. A. Préau, Paris, Gallimard, 1962, p. 199. La traduction ici reproduite est celle de M. Zarader dans son ouvrage *Heidegger et les paroles de l'origine*, Paris, Vrin, 1990, p. 105.

ce qui s'entre-appartient. Ainsi, ce qui diffère dans le «même» reçoit de lui son essence propre. La correspondance que vise la proposition métaphysique, parce qu'elle tire sa possibilité de la coappartenance, provient donc du règne en retrait de l'*Ereignis*, comme copropriation de l'être et de l'homme. Règne par lequel l'homme n'est approprié à lui-même que dans ce rapport de correspondance à l'être, par lequel donc :

> «L'homme est proprement ce rapport de correspondance, et il n'est que cela.»[33]

Seulement, et c'est bien là la conséquence majeure de cette articulation de la copropriation, *Ereignis*, de la coappartenance, *Zusammengehörigkeit*, et de la correspondance, *Entsprechung*, la réciproque est également vraie :

> «L'être n'est et ne dure que parlant à l'homme et allant ainsi vers lui. Car c'est l'homme qui, ouvert à l'être, laisse d'abord celui-ci venir à lui comme présence.»[34]

Quoiqu'il soit difficile, pouvant, pourquoi pas ?, paraître un peu scabreux à quelques oreilles, et même insupportable à d'autres, ce travail d'articulation des trois termes auquel se soumet Heidegger, ne saurait être assimilé à un simple jeu rhétorique stérile, ne serait-ce que par la conclusion pour le moins inédite à laquelle il parvient, à savoir cette *réciprocité* de la dépendance liant l'être et l'homme. Nous sommes ici au cœur ce que le petit schéma présenté en introduction tâchait seulement de signaler, à savoir la nécessité de la double écoute du dire «horizontal» de l'étant, énonciation et diction, pour rendre compte de la relation «verticale» à la transcendance de l'être à partir de l'immanence du langage. Ce que tâche de penser ici Heidegger est bien cette relation intime de l'horizontal et du vertical, de l'immanence du langage et de la transcendance de l'être. Bien loin, donc, des critiques, plus ou moins nominalistes, que lui adresse l'empirisme

33. M. Heidegger, «"Identité et différence". Le principe d'identité», *op.cit.*, p. 265.

34. *Ibid.*

logique, il ne s'agit pas pour lui de s'interroger sur la *légitimité* de la métaphysique, mais de prendre acte de sa *nécessité* et d'interroger ce qu'elle signale quant à la *situation* même de la pensée, malgré les échappements inexorables que subissent ses propositions. Que signifient ces échappements ? Non pas un ratage ou une vanité, mais l'inclusion de la métaphysique elle-même dans une relation d'appartenance réciproque dont elle ne peut, par essence, penser la consistance. Il est vrai que Heidegger est alors amené à prendre à rebrousse-poil, en son langage même, aussi bien le nominalisme que le conceptualisme, tâchant précisément de viser l'en-deçà du concept. Ce qu'il trouve alors est la correspondance fondée sur l'appartenance réciproque de l'être et de l'homme, qui tire son essence du don en retrait de la copropriation, l'*Ereignis*. Une telle dépendance réciproque de l'être et de l'homme, c'est bien le terme recteur de toute la métaphysique qui le porte, à savoir la *vérité*. Ainsi peut s'entendre pleinement cette proposition absolument fondatrice de l'intégralité de la pensée heideggérienne :

> « "Il n'y a" de vérité que dans la mesure où et aussi longtemps que le *Dasein* est. »[35]

La vérité est la dimension d'ouverture fondamentale du *Dasein* à l'être, c'est-à-dire la dimension même de la relation de l'être et de l'homme, qui à la fois soutient tout l'édifice métaphysique, et dont le concept classique de *veritas*, comme *adaequatio rei et intellectus*, adéquation de la pensée et de la chose, rectitude de la représentation, n'est pas à même de rendre compte. Pensant la vérité à partir de son nom grec, ἀλήθεια *(alèthéia)*, Heidegger y accentue le α-privatif, pour y entendre le dévoilement du voilé, l'avancée hors du retrait de la λήθη *(lèthè* ; oubli). Ce qui est vrai est venu à son être propre depuis le voilement de cet être. La vérité est donc fondamentalement cette dimension du dévoilement où l'occulté s'ouvre à la non-occultation. Reposant ainsi sur le retrait lui-même, cet « élément » de la vérité en lequel se déploie la relation de l'être et de l'homme, trouve plus fondamentalement sa consistance dans l'articulation du

35. M. Heidegger, *Être et Temps, op.cit.*, § 44c, [226], p. 167.

triptyque de la copropriation, de la coappartenance et de la correspondance. Il est donc l'unité du « même » que vise toute proposition de la métaphysique, comme *identité de la différence*. Poursuivant la vérité, la proposition métaphysique dit le « même » depuis l'origine de la philosophie, précisément parce qu'il est cette origine, en tant qu'ouverture de la relation de l'être et de l'homme : le dire de la copropriation comme support de tout « dire ».

C'est pourquoi la forme la plus pure d'un tel énoncé du « même » doit se trouver, à suivre Heidegger, dans les propositions les plus originelles de la philosophie, nommément dans les textes d'Anaximandre, Héraclite et Parménide. Il nous faut donc présenter rapidement les traits saillants de la lecture qu'il en propose, dont nous allons voir qu'elle est intégralement reliée à cette question de la réduction métaphysique de l'identité et de la différence au thème de l'unité.

Le même et son oubli

Le fragment III de Parménide, traduit généralement par la formule : « Car Penser et Être sont la même chose », énonce :

> « Tò γὰρ αὐτὸ νοεῖν ἐστίν τε καὶ εἶναι »[36]

Mais ce qu'il convient d'entendre en premier lieu ici, remarque Heidegger, est le τὸ αὐτὸ, le « même », qui donne son poids et sa plénitude au « et » de la conjonction du penser et de l'être. Il semble donc, par cette accentuation parfaitement inédite qu'il donne au fragment, qu'il y ait là un renversement total dans l'appréhension de l'identité. À l'envers de toute la tradition métaphysique qui lui est postérieure, Parménide semble poser d'emblée l'identité comme ce à partir de quoi se constituent être et pensée :

> « Qu'entendre par là ? Quelque chose d'entièrement différent de ce que nous connaissons déjà comme étant la doctrine de

36. *To gar aüto noeïn estin té kaï eïnaï*

> la métaphysique, pour laquelle l'identité fait partie de l'être. Parménide dit : L'être a sa place dans une identité. »[37]

Le τὸ αὐτὸ, ce « même » auquel sont rapportés pensée et être, imprime une primauté parfaitement inattendue de l'identité des deux, d'où peuvent se déployer en leur différence l'être et la pensée, où donc, les deux s'entre-appartiennent, et d'où ils reçoivent leur propre essence. À propos du même texte, Marlène Zarader note :

> « τὸ αὐτὸ n'énonce donc en aucune façon un caractère ou un trait de l'être : c'est, à l'inverse, l'être lui-même, au même titre que la pensée, qui ne sont ce qu'ils sont que parce qu'ils procèdent de ce "même" qui, en déterminant leur relation, peut seul leur accorder leur essence respective. »[38]

Comment expliquer un tel renversement ? La détermination grecque initiale de l'être (ἐόν) est, selon Heidegger, la « présence du présent » : ce qui est apparaît dans sa présence. Il surgit en permanence dans la présence, hors de l'occultation (λήθη, *lèthè)* du « se-cacher », hors du κρύπτεσθαι *(kruptéstaï)* que souligne le fragment 123 d'Héraclite[39]. Son être est donc « la perpétuelle émergence, le dévoilement qui toujours dure et durera »[40], la venue en présence comme arrachement permanent à l'occultation : ce que nomme le grec Φύσις *(phusis)*. Mais, en tant qu'il s'arrache au caché dans la venue en présence, l'étant est dévoilé comme présent dans son être. Il advient ainsi en sa vérité, c'est-à-dire qu'il repose dans l'ἀλήθεια *(alèthéia)* : dévoilement du présent *depuis* l'occultation, émergence hors retrait depuis le retrait de la λήθη. Dans cette advenue, l'étant se rassemble dans l'accueil de la présence. Ce n'est que par un tel accueil qui rassemble que le présent perdure dans l'éclaircie de la présence. L'accueil rassemblant, à la fois atteste, répond à la venue en présence,

37. M. Heidegger, « "Identité et différence". Le principe d'identité », *op.cit.*, p. 261.

38. M. Zarader, *op.cit.*, p. 106.

39. Φύσις κρύπτεσθαι φιλεῖ (*phusis kruptestaï phileï*) : « la *phusis* aime à se cacher ».

40. M. Heidegger, « Alèthéia », *Essais et conférences, op.cit.*, p. 326.

et laisse l'espace libre pour une telle venue : il lui correspond, en tant que dire de l'étant comme chose présente — Λόγος :

> « Ὁ Λόγος sert à nommer ce qui rassemble toute chose présente dans la présence et l'y laisse étendue devant nous. Ὁ Λόγος désigne ce en quoi la présence des choses présentes se produit. »[41]

Car, « pour autant que le Λόγος laisse étendu-devant, il dévoile la chose présente dans sa présence »[42]. Ainsi, Φύσις, Ἀλήθεια, Λόγος disent la même chose : la *présence du présent* dévoilée dans et par la *correspondance* de la *survenue en présence* et de *l'accueil rassemblant du présent.*

Ce qui ainsi advient, la pure phénoménalité du phénomène, est « la remise du présent, laquelle remise délivre la présence au présent et ainsi maintient précisément le présent comme tel, c'est-à-dire le sauvegarde dans la présence »[43]. Un tel envoi qui maintient est ce que nomme le τὸ Χρεών *(to khréon)* d'Anaximandre, la « nécessité », que Heidegger traduit *der Brauch*, le maintien, l'usage. Ce terme déploie non pas la fatalité de la contrainte, mais bien « la délivrance qui remet le présent chaque fois en un séjour dans l'ouvert sans retrait »[44], ce qui ouvre et délimite l'espace pour un tel séjour. Dans le Χρεών, première parole de la présence du présent, est donc déjà désignée la dispensation de ce qui est dans l'intimité de la présence, intimité de l'entre-appartenance dans la différence du présent et de la présence comme « Pli »[45] de l'être. Une telle dispensation est l'essence de la Μοῖρα *(Moïra)* parménidienne, « destin », qui, dispensant l'intimité de la présence du présent, destine la survenue en présence à l'accueil qui rassemble dans le dévoilement du présent. Χρεών (« nécessité »

41. M. Heidegger, « Logos », *ibid.,* p. 275.

42. *Ibid.*, p. 267.

43. M. Heidegger, « La parole d'Anaximandre », *Chemins qui ne mènent nulle part, op.cit.*, p. 441.

44. *Ibid.*, p. 445.

45. *Zwiefalt*, traduit également par duplicité, duplication.

du maintien), Μοῖρα («destin» de la dispensation d'être) et Λόγος («parole» de l'accueil qui pose en rassemblant) disent le «même»:

> «L'essence de Μοῖρα et Λόγος est déjà pensée à l'avance dans le Χρεών d'Anaximandre.»[46]

Au Λόγος, comme accueil rassemblant qui pose le présent en sa présence, appartient en propre à la fois le recueillir du présent et le rassemblement qui pose dans la présence. Le recueillir saisit ce qui se pose en se rassemblant. Il le reçoit en s'y rendant disponible. Il est concerné par lui, c'est-à-dire qu'il trouve dans cette saisie de ce qui se pose l'appropriation de ce qu'il est en propre comme recueil. Inversement, le poser a besoin de l'accueil en vue du rassemblement de la chose présente, comme de l'espace libre pour tout poser, pour toute position dans la présence. Ainsi, le rassemblement de la chose présente dans la présence n'a lieu que dans le «et» du «poser et recueillir», conjonction que nomme le Λόγος. C'est ce «poser et recueillir» qu'il faut entendre dans le «… τὸ λέγειν τε νοεῖν τ'…» du fragment VI de Parménide[47], entente que la traduction usuelle «dire et penser» occulte largement. Ainsi, «dire et penser» n'est pas une faculté humaine, mais bien la dispensation du Λόγος lui-même, en tant qu'il est le rassemblement posant et recueillant de ce qui survient dans la présence.

Nous pouvons alors revenir au fragment III de Parménide. Le νοεῖν dit l'accueil concerné pour la saisie de ce qui survient dans et par le Λόγος. Il est ainsi la prise en garde qui met à l'abri dans la présence le poser du présent, s'articulant ainsi essentiellement avec le λέγειν du Λόγος, le dire de «ce qui parle». C'est donc bien depuis le «même»—Χρεών, Μοῖρα, Λόγος, c'est-à-dire maintien dans la différence comme nécessité, dispensation du pli de l'être comme destin, pose recueillante du présent rassemblé dans la présence comme parole—que νοεῖν et εἶναι reçoivent leur appropriation réciproque. Aussi:

46. *Ibid.*

47. χρὴ τὸ λέγειν τε νοεῖν τ' ἐὸν ἔμμεναι (*krè to legein te noein t'eon emènaï*): «il faut dire et penser que l'étant est».

> « Le mot-énigme τὸ αὐτὸ, le même, par lequel commence la phrase, n'est plus le prédicat mis en tête, mais bien le sujet, ce qui s'étend au-dessous, ce qui porte et soutient. »[48]

C'est pourquoi Heidegger propose et justifie une autre traduction du fragment, où s'entend cet *ordre* de l'appartenance réciproque tenu et porté par le « même », τὸ αὐτὸ, devenu le sujet du fragment :

> « "Le même en effet est prendre-en-garde et aussi être présent de l'étant présent". Tous deux s'entre-appartiennent, et cela de telle façon que celui qui est nommé en premier — νοεῖν — a son être en ceci, qu'il reste ordonné à l'être présent de l'étant présent. »[49]

Du sein même de la proposition entendue non comme énoncé, mais *correspondance*, se laisse entendre, dès l'aube de la philosophie, le « même » comme coappartenance de l'être et du penser. Mais cela n'indique pas que le « même » — l'espace d'unité maintenu par l'identité de la différence — soit questionné comme tel. C'est même très exactement le contraire qui arrive, et ce dès le départ de cette histoire philosophique. Parce qu'il est le lieu d'où se déploie la proposition, il constitue ce que la philosophie ne questionne pas, ce qui n'est jamais digne d'être pensé par elle[50]. Autrement dit, le « même » se dispense à travers la philosophie elle-même. C'est pourquoi, bien qu'elle ne questionne pas explicitement le « même », elle est *pensante*, parce qu'elle le porte. La philosophie, pourrions-nous dire, est « *autophore* ». Et ce port constitue sa pensée. Mais alors la conséquence insigne en est que la *question* du « même » ne peut émerger que dans l'époque de la fin de la philosophie, c'est-à-dire, selon Heidegger, à l'époque présente. La philosophie quant à elle ne peut que dire toujours le « même », et son histoire est celle de la répétition de ce dire qui porte sans questionner. Aussi la philosophie

48. M. Heidegger, « Moîra », *Essais et conférences, op.cit.*, p. 301.

49. M. Heidegger, *Qu'appelle-t-on penser ?*, *op.cit.*, p. 223.

50. *Cf.* M. Heidegger, « Logos », *op.cit.*, p. 275 : « Depuis le début de la pensée occidentale, l'être de l'étant se déploie comme la seule chose digne d'être pensée. »

commence-t-elle avec l'oubli, l'oubli du «même», que Heidegger détermine successivement comme :

— oubli de l'être, c'est-à-dire oubli de l'être en tant qu'être au profit du questionnement exclusif de l'être de l'étant ;

— oubli du Pli de l'être, c'est-à-dire de la différence de l'être et de l'étant entendue comme entre-deux où s'entre-appartiennent et s'approprient l'un à l'autre les deux ;

— oubli de la Différence, comme espace d'unité du «même», maintenu ouvert comme identité de la différence ;

— oubli du dépliement du Pli, c'est-à-dire oubli de l'être de l'Ἀλήθεια ;

— et finalement oubli de l'*Ereignis*, fondement du «même», comme don en retrait de la copropriation[51].

Mais cet oubli a une double signification : il appartient en propre au «même» comme le *retrait* de celui-ci, en même temps qu'il désigne

51. Cette «succession» met en lumière les grandes étapes du questionnement heideggérien, et notamment la *Kehre* («tournant»), où le thème de l'oubli de l'être, prégnant dans *Être et Temps*, est repensé comme retrait de l'être lui-même. Ce tournant, que l'on «situe» généralement autour de la conférence de 1930 *De l'essence de la vérité* (cf. sur ce point : J. Grondin, «Prolégomènes à l'intelligence du tournant chez Heidegger», *Les études philosophiques*, Paris, PUF, n°3, 1990, p. 333-352) démarque ainsi un «Heidegger I» et un «Heidegger II» (cf. M. Heidegger, «Lettre à Richardson», trad. fr. R. Munier, *Questions III et IV*, *op. cit.*, p. 348), que l'on pourrait compléter d'un «Heidegger III» où s'élabore la double affirmation terminale de l'*Ereignis* — lorsqu'est repensée le «et» de l'horizon du Temps et du plan de l'Être, et où la question de l'être en tant qu'être est «abandonnée» pour se tourner vers la *Copropriation* elle-même — et de la fin de la philosophie. Pour exacte qu'elle soit, et Heidegger n'en disconvient pas, cette distinction risque toujours de méconnaître le véritable tournant qu'est le parcours lui-même, où «seule une pensée pluriforme parvient à une parole qui puisse répondre à la "question" d'une telle teneur» (*Ibid.*, p. 349). C'est l'essence même de la *distinction* que de toujours rester hétérogène et postérieure à la pensée de la *différence*, s'empêchant ainsi d'en pénétrer l'unité foncière. La nécessité d'intégrer un «second tournant» par lequel s'ouvre le «III» (cf. M. Zarader, *op.cit.*, p. 266-273), indique assez la primauté absolue de ce mouvement d'interrogation permanente de l'*Ereignis* depuis *Être et Temps*, mouvement qui est le tournant lui-même, et dans lequel *les* tournants ne sont que les virages attestant la nécessaire mobilité et disponibilité de la pensée devant la plurivocité de l'être. C'est pourquoi nous avons choisi délibérément de ne pas mettre en avant ces distinctions, au risque de se heurter aux apparentes contradictions des divers «chemins».

le non-questionnement qui lui correspond dans la philosophie. En tant qu'il désigne fondamentalement le retrait de l'être, ou plus précisément le retrait de l'*Ereignis*, le « même » porte son propre oubli. Aussi l'oubli est-il plus essentiellement « oubli de l'oubli », c'est-à-dire oubli du retrait comme tel, entendu dans le langage terminal de Heidegger comme oubli de l'*Ereignis.* C'est qu'alors l'histoire de la philosophie, comme « autophore », portant le « même », n'est pas celle de la constitution de l'oubli, mais bien de sa *densification.* À mesure que la philosophie se déploie, l'oubli du retrait se densifie : il s'opacifie, en cela qu'il s'oublie lui-même. Ce qui se constitue dans le cours de la philosophie est un « oubli » — progressif et croissant celui-là — de l'oubli du retrait. Mais inversement, c'est précisément parce que l'opacité s'accroît sur l'oubli du retrait que devient pensable le retrait comme tel : à l'époque de la fin de la philosophie, fin qui doit être pensée, donc, comme un avènement, un déploiement de toute puissance en tant que prise et installation dans sa finitude propre, là peut se voir ce qui échappe à cet avènement, le « reste » que l'avènement laisse d'autant plus en retrait que ce retrait est depuis longtemps oublié. C'est dans l'époque de l'« oubli de l'oubli » du retrait — l'époque du « plus grand péril », c'est-à-dire de la plus grande détresse de la philosophie elle-même — que « ce qui sauve », à savoir la pensée du retrait comme tel, advient à sa plus grande possibilité : ce n'est que là qu'elle peut avoir lieu. Or la pensée du retrait comme tel, que Heidegger détermine comme pensée en direction de l'*Ereignis*, n'est possible que si d'abord elle se tourne vers l'oubli du retrait à l'œuvre dans la philosophie, par et dans lequel le retrait s'est toujours *déjà* dit : si elle prend pied donc, au cœur même de la détresse philosophique.

Ici s'éclaire le lien singulier qu'entretiennent dans la pensée heideggérienne le *Vordenken*, pensée en avant, prospection, et l'*Andenken*, pensée commémorante, remémoration, pensée fidèle. Ce n'est que par l'*Andenken*, la pensée qui repense le déjà pensé, qu'est possible un *Vordenken*, un penser de l'impensé. En tant précisément que le retrait soutient le déjà pensé de l'oubli du retrait, la pensée du retrait comme tel ne peut advenir que dans le questionnement de cette parole, c'est-à-dire dans le questionnement du déjà pensé. *Andenken* et *Vordenken* ne sont donc en réalité que les deux faces du penser véritable *(Denken)* : ils s'entre-appartiennent dans leur opposition même, et font ainsi advenir le *Denken* dans l'élément de l'identité de la différence qui est le sien. Ce n'est qu'en tant que la pensée se fait à la fois *Andenken*—fidélité—et *Vordenken*—détachement—qu'elle peut correspondre au « même » comme pensée du retrait. C'est précisément cette « fidélité détachée », ou ce « détachement fidèle », comme on voudra, de la pensée qu'il faut entendre dans ce que Heidegger dit de la relation de la pensée à l'élément de la tradition :

> « Nous pensons dans l'atmosphère de la tradition. La tradition nous dirige, quand elle nous libère de la pensée conformiste pour nous apprendre à penser en avant de nous, ce qui ne veut pas dire à faire des plans. Quand notre méditation se tourne vers le déjà-pensé, c'est alors seulement que nous sommes au service de ce qui reste à penser. »[52]

Aussi, l'entreprise heideggérienne, bien loin d'être la caricaturale destruction systématique de la métaphysique post-platonicienne revendiquant un « retour » à la pensée présocratique, prend tout son sens de ce double mouvement de visée prospective, cherchant à correspondre au retrait comme tel qui est l'impensé radical, passant nécessairement par la pensée de l'oubli de ce retrait, donc le repenser rétrospectif du déjà-pensé philosophique. Elle regarde « au-delà » des Grecs parce qu'elle tâche de penser en-deçà d'eux. Il n'en reste pas moins vrai que dans cette double visée, le dialogue avec la pensée grecque, et singulièrement avec celle de son départ présocratique, tient une place privilégiée :

> « L'ouvert sans retrait se laisse voir dans le désabritement entendu comme éclaircir. Mais cet éclaircir lui-même, il demeure à tous points de vue impensé en tant qu'*Ereignis*. S'engager à penser cet impensé, cela veut dire : entreprendre plus originalement ce qui a été pensé de façon grecque, le prendre en vue dans sa provenance. À sa manière, ce regard

52. M. Heidegger, « "Identité et différence". Le principe d'identité », *op.cit.*, p. 276.

> est grec, et pourtant, quant à ce qu'il aperçoit, il n'est plus, ne peut plus jamais être grec.»[53]

À quoi tient un tel privilège? À cela qu'en tant que commencement de l'histoire de l'oubli du retrait, la pensée grecque est le premier dire de cet oubli, donc l'envoi initial, direct, du «même». Elle n'a pas l'opacité grandissante qui caractérise la métaphysique ultérieure, mais au contraire baigne entièrement dans l'élément de cet envoi du retrait: elle constitue proprement, et de la façon la plus pure, l'*expérience* de cet envoi. Mais à mesure que la philosophie avance, c'est-à-dire ne questionne pas sa provenance, et s'engage toujours plus à fond dans l'élaboration de l'être de l'étant, la trace de cette provenance se fait plus rare, c'est-à-dire qu'elle s'opacifie jusqu'à devenir l'oublié radical de toute théorie de la connaissance. Au contraire, la pensée grecque n'est que cela, l'envoi *et* l'oubli de l'envoi:

> «Ὁ Λόγος, pensé comme la Pose recueillante, serait l'être, pensé à la grecque, de la Parole disante [...] En fait les Grecs *habitaient* dans cet être du langage. Seulement ils ne l'ont jamais *pensé*, et pas même Héraclite. Ainsi les Grecs ont-ils sans doute l'expérience du dire. Mais ils ne pensent jamais, pas même Héraclite, l'être du langage spécialement comme le Λόγος, comme la Pose recueillante.»[54]

Dans l'expérience grecque, parce qu'elle habite entièrement la copropriation de l'être et de l'homme dans l'ouverture de la vérité, s'active pour la première fois simultanément la donation en retrait de l'*Ereignis* et l'évitement de son questionnement. Que se passe-t-il alors? La copropriation est bien *nommée*—le «même» sous les noms Χρεών, Μοῖρα, Λόγος—sans être *pensée*. Le nom ne pense jamais l'*Ereignis* comme tel, il ne va pas jusqu'à l'appel de l'identité émanant de la différence en retrait. Qu'est-ce à dire?

53. M. Heidegger, «D'un entretien de la parole», *Acheminement vers la parole*, *op.cit.*, p. 125.

54. M. Heidegger, «Logos», *op.cit.*, p. 276-277.

Le nom du «même» vise l'*unité* du différent. Dès son départ, la pensée de l'être de l'étant invoque en sa pointe le nom originel qu'est l'Un en tant qu'unissant le tout de ce qui est :

> «À partir de l'essence ainsi pensée du Λόγος se détermine l'essence de l'être comme Un unissant : Ἕν.»[55]

L'être (ἐόν) est ainsi déterminé comme Ἕν Πάντα[56] *(*èn panta*)*, comme οὖλον ἀχίνητόν[57] *(oulon akinèton)*, tout immobile où l'on retrouve l'Ἕν unissant :

> «C'est le même Ἕν que pense Parménide. Il pense expressément l'unité de cet unissant comme Μοῖρα.»[58]

Le nom du «même» nomme l'unité de ce qui diffère en s'opposant au sein de l'intimité de la présence du présent. L'unité de la présence du présent dévoilée dans la correspondance qui s'établit entre la survenue en présence et l'accueil rassemblant du présent — voilà ce que désignent Χρεών, Μοῖρα, Λόγος :

> «Dans la richesse en retrait du Même est pensée, par chacun des penseurs en sa guise propre, l'Unité de l'Un unissant, le Ἕν.»[59]

Quel est le sens de cette unité ? En quoi ne pense-t-elle pas encore le «même» comme tel, qu'elle vient pourtant nommer ? Nous voici irrémissiblement reconduits au questionnement initial sur le rapport qu'entretiennent unité et identité. Reconduite qui, du coup, appelle un nouveau détour par Aristote.

55. M. Heidegger, «La parole d'Anaximandre», *op.cit.*, p. 445.

56. Héraclite, fragment 50.

57. Parménide, fragment VIII.

58. M. Heidegger, *ibid.*

59. *Ibid.*

De l'hénologie à l'unité systémique

L'hénologie aristotélicienne est, nous l'avons dit, d'un abord difficilement praticable, car orienté selon des directions multiples dont il paraît présomptueux d'espérer systématiser la cohérence. Et cela tient notamment à ce que la métaphysique d'Aristote est d'emblée doublement qualifiée, comme ontologie et hénologie. La différenciation est rendue précisément délicate par la « coextensivité », la « corrélation », ou la « convertibilité » de l'être et de l'un. L'ontologie n'est certes pas l'hénologie, elle en est pourtant inséparable. Ainsi, la question, déjà monumentale, de l'être en tant qu'être, se double de celle pas moins effrayante de l'un en tant qu'un. Encore une fois, il n'est pas question ici de résoudre des problèmes dont la complexité dépasse largement nos compétences. Mais cela ne doit pas nous empêcher de faire une remarque capitale pour ce qui nous occupe ici. C'est à savoir qu'il y a des chances que l'hénologie détermine la relation entre l'ontologie et la théologie, par quoi l'Un acquiert une dimension tout autre que la seule prédication universelle. Mais par là, c'est l'ontologie elle-même qui est rendue possible. Face à la dispersion irréductible de l'être dans ses différents sens, l'Un lui-même est finalement le seul socle sur lequel la pensée puisse « compter », mais précisément en tant qu'il est séparé, c'est-à-dire « par soi », principe dont dépend univoquement toute chose, et dont les essences du monde sublunaire sont des imitations. Ce principe est par excellence Dieu comme premier moteur immobile, incorruptible et ingénérable, indivisible, sans étendue ni temps, libre, sans matière ni quantité ou qualité, acte pur dont découle toutes les puissances. Un Dieu essentiellement « physiciste » donc. Il est l'Un absolu, dont les essences sensibles exhibent les moindres degrés. De cet Un absolu qui se donne en se dégradant par imitation dans le sensible, Pierre Aubenque note :

> « Une chose est d'autant plus une pour Aristote qu'elle est plus séparée, c'est-à-dire plus subsistante, plus essentielle. L'unité n'est plus une propriété du tout, mais est plus ou

moins présente en chaque chose, et n'est présente absolument qu'en Dieu.»[60]

La conséquence est que ce sens théologique de l'Un, dont le mode de donation dans l'étant est celui de la gradation dans les essences du monde sensible, ouvre deux formes, ou plutôt deux interprétations de l'essence de l'unité. Le sens vertical que lui confère Aristote rompt avec l'unité horizontale unifiant le divers :

> «Unité verticale et non plus horizontale, pourrait-on dire; non pas unité du divers, mais unité qui s'unifie dans le divers, ou plutôt effort du divers pour s'égaler à l'unité subsistante de Dieu. Il n'y a d'unité originaire que de Dieu : toutes les autres unités ne sont que dérivées, "imitées".»[61]

Tout l'effort d'Aristote viserait à identifier le sens vertical tout en rendant compte de l'apparente nécessité de son sens horizontal d'unification du divers. L'Un aurait ainsi deux dimensions, en quelque sorte, dont l'une ouvrirait l'espace pour l'autre. Il n'y aurait d'unification possible qu'à partir de la donation de l'Un absolu. L'unité est donc fondamentalement ambiguë. Et la difficulté réside en ce que la nécessaire unité du divers occulte la transcendance de l'Un, au sens d'une traversée de tous les degrés du sensible depuis l'absolu. Retenons donc, avant de poursuivre, cette tension fondamentale propre à l'Un, qu'exhibe remarquablement la difficile hénologie aristotélicienne, et dont on retrouve certains accents chez Heidegger.

Au plan strict de l'immanence sensible, l'unité renvoie donc d'abord à l'unification du distinct. Elle réunit le différencié en une *cohérence* qui lui est à la fois *supplémentaire* et *déterminante*. Mais réunissant ainsi, elle ne fait qu'organiser la séparation : elle se fonde donc sur la différenciation. Elle détermine exclusivement le différent comme différencié, et se surajoute à lui en l'unifiant. Pour autant,

60. P. Aubenque, *Le problème de l'être chez Aristote*, 4e ed., Paris, PUF, coll. «Quadrige», 2002, p. 409.

61. *Ibid.*

ce n'est que depuis la coappartenance qu'une telle unification du différencié est possible. Car le différencié n'est tel qu'en vertu de l'appartenance réciproque ouvrant l'écart de la séparation : les éléments séparés s'entre-appartiennent. Ce n'est que dans l'élément de la coappartenance qui approprie l'un à l'autre, que peut ensuite être représentée la séparation comme distinction et différenciation des deux, et à partir d'elle, l'unité unifiant la différence. Une telle unité, dit Heidegger, pense la coappartenance, la *Zusammengehörigkeit*, à partir du *co-*, du préfixe *Zusammen-*, au lieu de l'entendre à partir de l'appartenance elle-même, c'est-à-dire depuis la copropriation de l'*Ereignis*. L'appartenance est alors mise de côté ; le *co-* prend nécessairement le pas sur elle, en tant qu'il fonde la représentation. Ainsi totalement déterminée par le *co-*, l'entente de la coappartenance se réduit à l'unification du divers en un tout systématique, et l'unité elle-même n'a plus que ce sens du rassemblement en système :

> « Dans ce cas "appartenance" équivaut à : être assigné à l'ordre d'un ensemble et mis à sa place en cet ordre, intégré dans l'unité d'une diversité, rassemblé en l'unité d'un système, bénéficier de la médiation du centre unifiant d'une synthèse déterminante. »[62]

C'est là ce qui fonde l'unité de l'aperception originaire dans le dispositif kantien, mais également, et de manière plus large, ce qui détermine la place prépondérante du concept d'unité dans tout dispositif philosophique, au détriment de l'identité. Dans cette entente, l'unité de l'identité et de la différence, qui ouvre l'espace de l'Ἀλήθεια, c'est-à-dire de l'appropriation réciproque du penser et de la chose, est ramenée à l'évidence d'un divers unifié en un tout : elle est établie comme unité de ce qui diffère. La philosophie est précisément l'histoire de cet établissement. Car dès son départ, l'être est pensé selon l'ordre de la présence et de l'apparaître. Mais l'appartenance comme telle est ce qui précisément n'apparaît pas : ce

62. M. Heidegger, « "Identité et différence". Le principe d'identité », *op.cit.*, p. 262-263.

qui s'entre-appartient se *présente* relié et différencié ; l'appartenance se représente comme relation. Aussi :

> « La philosophie présente cette co-appartenance comme *nexus* et *connexio*, comme le lien nécessaire qui rattache un terme à un autre. »[63]

C'est-à-dire comme unité du distinct. Ce qui apparaissait chez Aristote comme ambiguïté de l'Un lui-même, Heidegger en fait l'ambiguïté de la coappartenance. Il y a entre les deux une convergence certaine, quoique non absolue. L'unité du divers s'oriente du *co-*, quand l'unité « verticale » s'appuie bien évidemment sur l'appartenance. Toutefois, Heidegger ne parle pas d'Un absolu, semblant réserver le terme d'unité à l'unité du divers, son sens « horizontal ». Le point est qu'ici, précisément, l'appartenance réciproque n'est pas séparée, au contraire du premier moteur d'Aristote. Si le sensible appartient à l'Un en tant qu'il en est une « imitation », l'inverse est-il vrai ? D'une certaine manière, on pourrait dire que si l'hénologie aristotélicienne exhibe effectivement la tension, il ne la pense pas selon l'appartenance, mais la contraint à suivre la donation univoque de l'Un. Mais inversement, ne faut-il pas alors reconnaître à Aristote de pointer la texture même de cette coappartenance comme donation de l'Un ? Il y aurait là comme les prémisses « théologiques » de ce que l'*Ereignis* tâche de nommer au-delà de la théologie.

Retenons ici que la pensée philosophique de l'unité, quoiqu'elle émane de l'élément d'ouverture de la coappartenance essentielle, se voit comme contrainte par l'unification du divers. Par quoi elle *ne peut pas* penser la différence comme telle. Les « étapes » de la philosophie apparaissent alors comme autant de déterminations de cette unité du distinct. Elle trouve ses prémisses dans les noms : Χρεών, Μοῖρα, Λόγος. Mais à la suite de ces premières déterminations, l'idée du Bien (τοῦ ἀγαθοῦ ἰδέα ; *tou agatou idéa)* est pensée par Platon comme unité de l'être et de la vérité, déterminée comme cause : « pour toutes les “choses” et pour leur choséité, l'Idée suprême est

63. *Ibid.*, p. 263.

l'Origine, c'est-à-dire la Cause»[64]. Ici, dans cette nomination du «même» comme cause par l'idée du Bien, non seulement, comme dans les déterminations précédentes, «l'être de l'Ἀλήθεια demeure voilé»[65], mais encore «l'Ἀλήθεια passe sous le joug de l'Idée»[66], déterminant par là un changement capital dans l'essence de la vérité: «la vérité devient l'ὀρθότης, l'exactitude de la perception et du langage»[67]. À partir de ce changement, l'oubli de l'être de l'Ἀλήθεια, c'est-à-dire l'oubli du retrait de la copropriation, s'opacifie, la détermination de l'unité de la différence se condensant toujours plus autour de la *connexion* de ce qui apparaît à son dire comme: *intellectus*; *subjectum*; Sujet Transcendantal; Esprit; Volonté de Puissance. L'histoire de la philosophie, depuis le Χρεών, la Μοῖρα, le Λόγος, l'Ἀγαθόν, jusqu'à la Volonté de puissance nietzschéenne, est ainsi celle de la détermination de l'unité du différent, comme oubli de l'unité de l'identité et de la différence, c'est-à-dire oubli de la coappartenance. Mais quel est le trait propre à toutes ces déterminations, qui en fait précisément toujours des déterminations de l'unité du distinct?

L'unité du distinct désigne ce qui chaque fois rend possible l'apparaître de ce qui apparaît: il est le possible pour tout possible, que nous avions trouvé au creux du double mouvement d'auto-possibilisation du *subjectum*, et qu'il faut entendre, rappelons-le, de manière infra-catégoriale, en tant qu'il précède la constitution des catégories de relation et de modalité. Ce n'est qu'avec Platon et Aristote que cette unité devient causalité fondamentale; elle n'en est pourtant pas moins ce qui possibilise la causalité elle-même, et avec elle, le relationnel ou le modal caractérisant l'apparaître de ce qui apparaît. En effet, ce qui réunit le séparé de la différenciation, dans l'élément de la *cohérence* comme *connexion*, possibilise précisément le séparé en le *déterminant* par cette cohérence de la connexion. Le séparé — ce qui est — n'est tel qu'il est dans son être qu'en tant qu'il est déterminé

64. M. Heidegger, «La doctrine de Platon sur la vérité», trad. fr. A. Préau, *Questions I et II, op.cit.*, p. 457.

65. M. Heidegger, «Moîra», *op.cit.*, p. 305.

66. M. Heidegger, «La doctrine de Platon sur la vérité», *op.cit.*, p. 458.

67. *Ibid.*, p. 459.

par cette unité, qu'en tant, finalement, qu'il appartient pleinement à la cohérence unifiante. L'unité du divers vient donc nommer la possibilisation de tout possible, en deçà de toute causalité. C'est ce que le dispositif kantien, nous l'avons vu, met clairement en évidence, en se centrant sur l'unité originaire de l'aperception : l'unité précède toute catégorie, précisément parce qu'elle instaure le régime de la cohérence comme connexion, à partir duquel seul peut se constituer le catégorial. De même, l'Ἀγαθόν platonicien apparaît à Heidegger comme « la potentialisation, la δύναμις, la possibilisation de l'être et de l'ouvert sans retrait dans leur essence »[68]. L'allégorie de la caverne scénarise le Bien comme la source de lumière par quoi une vision du suprasensible est rendue possible, par quoi donc l'aspect (εἶδος) de ce qui est, advient en sa vérité dans la vision (ἰδέα), précisément parce qu'il détermine la possibilité même de cette vision. Le Bien est ainsi l'Idée qui possibilise toute Idée ; il est l'Idée suprême qui « remplit le plus originairement et le plus proprement ce qui constitue déjà la *fonction* de *l'Idée* : *contribuer à faire jaillir le hors-retrait* — hors-retrait de quelque chose d'étant — et, l'Idée étant ce qui est aperçu par le regard, *donner à entendre l'être de l'étant* »[69]. En d'autres termes, l'Idée du Bien possibilise l'Idée qui constitue l'étantité de l'étant, entendue comme ce qui fait jaillir l'étant en son être et vérité. Donc comme la *possibilité* même de l'étant, en tant qu'*être* et *vérité* de l'étant. Le Bien est la « puissance de potentialisation » — ce qui accorde le possible en permettant sa possibilité, son « être-possible » — qui possibilise l'Idée et la rend à ce qu'elle est : le possible unifiant le penser (νοεῖν ; *noeïn)* et le pensé (νοούμενον ; *nooumenon)*. Comme tel, il est l'unité issue de l'unification de l'être et de la vérité, possibilisation de tout possible, puissance de potentialisation.

Au regard de l'unité de la différence comme possibilisation, peut se dire plus essentiellement ce qui reste impensé par cette nomination du « même » :

68. M. Heidegger, *De l'essence de la vérité. Une approche de l'"allégorie de la caverne" et du* Théétète *de Platon*, trad. fr. A. Boutot, Paris, Gallimard, 2003, p. 132.

69. *Ibid.*, p. 120-121.

> « Ce *qu'*est cette potentialisation et *comment* elle a lieu, voilà qui n'a pas été élucidé jusqu'à ce jour. »[70]

La fonction de potentialisation n'est elle-même « possible » que dans l'élément du Possible comme tel. Mais cela, le Possible, est laissé dans l'impensé par la proposition philosophique nommant l'unité de la différence. Dans cette nomination, le possible est pensé comme *détermination dans la cohérence de la connexion*. Par là, il devient *cause unifiante* de ce qui est : il est mouvement de potentialisation, comme réunion du séparé de la différenciation. Le possible est pensé ainsi exclusivement dans la perspective de l'opposition de l'actuel au virtuel, de l'effectif au potentiel, de l'acte à la puissance : comme « *possibile* d'une *possibilitas* seulement représentée [...], *potentia* comme *essentia* d'un *actus* de l'*existentia* »[71]. Il est donc l'essence de ce qui existe comme potentialité d'une actualité. Rien n'est dit ici du Possible comme tel. Mais précisément, en tant qu'il est l'identité de la différence en retrait, ce Possible constitue ce dont la philosophie ne peut précisément rien dire :

> « La potentialisation est la *limite* de la philosophie (c'est-à-dire de la métaphysique). »[72]

Limite contre laquelle vient buter la proposition philosophique en son aboutissement paradoxal qu'est le dire du « même ». Le Possible est l'élément de la potentialisation. Ce qui potentialise différencie et distingue à partir de l'unité de la potentialisation. Il n'a lieu que dans l'élément de l'identité de la différence de l'être à l'étant qui approprie l'un à l'autre et qui, comme tel, est le Possible lui-même :

70. *Ibid.*, p. 132.

71. M. Heidegger, « Lettre sur l'humanisme », trad. fr. R. Munier, *Questions III et IV, op.cit.*, p. 72.

72. M. Heidegger, *De l'essence de la vérité. Une approche de l'"allégorie de la caverne" et du* Théétète *de Platon, op.cit.*, p. 128.

> « L'Être en tant que désir [*Mögen*] qui s'accomplit en pouvoir [*Vermögen*] est le "pos-sible" [*Mög-liche*]. »[73]

Le « désir » est ici le « pouvoir aimant » qui approprie l'un à l'autre dans l'élément de la différence : ce que Heidegger finit par nommer l'*Ereignis*. La pensée du Possible est pensée en direction de l'*Ereignis*, du retrait comme tel, pensée qui « ne peut plus être du ressort de la philosophie »[74] en tant précisément qu'elle tâche de penser en deçà d'elle l'élément de la philosophie, à savoir l'identité de la différence qu'est le Possible comme tel, qui approprie depuis le retrait de la copropriation.

Commence alors à se dessiner quelque peu ce qui caractérise l'époque de l'achèvement de la philosophie tel que le pose le diagnostic heideggérien. Elle est celle où s'établit l'ultime détermination de l'unité de la différence, l'ultime nom par lequel parle, sans se laisser questionner, le « même » — le Possible comme tel, comme identité de la différence en retrait. Il est le nom qui se tient depuis le début de la philosophie dans chacun des noms ; l'ultime proposition à l'œuvre déjà dans chacune, qui advient dans ce qui constitue à la fois l'avènement et la fin de la philosophie. Il est le nom qui *correspond* à cet avènement, parce qu'il soutient le déploiement des sciences particulières autonomes effectuant l'investigation du divers de l'étant à partir de la détermination philosophique de l'étantité. Il lui correspond comme le propre de cet avènement, le propre du déploiement des sciences. Celui-ci appartient donc encore à la philosophie, mais en tant que celle-ci est terminée. Ce déploiement est hétérogène à la philosophie tout en lui appartenant. Cette appartenance s'inscrit dans l'envoi de l'ultime nomination de l'unité de la différence, ultime envoi de la philosophie *pour* le déploiement des sciences.

Cet envoi, ce dernier « dire et impensé » du Possible est, c'est ici notre thèse centrale, le *Système de production*, unité de la différence du système et du produire — du Système et du Travailleur — fondée sur l'opération vide du « se poser » de la considération possibilisant

73. M. Heidegger, « Lettre sur l'humanisme », *op.cit.*, p. 71.

74. M. Heidegger, « La fin de la philosophie et la tâche de la pensée », trad. fr. J. Beaufret et F. Fédier, *Questions III et IV*, *op.cit.*, p. 294.

tout possible. Le Système de production est la forme terminale, définitive, de l'unification de la différence dans l'élément de la cohérence comme pure connexion : la forme la plus accusée de la non-pensée de la dimension de la séparation comme élément de la différence comme telle. Nous « risquons » donc ici cette assertion : « Χρεών, Μοῖρα, Λόγος, Ἀγαθόν, *intellectus*, *subjectum*, Sujet Transcendantal, Volonté de puissance » est l'histoire, qu'analyse en détail Heidegger, de l'élaboration de l'ultime nom *Système de production*. Ce nom est à l'œuvre depuis le début de cette histoire, en tant qu'il nomme l'unité du distinct comme possibilisation. Cette « unité » est univoquement posée comme force d'unification, laissant impensé son élément qu'est l'unité de l'identité et de la différence comme pur Possible, l'unité de la coappartenance. Ce nom est donc le propre du déploiement de l'investigation autonome du divers de l'étant sous la forme de la ramification et de la connexion grandissantes du multiple des sciences particulières.

Plus précisément, le Système de production correspond à la nomination unifiante du divers désormais totalement affranchie de l'appel de l'« autre » unité, celle de l'appartenance réciproque de l'identité et de la différence. Ainsi l'unité perd toute vibration propre, n'étant plus entendue et supposée que comme pure unification fondatrice, dans laquelle ne résonnent plus les pulsations de la coappartenance. Le système de production *est* l'unité du différent en tant que telle, que tâchaient de nommer les nominations précédentes de la philosophie. Ce que nous avions appelé l'espace d'unité ouvert par l'identité et la différence se referme dans la pure connexion du divers. Le système n'est donc pas à proprement parler une nomination philosophique de l'unité de la différence, mais l'advenue elle-même de cette unité en tant que pur « unifié », en tant donc qu'affranchie de l'appel de l'identité — advenue qui a lieu au sein de la domination et du règne de l'interrogation scientifique de l'étant. C'est pourquoi c'est depuis l'instauration en place dominante de cette interrogation qu'est instituée l'unité absolue du différencié *comme* système productif.

Deux étapes centrales témoignent de cette institution. Ces étapes sont bien sûr totalement reliées entre elles, en cela qu'elles mènent à, et participent de cette institution. Il s'agit d'une part de l'élaboration de la *cybernétique* comme étude et maîtrise des régulations des machines et organismes vivants, dont Wiener donne en 1948[75] les principes et méthodes essentiels, dans laquelle animal et machine sont assimilés au sein de la représentation mathématique de l'information comme élément de toute régulation[76]. D'autre part, et surtout nous semble-t-il, la fondation plus tardive de la théorie des systèmes par Bertalanffy aboutit à l'émergence progressive de la *systémique* — entendue comme « la » science réunifiant le multiple des sciences déployées — et entraîne des modifications méthodologiques et théoriques majeures, que nous voyons se concrétiser par exemple dans les théories récentes du chaos déterministe et de la complexité[77], et ce dans l'ensemble des domaines scientifiques — c'est-à-dire, à l'heure de la domination de la référence scientifique, dans la totalité des champs de la considération de l'étant. Cette évolution épistémologique, qui marque la seconde moitié du XXe siècle, ne doit pas tromper : c'est bien parce que s'impose peu à peu le Système de production comme l'unité du différencié fondant métaphysiquement toute considération de l'étant, que l'interrogation scientifique, dans sa forme systémique, parvient à domination, et non pas le contraire. Autrement dit, l'imposition du Système de production, qui se traduit, comme nous l'avons montré, par la mainmise totale du dualisme objectivisme/subjectivisme sur toute considération, détermine l'apogée de la référence scientifique en lieu et place de l'ontologie et de la théologie, c'est-à-dire de la métaphysique. Toute proposition se réfère alors explicitement à l'objectité et la subjectité déterminées par le système de production comme étantité de l'étant universelle et maximale. Mais alors, la place même de quelque chose comme la « philosophie » — la pensée créatrice par laquelle se dit l'être de ce qui est, dans la tension paradoxale de la proposition, écartelée entre fondation et écoute de l'unité, entre unification et appel de l'identité de la différence, entre énonciation et diction, entre unité « horizontale »

75. N. Wiener, *Cybernetics. Control and communication in the animal and the machine*, Hermann, Paris, 1948.

76. *Cf.* sur ce point C.E. Shannon et W. Weaver, *The mathematical theory of communication*, Urbana, University of Illinois Press, 1949, texte qui fonde la théorie de l'information.

77. *Cf.* par exemple D. Ruelle, *Hasard et chaos*, Paris, Odile Jacob, 1991, p. 67-105 et I. Prigogine, *Les lois du chaos*, Paris, Flammarion, 1994.

et unité « verticale » — en vient finalement à être de fait mise en cause. Ce n'est pas tant le nom même de la philosophie qui se voit contesté, pouvant même devenir à l'occasion un slogan dominant de l'époque, mais la portée de celui-ci, qui se voit restreinte à la précaire récollection de l'histoire des « systèmes philosophiques », ou à la production d'« avis » dont on attend une espèce d'accompagnement et de justification du développement moderne de l'histoire humaine, mais dont il est d'avance établi qu'il ne saurait en constituer le cœur — bref : à une activité de recherche prenant place au sein même du déploiement des sciences, comme « science humaine », ou plus exactement branche spécialisée du champ global des « sciences humaines ». Promiscuité qui n'est pas le fait d'une « mauvaise volonté », mais bien d'une nécessité « historiale », liée qu'elle se trouve à l'histoire du dévoilement de l'être, par les noms du « même ». C'est pourquoi Beaufret, dans son *Dialogue avec Heidegger*, a pu déclarer :

> « Issue du monde grec qui fut le monde de la philosophie, la technique est aujourd'hui la vraie philosophie de notre monde. Ou plutôt : devant la technique telle qu'elle triomphe *dans* les sciences mêmes qui l'ont préfigurée et qu'elle ne cesse de promouvoir en les mobilisant à son service, dont le secteur le plus privilégié est précisément la recherche scientifique, qui inclut à son tour la philosophie, la philosophie ainsi récupérée, incluse et débordée par les sciences, n'a rigoureusement plus rien à dire. »[78]

La conclusion un peu désespérante mérite d'être au minimum nuancée. La philosophie aurait au moins à dire quelque chose de la situation de sa propre promiscuité, de sa détresse précisément. Doit-on suivre Beaufret, et surtout avec lui Heidegger lui-même, et admettre sans plus une sorte d'aphasie philosophique rendue nécessaire, que devrait relayer le départ d'une « autre pensée », ou considérer la fin de la philosophie comme le temps de sa *trans*-formation, comme traversée de l'épreuve de sa propre fin, c'est-à-dire

78. J. Beaufret, « Philosophie et science », *Dialogue avec Heidegger. Approche de Heidegger*, Paris, Éditions de minuit, 1974, p. 47.

aussi, donc, comme épreuve de sa finitude ? Mais n'est-ce pas alors que la philosophie aurait, d'une certaine manière, à reconquérir la transcendance mise à mal par son épreuve de l'immanence stricte du système ? Nous réservons à un autre volume cette question délicate du devenir de la philosophie dans cette situation paroxystique de sa détresse.

Reste que la formule un peu excessive de Beaufret indique à raison que la philosophie ne saurait plus en aucun cas être normative quant à l'orientation de la pensée, parce qu'elle se trouve intégralement débordée par la norme désormais absolue du Système de production, selon une normativité non seulement ontologique, mais également « hénologique », et du coup également, sous une forme qu'il reste à déterminer, théologique. Autrement dit le Système ne serait rien moins que l'onto-théologie, c'est-à-dire, selon la détermination heideggérienne, la métaphysique même de notre temps. C'est ce qu'il nous faut maintenant tâcher de montrer : comment l'élaboration scientifique du concept de Système, donc l'émergence de ce que nous nommons la « raison systémique », orchestre le triomphe de la technique « dans les sciences mêmes » évoqué par Beaufret, en tant qu'elle constitue l'auto-imposition et l'apogée du Système de production comme ultime nom de l'unification du différencié.

Chapitre III

Science, mathématique et calcul

De l'ἐπιστήμη à la science

Les développements précédents ont montré le caractère incontournable d'une mise au point, d'un positionnement de la philosophie face à la configuration moderne de la science. Nous avions exposé en introduction pourquoi une telle prise de position constitue le cœur même du questionnement de l'époque comme pensée de la détresse en acte. Aussi Heidegger s'y est-il largement employé tout au cours de son œuvre, de manière aussi radicale que novatrice. Cette position particulièrement tranchée prend finalement corps dans la formule fameuse du cours de 1951, qui fit et fait encore hurler certaines belles âmes néopositivistes :

> « [...] la science de son côté ne pense pas, et ne peut pas penser ; et même c'est là sa chance, je veux dire ce qui assure sa démarche propre et bien définie. La science ne pense pas. »[1]

1. M. Heidegger, *Qu'appelle-t-on penser ?, op. cit.*, p. 26.

Comme il le précise plus tard, en 1969, dans l'entretien avec le professeur Richard Wisser[2], cette phrase dit simplement ceci, que la science ne se meut pas dans la dimension de la philosophie, tout en s'y rattachant. Elle s'y rattache parce que toutes les représentations formelles qui la fondent proviennent de l'élaboration philosophique de l'étantité. C'est bien cette élaboration progressive qui rend possible que se constitue quelque chose comme un « objet scientifique ». Heidegger prend l'exemple de la physique, basée sur les notions d'espace, de temps et de mouvement qui furent élaborées d'abord philosophiquement, avant de pouvoir être au sens propre mises en œuvre par la physique. Autrement dit, la physique ne peut pas dire ce qu'est la physique. La science ne pense pas l'être de la science. Toutefois, cet énoncé, « la science ne pense pas », ne dit pas en retour que ce qui n'est pas science se meut dans la plénitude de la pensée. Il ne s'agit bien que d'un problème concernant le mode même de la considération de l'étant. En effet, il faut tout de même rappeler que cette saillie fait suite à une interrogation de la pensée comme telle, et de sa situation dans le monde contemporain, dont Heidegger donne une synthèse qui pour le moins réoriente la prise de position précédente :

> « Ce qui donne le plus à penser dans notre temps qui donne à penser est que nous ne pensons pas encore. »[3]

« Nous ne pensons pas encore », c'est-à-dire que nous sommes intégralement tenus par cette question de la pensée, mais comme à une sorte de promesse. La dimension fondamentalement philosophique de l'homme consiste en cette suspension à l'appel de la pensée, dont nous avons vu qu'il invite à l'écoute de l'appropriation réciproque de l'être et de l'homme, qui de fait ne saurait constituer l'objet de la science. Or c'est précisément lorsque la science, c'est-à-dire la dimension « non pensante » de la raison humaine, en vient à régner unilatéralement sur toute représentation rationnelle,

2. M. Heidegger, « Entretien du professeur Richard Wisser avec Martin Heidegger », trad. fr. M. Haar, *Cahier de l'Herne Heidegger*, *op.cit.*

3. *Ibid.*, p. 24.

que cette suspension à l'appel de la pensée devient plus pressante. Répondre à cet appel implique donc nécessairement une position vis-à-vis du phénomène de la science. Autrement dit, tâcher d'entrer dans la pensée passe par la détermination de la non-pensée. Entrer dans le vif de la préoccupation de la pensée impose de circonscrire les modalités de la non-préoccupation. Il ne suffit donc pas de dire que la science ne pense pas ; il faut évidemment tâcher d'expliciter positivement ce qu'elle fait.

Or si, à en croire Heidegger, « la science ne pense pas », c'est essentiellement parce qu'elle ne peut faire qu'une chose : produire du *calcul*. Une formule résume sa position :

> « Le procédé par lequel toute théorie du réel suit le réel à la trace et s'en assure est un calcul. »[4]

Formule saisissante par plus d'un trait. D'abord parce que la science y est décisivement définie comme « théorie du réel ». Cette détermination élargit fortement la perspective strictement épistémologique. La science ne se réduit pas à une activité rationnelle d'expérimentation, ou à une curiosité en quelque sorte assumée et institutionnalisée, voire à un sympathique développement humaniste de la culture. La réduire à l'une de ces qualifications revient à rater purement et simplement le trait fondamental de son essence, c'est-à-dire son fondement métaphysique. La science est la théorie du réel, donc une élaboration conceptuelle positive qui n'a rien de neutre, ni de particulièrement sympathique, ou d'ailleurs d'antipathique. Cette élaboration conceptuelle suit le réel, s'en assure, en constitue la théorie. Autrement dit, elle constitue une percée sur le monde particulièrement prégnante, qui doit être interrogée en tant que telle. Elle prend en main le réel, pour le constituer comme réel. Or, le procédé de cette percée et de cette constitution est déterminé ici comme pur *calcul*. Rappelons que l'allemand dit *Rechnen*, « rendre droit » : calculant, la science « rend droit » le réel, elle le *rectifie*. Se devine

4. M. Heidegger, « Science et méditation », *Essais et conférences*, trad. fr. A. Préau, Paris, Gallimard, 1958, coll. « TEL », p. 64-65.

alors déjà combien la supposée neutralité humaniste ne convient pas à ce dont il s'agit.

La question n'est alors pas tant de savoir s'il convient de s'indigner de la radicalité d'une telle position, que de tâcher d'en comprendre la portée, surtout en un temps où la référence scientifique s'avère l'étalon de toute considération de l'étant. Est-ce là une manière, certes peut-être un peu cavalière, de caractériser l'orientation proprement « moderne » de la science ? Ou au contraire une tentative d'exposer un point essentiel de la science comme telle, dont la configuration moderne ne serait que le moment privilégié du développement ? Mais peut-être encore cela tient-il des deux à la fois : ne serait-ce pas là une manière de caractériser le « moderne » comme tel, comme ce qui ne s'oriente plus que selon le calcul scientifique ?

Pour commencer cet éclairage du calcul comme procédé de la science, il convient de commencer par examiner les relations de la science au savoir. Or l'étymologie s'avère plus complexe qu'il n'y paraît. La science *(scientia)* est savoir *(scire)*. Toutefois, il y a là déjà un glissement de sens, puisque le verbe *scire*, traduit par « savoir », « connaître », est sans équivalent direct en français. « Savoir » en effet, dérive du *sapere* latin, qui signifie « avoir du goût », « exhaler une odeur », et « sentir par le goût », d'où par figure « avoir de l'intelligence, du jugement », « être sage ». Du latin *sapor* dérive ainsi la *saveur*. À partir du XVe siècle, *savoir* a été erronément rattaché à *scire*, dans les graphies alternatives *scavoir* ou *sçavoir* jusqu'au XVIIe siècle. Le lien de la science au savoir n'est donc que faussement simple. La science peut bien être dite un savoir, mais tout savoir n'est pas science. La science n'est pas *le* savoir, elle ne se laisse pas déterminer par lui. Plus justement, elle ne signifie *plus* savoir, mais au contraire qualifie désormais celui-ci comme savoir scientifique ou non scientifique. Au premier abord, cette distinction semble pourtant recouvrir la différence de l'ἐπιστήμη *(épistèmè)* à la fois à la τέχνη *(technè)* et à la δόξα *(doxa)* grecques. En ce sens, la science serait le simple développement du savoir *théorique* grec, comme « contemplation » de l'étant. Pourtant, aussi justifiée que soit la représentation d'une telle continuité, elle occulte totalement la spécificité essentielle de l'aboutissement moderne de la science, en lequel celle-ci se sépare radicalement de la généralité du « savoir », si « théorique » soit-il, pour aller résolument jusqu'à en prescrire au contraire les déterminations qui en font un savoir « certain », « exact », ou « rigoureux » — bref : un savoir. De ce rapport de la science au savoir, Heidegger indique ainsi :

> « Ce qui domine dans la science, est-ce autre chose qu'une simple volonté de savoir de la part de l'homme ? En fait il en est bien ainsi. »[5]

Cette indication rapide est plus décisive qu'elle en a l'air : l'horizon de la science n'est pas, ou n'est plus, le savoir. C'est donc que la relation s'est inversée. Dans l'époque de la modernité technique, en laquelle se spécialisent et s'autonomisent les sciences, ce n'est plus le savoir qui « fait » et guide l'activité scientifique, mais bien le contraire : la science prescrit et organise le savoir. La mathématique platonicienne reste entièrement déterminée par l'ἐπιστήμη comme impulsion philosophique. Pour les Grecs, « une science prise pour elle-même, reste toujours au-dessous du savoir »[6], c'est-à-dire au-dessous de l'ἐπιστήμη philosophique. De même, la *scientia* médiévale, quoique libre, ne saurait être indépendante. Fondée en révélation, elle est essentiellement au service de la théologie, selon la maxime thomiste de la raison servante de la foi. Elle est ainsi intégralement déterminée par la visée de savoir comme correspondance à l'intellect de Dieu créateur[7]. Mais le XVIIe siècle voit Galilée, et surtout Descartes, singulariser la science comme telle, ouvrant la modernité en

5. M. Heidegger, « Science et méditation », *Essais et conférences, op.cit.*, p. 50.

6. J. Beaufret, *op.cit.*, p. 27.

7. *Cf.* M. Heidegger, *Apports à la philosophie. De l'avenance*, *op. cit.*, § 76, [145], p. 172 : « Thèses sur "la science". 1°) "Science", ce mot doit toujours être entendu au sens qu'il a dans les Temps nouveaux. La "*doctrina*" médiévale et l'ἐπιστήμη grecque sont fondamentalement différentes d'elle, même si, médiatement et métamorphosées, elles contribuent à déterminer ce que nous connaissons aujourd'hui en tant que "science", et ce que nous pouvons uniquement promouvoir, conformément à ce qu'est notre situation présente. 2°) S'il en est ainsi, "la science" elle-même n'est pas un *savoir* au sens de la fondamentation et de la conservation qui maintient une vérité essentielle. La science est l'*organisation* dérivée d'un certain savoir ».

effectuant le renversement radical qui place la science en position autonome, dominante et législatrice, sur toute volonté de savoir. La formule lapidaire de Léon Bloy est, sur ce point, un modèle de précision :

> « On ne connaît plus que la science. On ne veut plus rien savoir, sinon la science, et chaque matassin revendique son animalcule. »[8]

La question s'impose alors de comprendre ce qui guide la science elle-même. Or le trait propre de ce renversement réside en l'explicitation de la *méthode* comme règlement pour toute investigation scientifique de l'étant. Par définition, la méthode est une technique de recherche, une τέχνη produisant résultats, inductions, calculs. Une science méthodique est donc fondamentalement une science « technique », qui n'a alors plus qu'un lien lointain avec l'ἐπιστήμη grecque, en tant précisément qu'en elle, c'est la τέχνη — la méthode — qui prescrit l'ἐπιστήμη — le savoir. Or ce n'est qu'à partir de cette première explicitation de la méthode que se déploie la science dite moderne, singulièrement dans la physique mathématique envisagée par Galilée, fondée en ses principes par Descartes, et pleinement réalisée par Newton. Heidegger en propose une analyse à partir de la découverte, qui est en même temps son imposition méthodique, de la première loi du mouvement, le principe d'inertie :

> « Tout corps, par sa seule force inhérente, s'avance uniformément selon une ligne droite à l'infini, à moins que quelque chose d'extérieur ne l'en empêche. »[9]

Or ce qui frappe d'emblée, et constitue pour Heidegger le cœur du fondement méthodique, est précisément que cette loi ordonne

8. L. Bloy, *Exégèse des lieux communs*, Paris, Payot et Rivages, 2005, p. 168.

9. I. Newton, *Du mouvement des corps*, trad. fr. F. De Gandt, Paris, Gallimard, 1995, p. 155. Heidegger commente le même axiome sous la forme légèrement différente des *Philosophiae naturalis principia mathematica.*

« un corps laissé à lui-même »[10], c'est-à-dire un corps qui n'existe proprement pas, ce que Husserl nomme une pure « idéalité ». Un corps donc pour lequel n'existe, et ne peut exister aucune « expérimentation qui puisse offrir pareil corps à la représentation intuitive »[11]. Pour autant, la considération de cette idéalité, en tant qu'elle ouvre la possibilité de la mesure des différences à cette idéalité, refonde l'intégralité de la conception de la nature physique, qui devient par là « physique mathématique ». Posant l'étalon pour toute mesure future, elle inscrit d'avance le « physique » dans le cadre de la mesure mathématique. C'est pourquoi Heidegger introduit ici l'aiguillon du *projet mathématique*, comme orientation méthodique de la science moderne par une représentation fondamentale de type mathématique contredisant la représentation courante :

> « C'est dans une telle prétention que réside le mathématique, c'est-à-dire la fixation d'une détermination de la chose qui n'est pas puisée dans la chose elle-même par voie d'expérience, et qui pourtant est à la base de toute détermination des choses, la rend possible et lui ménage son espace. »

Et il ajoute :

> « Une telle appréhension n'est ni évidente ni arbitraire. C'est pourquoi d'ailleurs il fallait une longue lutte pour en assurer la domination. Il fallait à la fois une transformation du mode d'accès aux choses et la conquête d'une nouvelle manière de penser. »[12]

Cette double transformation n'est rien d'autre que la conquête de l'*a priori* mathématique fondant toute considération physique. À l'appui de cette affirmation, Heidegger prend l'exemple de la fameuse, mais vraisemblablement légendaire, expérience « ratée »

10. M. Heidegger, *Qu'est-ce qu'une chose ?*, *op.cit.*, p. 100.

11. *Ibid.*

12. *Ibid.*

de la Tour de Pise que Galilée est supposé avoir menée autour de 1589-1590[13]. Peu importe sa véracité historique pour ce qui intéresse ici Heidegger : le point est bien celui de la primauté de l'expérience imaginaire, l'« expérience de pensée », sur l'expérience réelle. Le concret physique se voit fondé par l'*a priori* mathématique. D'ailleurs, la qualification employée par Heidegger, « ni évidente ni arbitraire », exhibe cette nouveauté absolue de la « physique mathématique » : elle s'appuie bien sur une forme d'*axiomatique*, mais non évidente. Une telle fixation de toute appréhension physique au sein du mathématique s'apparente alors à une imposition *a priori* de la méthode, dont découle une forme inédite de la science, comme pur projet.

Descartes est évidemment le grand fondateur de ce renversement de la conception de la science. Ses principes méthodiques, sa conception mécaniste de l'univers, sa définition purement quantitative de la matière *(materia vel quantitas)*, et son application de l'algèbre à la géométrie, donnant son support à la géométrie analytique, fondent l'idée même de « mathématique universelle », en faisant ainsi à plus d'un titre le père de la science moderne, quoique ses propres développements scientifiques ne soient pas toujours à la hauteur de la puissance de leurs principes. Newton reprend, fixe, développe et précise ces principes, pour élaborer la physique mathématique seulement envisagée par Galilée, et solidement préparée par Descartes. De ce point de vue, son texte *De la gravitation*, très antérieur et donc préparatoire aux *Principia*, est particulièrement éloquent, puisqu'il débute par l'exposé nécessaire de ce qu'il appelle la « double méthode » :

> « Il convient de traiter la science de la gravitation et de l'équilibre des fluides et des solides dans les fluides par une méthode double. Dans la mesure où elle appartient aux sciences mathématiques, il est juste de faire le plus possible abstraction de considération physique. Pour cette raison j'ai décidé de démontrer strictement, à la manière des géomètres,

13. Il semble que cette expérience soit une invention de son secrétaire et biographe Viviani, qui est le seul à en faire mention, en 1671. En fait, elle fut bien réalisée, mais par Ranieri, qui fit part de son échec (dû à la résistance de l'air) à Galilée en 1641.

> chaque proposition de cette science, en partant de principes abstraits et suffisamment reconnus de quiconque y applique son esprit. Puis, comme on estime que cette doctrine est d'une certaine manière apparentée à la Philosophie naturelle, en tant qu'elle convient à l'examen approfondi de la plupart des phénomènes de Philosophie naturelle et comme ainsi son utilité en est particulièrement manifeste et que la certitude de ses principes peut en être confirmée, je ne ferai pas difficulté à illustrer aussi les propositions au moyen d'expériences.»[14]

On voit ici combien l'idée naïve d'une science qui serait fondée par l'expérience est incapable de rendre compte du bouleversement opéré par le renversement méthodique. Elle est même clairement un contresens, puisque Newton va jusqu'à traiter l'expérience de simple illustration, c'est-à-dire de second pan, annexe et nullement nécessaire, de la «double méthode». L'essentiel réside dans le premier pan, à savoir la démonstration *more geometrico* des principes physiques, en tâchant de s'abstraire de toute considération physique, en tant précisément que ces principes sont censés ordonner la configuration même de l'expérience concrète du monde physique. Les choses ont le mérite d'être claires. La méthode ne consiste nullement en un simple ordonnancement logique et systématique de la pensée, en une rigueur particulière, «scientifique», à adopter face à l'expérience. Elle impose au contraire d'adopter un *regard mathématique* antérieurement à toute expérience, conformément aux principes de la science cartésienne. En cela, dit Heidegger, elle est d'abord *projet*, s'imposant *a priori*.

On retrouve cette dimension programmatique de la science comme projet méthodique dans les développements mathématiques ultérieurs de Leibniz, en tant que le calcul infinitésimal ou l'émergence du concept de fonction, développé ensuite par Bernoulli et Euler, constituent les points d'appui sur lesquels prennent leur essor les sciences mathématiques de la nature au XVIIIe siècle. De même, la cristallisation positiviste toujours plus grande de l'activité

14. I. Newton, *De la gravitation*, trad. fr. M-F. Biarnais, Paris, Gallimard, 1995, p. 111.

scientifique sur la question de la méthode[15] détermine en grande part l'hyper-développement contemporain des sciences particulières. La domination de la science est donc en réalité, selon l'orientation même qui fut celle de Descartes, la *domination de sa méthode*, par quoi elle se singularise radicalement, comme science *moderne*. En cela, la science n'est plus la science issue de l'ἐπιστήμη et de la *scientia*, mais purement et simplement *méthode*, comme l'a décisivement souligné Nietzsche :

> « Ce qui distingue notre XIXe siècle, ce n'est pas le triomphe de la *science*, mais le triomphe de la méthode scientifique sur la science. »[16]

Reste donc à clarifier ce en quoi consiste proprement cette explicitation de la méthode, qui en détermine la domination.

Mesure et Formes-Limites chez Husserl

Il est tout à fait remarquable de constater ici la convergence des analyses, et la nuance des conclusions, que Husserl et Heidegger portent sur la même question, et à la même époque, à savoir l'année 1935. Husserl consacre la première partie du texte de la *Krisis* à l'interprétation de l'élaboration galiléenne de la physique mathématique que poursuivra Newton. Il décrypte, à partir d'une analyse de la « géométrie pure », la logique de constitution de la conception galiléenne de la Nature comme *Universum* mathématique[17]. Or, dit-il, cette logique est fondée sur le rapport entre idéalités et approximations (mesures)

15. *Cf.* F. Nietzsche, *La volonté de puissance I*, trad. fr. G. Bianquis, Paris, Gallimard, 1995, liv. I, § 183, p. 79 (§ 467, éd. Kröner) : « L'histoire de la méthode scientifique équivaut presque, pour Auguste Comte, à la philosophie elle-même. »

16. F. Nietzsche, *La volonté de puissance II*, trad. fr. G. Bianquis, Paris, Gallimard, 1995, liv. III, § 295, p. 117 (§ 466, éd. Kröner).

17. E. Husserl, *La crise des sciences européennes et la phénoménologie transcendantale*, *op. cit.*, p. 25-71.

mathématiques, dont il trace une sorte de généalogie. La géométrie grecque tire son origine de l'art, pré-géométrique et fondamentalement pratique, de l'arpentage, l'art de la mesure :

> « L'art de la mesure découvre *pratiquement* la possibilité de choisir comme *mesures* certaines formes empiriques fondamentales, fixées concrètement à des corps empiriquement constants et *de facto* généralement disponibles. »[18]

Ces formes références confèrent au monde ambiant de l'intuition, précisément, une *mesure*, en tant qu'elles en constituent les différents « types purs ». Tout perfectionnement pratique de la mesure est donc orienté par « des *Formes-Limites* vers lesquelles tend, comme vers un pôle invariant et inaccessible, chaque série de perfectionnements »[19]. La pratique concrète de l'arpentage ouvre ainsi la possibilité d'une *praxis idéale* dont l'objet est la stricte détermination de ces formes-limites et de leurs relations, par quoi l'intérêt fondamentalement pratique se transforme en intérêt purement théorique :

> « Ainsi comprend-on qu'une fois éveillé le désir d'une connaissance "philosophique" déterminant l'être "vrai", l'être objectif du monde, *l'art empirique de la mesure* et sa fonction objectivante empirico-pratique, dans un renversement de l'intérêt pratique en intérêt purement théorique, *fut idéalisé et se transforma ainsi en un processus de pensée purement géométrique.* »[20]

Or, ce développement de la pure pensée géométrique, et ses nombreuses applications, notamment astronomiques, constituent, pour Husserl, le terreau à partir duquel seul peut être pensée la « révolution » galiléenne du concept de « nature » comme « physique ». L'idée de Husserl est que le développement de la géométrie

18. *Ibid.*, p. 33.

19. *Ibid.*, p. 30.

20. *Ibid.*, p. 33.

apparaît à Galilée comme *modèle* de détermination objective du divers de l'intuition, à partir de la dialectique jouant entre formes-limites et formes concrètes. Modèle qu'il s'agit donc de généraliser depuis le domaine de la stricte *forme* vers l'ensemble de la sphère de la « nature », c'est-à-dire de l'étendue. Ainsi, toute appréhension préscientifique de la diversité du monde physique se construit à partir d'une « typique sensible », une typique de la corporéité, à partir de quoi le monde ambiant de l'intuition empirique se détermine selon un *style d'ensemble empirique*[21]. Ce style détermine toute possibilité de changement, de variation, de différence, et donc, en quelque sorte constitue la « *régulation causale universelle* » par laquelle « *tout co-étant dans le monde partage une soumission générale* immédiate ou médiate avec les autres, et eux avec lui, soumission dans laquelle le monde n'est pas seulement une totalité *(Allheit)*, mais une Uni-totalité *(aleinheit)*, un *totum* (encore qu'infini) »[22]. À partir de là, seul un abord strictement mathématique, construit selon le modèle géométrique, peut permettre une détermination objective de ce style d'ensemble, par la mise en évidence des formes-limites organisant la causalité du monde concret. Ainsi s'impose la conception galiléenne d'une « physique mathématique », comme « causalité universelle *idéalisée* [qui] englobe toutes figures et tous remplissements factuels dans son infinité idéalisée »[23]. La mathématique est ainsi le mode de déploiement de cette causalité universelle du monde physique, que ce soit dans les formes ou dans les remplissements des formes de ce monde, formes et remplissements étant intégralement soumis à la loi de la mesure mathématique. Toutefois, nous n'avons pas épuisé là le sens de l'explicitation galiléenne de la méthode. En effet, cette constitution de l'*universum* mathématique s'accompagne nécessairement du développement d'une technique opératoire donnant le mode de calcul pour toute mesure, par laquelle seule

21. *Ibid.*, p. 36.

22. *Ibid.* Par cette analyse, Husserl met clairement en évidence la « préparation » galiléenne, puis newtonienne, des « idées régulatrices de la raison pure » comme limites à l'infini de la chaîne des causalités, dont Kant fera le centre de sa critique.

23. *Ibid.*, p. 46.

peut se constituer une cohérence d'ensemble de cet *universum*, en coordonnant entre elles les diverses idéalités, et qui constitue donc, dit Husserl, l'opération décisive de la physique mathématique :

> «*L'opération décisive* par laquelle, conformément à la signification d'ensemble de la méthode scientifique, des anticipations déterminées dans un ordre systématique deviennent possibles sans autre condition, au-dessus et au-delà de la sphère des intuitions empiriques qui sont celles du monde pré-scientifique de la vie, cette opération décisive est la *coordination réelle des idéalités mathématiques* qui *a priori*, et dans une généralité indéterminée, ont fourni une substruction hypothétique, mais dont il reste à établir la déterminité.»[24]

Dans l'ordre mathématique dans lequel on s'est d'ores et déjà placé, une telle coordination des idéalités ne peut consister qu'en la production de *formules*, qui seule peut assurer, ensuite, inductions, anticipations et prédictions recherchées. Une telle *formulation* est donc dépendante de ce que Husserl nomme l'«arithmétisation de la géométrie», mais qu'il faut bien entendre avant tout comme une algébrisation générale, à la fois de l'arithmétique et, par elle, de la géométrie, qui apparaît comme la condition de l'élaboration galiléenne. C'est pourquoi Husserl fait ici une référence rapide à Viète, comme étape capitale de «la puissante élaboration des signes et des modes de pensée algébriques»[25]. Or en quoi consiste précisément cette étape décisive franchie, avant Galilée et Descartes, par Viète ?

Dans son étude sur l'évolution et le développement de l'écriture symbolique mathématique, Michel Serfati caractérise cet apport de Viète comme «dialectique de l'indéterminé»[26], Viète algébrisant, pour tout problème, non seulement le «requis», c'est-à-dire l'ensemble des «inconnues», mais également le «donné», ensemble des grandeurs données d'emblée, par hypothèse, avec le problème :

24. *Ibid.*, p. 50.

25. *Ibid.*, p. 51.

26. M. Serfati, *La révolution symbolique. La constitution de l'écriture symbolique mathématiques*, Paris, Pétra, 2005, p. 145-197.

> « La visée initiale de Viète était claire : représenter symboliquement dans le calcul les données, aussi bien que les inconnues, ce qu'il était le premier à faire »[27].

Autrement dit, Viète généralise l'algèbre, en lui adjoignant ce qu'il est convenu d'appeler aujourd'hui le « calcul littéral », permettant par là une écriture extrêmement générale de « canons », c'est-à-dire des formules explicitant l'ensemble des représentations possibles d'un problème donné ou de ses solutions. Procédant ainsi, il divise la catégorie du « donné » en *donné explicite* et *donné non explicite*, plaçant ainsi au centre de tout calcul mathématique une nouvelle catégorie, celle de l'indéterminé, c'est-à-dire le donné à valeur non explicite :

> « La notation de Viète revint à modifier dans les faits les catégories initiales de la connaissance en jeu dans tout calcul. Le "donné" aura donc ici été clivé entre "donné" explicite, à la valeur connue de tous, et "donné" à valeur non explicite qu'on appela l'"indéterminé", et qui s'était aussi révélé consubstantiel à l'"arbitraire mais fixé". »[28]

Un exemple simple peut être donné par la représentation générale d'un trinôme sous la forme, $ax^2 + bx + c$, où a, b et c « seront usuellement interprétés par des nombres indéterminés, et x par un nombre requis inconnu »[29]. À partir de cette formulation, on peut désormais étudier la ou les solutions sous la forme d'une « famille » ou d'une « classe » de solutions, à décliner selon les diverses valeurs pouvant être prises par les constantes. Le point central est donc que cette représentation ouvre la possibilité de la formulation synthétique de « canons », c'est-à-dire de propositions *universellement* vraies, l'universalité étant désormais décrite par l'ensemble des valeurs pouvant être attribuées à l'indéterminé.

27. *Ibid.*, p. 157.

28. *Ibid.*, p. 160.

29. *Ibid.*, p. 181. Si le principe de l'écriture est bien le fait de Viète, la simplicité toute synthétique de sa forme moderne donnée ici est quant à elle due à Descartes.

On aperçoit alors la place centrale que prend naturellement cette algébrisation généralisée des mathématiques dans l'élaboration de la physique galiléenne : elle n'est rien moins que la clef de voûte de toute formulation universelle des lois naturelles, en permettant d'ancrer précisément cette universalité au sein même de la représentation mathématique. Autrement dit, avec elle l'universalité devient *représentable* et *inscriptible*. Aussi comprend-on pourquoi pour la représentation physique de Galilée, Descartes, puis Newton, fondée sur l'algèbre généralisée, l'universalité *est* mathématique. À partir de quoi Leibniz pourra effectivement développer l'idée cartésienne de *mathesis universalis*. On pourrait dire qu'avec Galilée, la science physique se doit désormais d'être, sur le modèle de Viète, pure *algèbre du monde*.

Mais dès lors que s'impose ainsi le règne de la formule, la méthode devient pure technique de calcul algébrique, par laquelle est assurée la coordination réelle des idéalités mathématiques. Aussi Husserl y voit-il l'origine de *l'exténuation de sens* de la science mathématique de la nature, en tant qu'à partir de l'algébrisation, elle se transforme en pure « *logique formelle* développée dans toutes les directions »[30], à laquelle le sens propre échappe, voire est mis hors circuit. On retrouve ici la défiance absolue, commune à Husserl et Heidegger, vis-à-vis de la logistique au sens large. Devenue « purement et simplement une "Ars" — à savoir un simple art d'obtenir des résultats grâce à une technique de calcul qui suit des règles techniques »[31], la science de la nature se trouve « soumise à une mutation-de-sens et à un recouvrement-du-sens »[32] qui la rendent *définitivement* et *intégralement* incapable de penser le *Lebenswelt*, le « monde de la vie », le monde quotidien concret de l'intuition, que seule la « correction » phénoménologique de la méthode peut permettre d'appréhender.

30. E. Husserl, *op.cit.*, p. 53.

31. *Ibid.*, p. 54.

32. *Ibid.*, p. 56.

La méthode comme *projet*

Cette analyse husserlienne du développement de la méthode de la science moderne recoupe en grande partie celle qu'en fait Heidegger, dès *Être et Temps*. Mais comme on l'a vu, Husserl inscrit ce développement dans une *continuité* absolue, interne, qui va de la métrologie à l'émergence des Formes-Limites, puis de celles-ci à l'*universum* géométrique des anticipations, puis à l'*universum* algébrique de l'analyse pure, et enfin de là au monde des formules et à la technique calculatoire qui l'accompagne. La méthode est ainsi comme entraînée d'elle-même vers sa propre modification et exténuation, entraînement qui ne peut être corrigé, de manière en quelque sorte *interne*, que par sa compréhension phénoménologique. Au contraire, Heidegger fonde d'emblée ce développement sur une discontinuité radicale, celle du «virage» de la considération de l'étant-à-portée-de-la-main *(Zuhandenheit)* intramondain, qui s'oriente sur le monde quotidien de l'ustensilité, à la considération théorétique de l'étant-sous-la-main *(Vorhandenheit)*, comme étant simplement subsistant «là-devant», pur «objet» de science, c'est-à-dire pur objet d'une considération supposée désintéressée, ou pour mieux dire, «non pré-occupée»: «virage de la préoccupation circon-specte en découverte théorique»[33]. Nulle dialectique de l'approximation et de la Forme-Limite ici; le passage n'est pas un passage à la limite infinie, mais un saut, un virage du mode de la considération elle-même. Comme le note Olivier Safouan, «pour Heidegger, les analyses de Husserl sont un acquis positif, mais insuffisant»[34], en tant précisément qu'elles se placent elles-mêmes d'emblée dans l'horizon des sciences naturelles, c'est-à-dire au sein même de la considération du sous-la-main. Elles ignorent donc cette discontinuité radicale, à partir de laquelle seule peut être pensée la singularité de la considération scientifique, et de son développement. Heidegger illustre ce virage par l'exemple du marteau:

33. M. Heidegger, *Être et Temps*, *op.cit.*, § 69b, [360], p. 250.

34. O. Safouan, «Heidegger et les mathématiques», M. Caron (éd.), *Heidegger*, Les cahiers d'histoire de la philosophie, Paris, Cerf, 2006, p. 396.

> «Dans l'usage circon-spect de l'instrument, nous pouvons dire: le marteau est trop lourd, ou trop léger. Même la phrase: le marteau est lourd, peut donner son expression à une réflexion préoccupée et signifier: il n'est pas léger, c'est-à-dire que sa prise en main exige de la force, qu'il rendra le maniement plus difficile. Seulement, la phrase *peut* aussi vouloir dire: l'étant présent, que nous connaissons déjà circon-spectivement comme marteau, a un poids, c'est-à-dire la «propriété» de la gravité; il exerce une pression sur son support; que celui-ci soit éloigné, et il tombe.»[35]

On pourrait dire, en première approche, que le saut dont il s'agit est celui par lequel le poids du marteau comme préoccupation devient, pour la considération, le poids du marteau comme pure qualité, c'est-à-dire simple propriété qui peut être sujette après-coup, de par cette simplicité, à l'investigation scientifique. Nulle gradation ici: «nous *considérons* "à neuf" l'à-portée-de-la-main, comme sous-la-main»[36]. Mais il faut alors préciser que ce saut est la condition de toute donation de valeur à l'étant, et pas seulement «scientifique». Antérieurement au développement d'une considération scientifique, mais aussi de toute donation de valeur dans l'intuition, préside la constitution de l'étant comme constant et subsistant devant la considération. Ce n'est que par elle que peut être établie l'étant comme «chose» du monde, depuis et à partir de l'étant-outil pris dans le complexe de la totalité de tournure de l'à-portée-de-la-main. Ainsi institué comme «chose», l'étant peut être soumis à l'examen scientifique, ainsi qu'à l'examen des valeurs délaissées par l'examen scientifique—les valeurs originairement données dans l'intuition qui constituent le *Lebenswelt* que poursuit Husserl. Les deux présupposent «tacitement un sens de l'être—l'être-sous-la-main chosique constant»[37]. Pour autant, il n'est pas tout à fait exact, bien que sur ce point le texte heideggérien soit parfois ambigu, de dire ici, comme

35. M. Heidegger, *op.cit.*, [360-361].

36. *Ibid.*, [361].

37. *Ibid.*, § 21, [99], p. 90.

le fait Safouan, que « ce n'est que subsidiairement, par modification privative, que le monde peut être phénoménologiquement considéré comme *Vorhandenheit*, comme un monde subsistant de façon constante, ou encore que l'objet du monde quotidien (« ustensile ») peut devenir une *chose* »[38]. La modification n'est pas « privative » au sens où nous ferions simplement « *abstraction* du caractère d'outil de cet étant »[39]. La modification de l'ustensile en « chose » du monde est radicale, en discontinuité essentielle, parce qu'elle introduit une rupture qui elle, est permanente, au sein même du monde ambiant, en ouvrant et en délimitant la « région » du sous-la-main. D'une certaine façon, le « monde » du *Dasein* est structuré par cette discontinuité permanente entre « région » de l'à-portée-de-la-main et « région » du sous-la-main. Mais le point central est que l'ouverture du sous-la-main s'impose d'elle-même comme mode propre de la découverte de l'étant. Dans le saut, « c'est le tout de l'être-sous-la-main qui devient thème »[40], c'est-à-dire que ce saut ouvre le « découvrir » en tant que tel, comme strict mode sous-la-main de la découverte. Ainsi, la région du sous-la-main une fois découverte tend naturellement à *recouvrir* celle de l'à-portée-de-la-main, car ouvrant la pure *qualification* de l'étant comme strict mode de la découverte, et par elle l'étude scientifique de la *propriété*. Toute « découverte » ne peut plus alors qu'être « découverte théorique ». Aussi cette discontinuité radicale constitue-t-elle le fondement même de la nouveauté absolue que constitue la science comme *projet*. La science, pour Heidegger, est fondamentalement *projet de la constitution d'être du sous-la-main*. C'est bien là le centre de la divergence avec Husserl : l'essence de la physique mathématique ne doit pas être recherchée dans les variations de la méthode géométrique en méthode algébrique mais, antérieurement, dans la constitution du projet, par lequel s'ouvre *a priori* la région du sous-la-main :

> « Ce qui est décisif dans [la formation de la physique

38. O. Safouan, *op.cit.*, p. 397.

39. M. Heidegger, *op.cit.*, § 69b, [361], p. 250.

40. *Ibid.*, [362], p. 251.

> mathématique] ne réside ni dans le prix plus élevé attaché à l'observation des "faits", ni dans l'application de la mathématique dans la détermination des processus naturels — mais dans le *projet mathématique de la nature elle-même.* Ce projet découvre préalablement un étant constamment sous-la-main (matière) et ouvre l'horizon requis pour la considération directrice de ses moments constitutifs quantitativement déterminables (mouvement, force, lieu et temps).[...] Derechef, dans le projet mathématique de la nature, ce qui est primairement décisif n'est point le mathématique comme tel, mais le fait que ce projet *ouvre un a priori* [...] l'étant thématique y est découvert *comme* de l'étant peut être seulement découvert : dans le projet préalable de sa constitution d'être. »[41]

Ainsi, *la* méthode en tant que pur *a priori*, que nous avions vue exposée dans le texte de Newton, trouve ici sa pleine détermination. La méthode est la projection de la constitution d'être-sous-la-main sur le tout de l'étant. Elle est donc pur *projet*, sur lequel, ensuite, peuvent s'élaborer *les* diverses méthodes qui jalonnent le développement de la pratique scientifique. En tant que projet de la constitution d'être-sous-la-main de l'étant, elle *thématise* l'étant, c'est-à-dire qu'elle l'objective, le rend objet *pour* la considération. C'est pourquoi elle s'inscrit irréductiblement dans la *permanence* de la discontinuité : « le projet scientifique de l'étant [...] fait à chaque fois déjà encontre d'une manière ou d'une autre »[42], en tant précisément, que cette discontinuité ouvre pour le *Dasein* la possibilité constante de l'objectivation fondée sur le sous-la-main.

Ainsi, dès *Être et Temps*, l'introduction de la discontinuité radicale que constitue le binôme *Zuhandenheit-Vorhandenheit* oriente Heidegger vers ce thème fondamental de la méthode comme *projet d'objectivation*, qu'il va par la suite questionner plus avant, et surtout *directement.* Car il reste à déterminer la teneur propre de cette

41. *Ibid.*, [363], p. 251.

42. *Ibid.*

« objectivation », et comment elle s'articule à la mathématique elle-même.

Objectivation et calcul

Ainsi donc, la méthode est, dit Heidegger, « la façon et la manière dont, dès l'abord, ce qui constitue à chaque fois le domaine des objets soumis à la recherche est délimité dans son objectivité »[43]. Elle n'est pas la méthodologie déployée comme un outil en vue de mener à bien rationnellement et objectivement l'investigation d'un domaine de l'étant. La méthode est, en deçà, ce qui prescrit *a priori* l'objectivité du domaine, à partir de laquelle seulement peut s'élaborer une méthodologie « objective », c'est-à-dire en *cohérence* avec cette objectivité du domaine. Par là, la méthode est le déterminant pour tout critère de scientificité, entendue comme conformation — mise en forme d'après une norme — du domaine, au sein duquel tout phénomène est « travaillé jusqu'à ce qu'il s'encadre dans l'ensemble objectif, déterminant, de la théorie »[44]. La méthode prescrit par avance les *modalités* et la *nécessité* d'un tel travail du domaine qui fonde la science comme « théorie du réel » : élaboration méthodique du réel en tant qu'ensemble objectif sur lequel seul peut se constituer une connaissance. Aussi, l'essence de la méthode, en tant que projet, réside dans l'*objectivation* :

> « C'est seulement par l'objectivation, c'est-à-dire par le projet de la constitution d'être, que la science conquiert son sol et son fondement, et qu'elle délimite en même temps son domaine de recherche. »[45]

43. M. Heidegger, « La provenance de l'art et la destination de la pensée », *Cahier de l'Herne Heidegger, op.cit.*, trad. fr. J.L. Chrétien et M. Reifenrath, Éditions de l'Herne, 1983, p. 371.

44. M. Heidegger, « Science et méditation », *op.cit.*, p. 64.

45. M. Heidegger, *Interprétation phénoménologique de la* « Critique de la raison pure » *de Kant*, trad. fr. E. Martineau, Paris, Gallimard, 1982, p. 50-51.

La méthode, comme projet d'objectivation, fait de l'étant un objet de science en l'insérant dans le cadre objectif qui le rend accessible à la recherche. Elle détermine les modalités de cette accessibilité, qui constituent en propre la teneur même de l'objectivité scientifique. «Être accessible à la recherche», cela signifie être disponible pour elle, se soumettre à son projet, accéder à son investigation : c'est être «recherchable», c'est-à-dire très exactement *calculable*, le terme de calcul devant être pris dans le sens large de *thématisation dans le cadre de l'objectivité*. Le calcul [46] est l'élément du compte par quoi se comptabilise l'étant, c'est-à-dire par quoi l'on s'assure de l'étant comme objet : il atteste l'étant en établissant son objectivité. Il doit donc être repensé comme l'essence même du projet d'objectivation. Heidegger élargit spectaculairement l'extension du concept de calcul, celui-ci devenant le fond essentiel de la méthode comme projet, reconsidérée sous le prisme de l'objectivation :

> «Au sens large et essentiel, calculer veut dire : compter avec une chose, c'est-à-dire la prendre en considération, compter sur elle, c'est-à-dire la placer dans notre expectative. De cette manière, toute objectivation du réel est un calcul, soit qu'expliquant par voie causale elle coure après les effets des causes, ou que par la morphologie elle apprenne à connaître les objets, ou enfin qu'elle s'assure, dans leurs principes, de connexions de séquence et d'ordre.»[47]

Si non seulement toute mesure, mais également toute formalisation, y compris qualitative, et tout ordonnancement scientifiques sont pur calcul, c'est donc la considération elle-même de l'étant par la science qui constitue le calcul proprement dit, avant toute computation ou mathématisation d'un tel calcul. La méthode est le calcul par lequel l'étant est rendu objet de science au sein du domaine d'objectivité qu'est la calculabilité de l'étant. Aussi la science se meut-elle toujours au sein de l'*objectité*, mais qui doit s'entendre

46. Le terme provient du latin *calculus*, «caillou», unité à l'aide de laquelle on peut «compter», jalon du compte.

47. M. Heidegger, «Science et méditation», *op.cit.*, p. 65.

comme *calculabilité* de l'étant. L'étant n'est objet qu'en tant qu'il est calculable, c'est-à-dire en tant qu'il est accessible au travail d'objectivation de la recherche qui le calcule. On a bien là un cercle, le cercle proprement scientifique, qui fonde la scientificité comme travail méthodique d'élaboration de l'objectité en tant que calcul.

Un tel calcul, un tel «compter sur» la disponibilité de l'étant comme objet, en tant qu'il fonde le «projeter» objectivant de l'activité scientifique, doit alors être rapproché de l'analyse heideggérienne de l'essence des μαθήματα *(mathèmata)*, l'essence *du* mathématique, dont dérive *la* mathématique comme science particulière, «élaboration déterminée du mathématique»[48]. Τὰ μαθήματα *(Ta mathèmata)* désigne dans son origine grecque «ce qui peut être appris, et donc aussi ce qui peut être enseigné»[49]. Mais l'entente grecque de l'apprendre, dont témoigne l'interprétation platonicienne de la réminiscence, réside dans un «savoir déjà», qui guide et donne son sens à la maïeutique socratique. L'apprendre est ainsi l'explicitation de l'entente toujours déjà-là des choses présentes. Les μαθήματα constituent cette explicitation même, et guident donc entièrement l'ἐπιστήμη. Le nombre est alors *une* détermination, primordiale mais pas unique, de ce qui est toujours présent *avec* l'étant, et se donne comme déjà su à expliciter:

> «De ce connu d'avance—donc de ce mathématique—font encore partie les nombres [...] Ce n'est que parce que les nombres sont ce qui s'impose en quelque sorte avec le plus d'irréfutabilité comme le toujours-déjà-connu, et constituent, pour ainsi dire, le plus re-connaissable parmi le mathématique, que bientôt le nom de mathématique fut réservé à ce qui a trait aux nombres. Quant à lui, le déploiement essentiel

48. M. Heidegger, *Qu'est-ce qu'une chose?*, *op.cit.*, p. 80.

49. *Ibid.*, p. 81. Alain Rey précise: «*mathêma* "ce qui est enseigné", employé au pluriel pour "connaissances", par opposition à *mathêsis*, qui met l'accent sur le fait d'apprendre. L'un et l'autre sont dérivés de *manthanein*, verbe passé de sa signification première, "apprendre, par l'expérience, apprendre à connaître, à faire", au sens plus abstrait de "comprendre"» (A. Rey, *op.cit.*, p. 1295).

> du mathématique n'est à aucun degré déterminé par la numération.»[50]

On notera ici comment l'explicitation du projet mathématique du monde détourne Heidegger de la primauté du géométrique que l'on pouvait trouver chez Husserl. Toutefois ce détournement ne se fait nullement au profit d'une primauté arithmétique, mais bien à celui du concept de calcul lui-même, censé faire fond pour tout développement géométrique et arithmétique. L'idée même d'une quelconque primauté d'une modalité mathématique sur une autre est ainsi rejetée, au nom de la pensée de l'essence même du mathématique, essence que vient nommer le concept de calcul. Or un tel rejet, loin d'être arbitraire, se fonde largement sur l'examen du développement originel des mathématiques grecques, et nommément pythagoriciennes, dont il faut bien admettre qu'elles ne séparent nullement le géométrique de l'arithmétique. Rappelons que le nombre est pour Pythagore la détermination du point, et que le point et la figure sont eux-mêmes la représentation du nombre. Le spatial et le numéral sont parfaitement consubstantiels, et la science mathématique de Pythagore, avant d'être «géométrie» ou «arithmétique», est essentiellement, et c'est là un point capital, étude de *rapports*: toute figure est rapport *(logos)* de nombres, et réciproquement, tout rapport de nombres est relation figurale. Cette consubstantialité du nombre et de la figure dans les mathématiques pythagoriciennes est soulignée par Heidegger, bien avant son explicitation du concept de calcul. Dans son cours de 1926, il note ainsi, à propos de la doctrine pythagoricienne du nombre: «le nombre lui-même et sa représentation ne sont pas nettement séparés»[51], et plus loin il précise:

> «Les Grecs ne pensaient pas de manière purement arithmétique, mais encore sur le mode de la figuration et de la représentation spatiale. En passant par cette figure spatiale,

50. M. Heidegger, «L'époque des "conceptions des mondes"», *Chemins qui ne mènent nulle part, op.cit.*, p. 103.

51. M. Heidegger, *Concepts fondamentaux de la philosophie antique*, trad. fr. A. Boutot, Paris, Gallimard, 2003, [41], p. 54.

> on appréhendait le spatial en tant que nombre. Le nombre devient λόγος, “concept”, le nombre rend possible que l'étant soit concevable et déterminable. »[52]

On voit clairement le poids que cette analyse de l'origine grecque de la mathématique prend dans la conception heideggérienne du calcul. Si, dès son origine, la mathématique est poursuite des *rapports (logoï)* régissant l'étant, c'est là qu'il faut chercher l'essence *du* mathématique, sur laquelle se fondent les développements de la géométrie et de l'arithmétique. Le mathématique est poursuite et détermination de rapports au sein de la sphère du « déjà connu », c'est-à-dire de l'étant *en tant que* déjà connu par avance comme mathématique.

Or l'analyse postérieure que fait Heidegger du calcul oriente précisément cette détermination vers le projet d'objectivation. Le calcul est, au sens propre, détermination de rapports au sein du « déjà connu » sur lequel « compte » par avance cette détermination, et par laquelle ce « déjà connu » est constitué comme objet. Aussi, l'essence du mathématique est en même temps plus générale et plus fondamentale que le calcul proprement scientifique, en tant qu'elle consiste en « la présupposition fondamentale du savoir des choses »[53]. Mais cette présupposition mathématique devient, avec la spécification et le revirement radical de la science par la physique mathématique, méthode comme projet d'objectivation, c'est-à-dire calcul. Pour autant, un tel revirement ne prouve pas une quelconque indépendance de la science moderne vis-à-vis du mathématique grec, et partant, de l'ἐπιστήμη. C'est bien au contraire seulement à partir de l'ἐπιστήμη comme *le* mathématique qu'est possible cette révolution de la méthode. Il faut donc bien entendre le calcul de la méthode comme la vérité, encore cachée à la pensée grecque, de l'ἐπιστήμη comme μαθήματα. La révolution introduite par la physique mathématique constitue donc le déploiement de cette essence véritable du mathématique, déploiement dans et par lequel le mathématique lui-même change de *forme*, pour devenir *méthode*. Ainsi :

52. *Ibid.*, [221], p. 241.

53. M. Heidegger, *Qu'est-ce qu'une chose ?*, *op.cit.*, p. 87.

> « Ce qui caractérise le savoir moderne, c'est la mise au jour résolue d'un trait qui restait encore caché dans l'être du savoir dont les Grecs avaient l'expérience : trait qui avait justement besoin du savoir grec pour devenir en face de lui un autre savoir. »[54]

C'est bien pourquoi, très précisément, l'accomplissement de la science moderne signifie pour Heidegger l'accomplissement de la métaphysique elle-même, et annonce par là la fin de la philosophie arrivée à son terme. À la fois continuité lointaine et discontinuité radicale, l'histoire de l'avènement de la science moderne n'est ni le lent progrès de la raison vers son accomplissement imaginé par le positivisme objectiviste, ni la succession de « révolutions » paradigmatiques posée par le relativisme subjectiviste, ni même la synthèse des deux comme réalisation de l'Esprit qui oriente la dialectique hégélienne. Elle est la *dispensation historiale* de l'être de la science, comme projet calculant de la méthode. Dès lors qu'avec le renversement moderne, le savoir est désormais intégralement déterminé par la calculabilité, l'expression « présupposition du savoir des choses » signifie la *prescription* de la calculabilité de l'étant. L'essence de la science est bien le mathématique. Mais cette essence se révèle sous une forme impensée jusqu'alors, comme pure organisation méthodique du *calcul total du monde*. Aussi le calcul s'avère-t-il l'*a priori* du mathématique, *a priori* qui une fois révélé dans la physique mathématique joue à plein son rôle constitutif, et peut s'expliciter comme *méthode*. C'est donc, dans la perspective heideggérienne, le destin propre du mathématique que d'advenir comme calcul dans la science dite moderne. Apparaît clairement ici le renversement total de la conception qui était celle de Husserl.

Mais la question reste alors ouverte de la source même d'où le calcul tire sa propre force de détermination. Cette source du calcul total ne peut s'entrevoir que dans ce que, à l'époque la plus récente, a produit concrètement ce calcul maintenant pleinement déployé. À titre en somme de cause finale. Or le « calcul total du monde » se présente concrètement sous la forme du « système de la science », lentement

54. M. Heidegger, « Science et méditation », *op.cit.*, p. 51.

élaboré depuis le XVIIIe siècle. Une nouvelle rupture se laisse alors entrevoir, au sein cette fois de la science moderne elle-même. Le « monde naturel » de la physique, sous la pression du mathématique, devient finalement pur système. La physique mathématique se transforme alors en pure systémique, dont la méthode, c'est-à-dire la technique, devient pure modélisation systémique.

Chapitre IV

Le modèle systémique

Science et mathématique

Nous voici donc maintenant tournés vers la question de la consistance concrète que revêt le calcul à l'œuvre dans la méthode objectivante de la science, calcul dont l'élément et le sol, nous l'avons vu, est la constitution métaphysique de l'objectité. Pour bien entendre ce dont il s'agit là, il nous faut préciser la forme qu'a finie par prendre la production proprement scientifique du travail de la méthode. Or, et c'est le constat d'où part Heidegger, la science, dans son fonctionnement quotidien, c'est-à-dire essentiel[1], se présente comme *recherche*:

1. Sur le lien entre quotidienneté, essentialité et existentialité, cf. M. Heidegger, *Être et Temps*, *op.cit.*, § 9, [44], p. 55 : « Mais la quotidienneté médiocre du *Dasein* ne doit pas être prise pour un simple "aspect". Même en elle, et même dans le mode de l'inauthenticité, se trouve *a priori* la structure de l'existentialité. Même en elle il y va pour le *Dasein*, selon une guise déterminée, de son être, auquel il se rapporte sur le mode de la quotidienneté médiocre, fût-ce seulement sur le mode de la fuite *devant* et de l'oubli *de* cet être. »

> « L'essence de ce qu'on nomme aujourd'hui science, c'est la recherche. »[2]

Entendons ici : ce qui fait lien entre les divers champs de l'activité scientifique, diversité rendue possible par et à partir de la mise en œuvre du calcul méthodique au sein de la physique mathématique, est la structuration de ces champs selon ce qui se nomme communément soi-même « recherche ». Mais qu'est-ce que la recherche ? Elle ne saurait se réduire simplement à une « attitude » ou activité, parmi d'autres et à égalité de traitement avec ces autres, qui serait celle du « chercheur ». Car la recherche est précisément ce à partir de quoi cette activité peut se déployer, ce qui donne son caractère propre à l'attitude en question, c'est-à-dire ce qui rend cette activité « scientifique ». Elle doit donc être d'emblée entendue comme le *mode de déploiement de la méthode*. Aussi apparaît-elle comme *organisation* de l'investigation planifiée de la sphère de l'étant. L'organisation des structures de recherche — instituts, universités, laboratoires — présuppose la planification de cette recherche, comme intégration de la totalité de l'étant dans l'horizon du « recherchable », donc dans l'horizon du plan de l'investigation scientifique. Cet horizon du plan est l'explicitation de la méthode elle-même comme projet, prescrivant la calculabilité, en tant qu'objectivité de toute chose jugée digne de recherche.

Mais que *produit* une telle organisation ? Des hypothèses, des plans d'expériences, des réalisations d'expériences, des conclusions d'expériences, des communications et des débats sur ces conclusions, et enfin, et surtout, des articles constituant comme autant d'apothéoses locales et précaires de ce cheminement. La recherche produit donc d'innombrables *propositions*, et confrontations entre ces propositions, mais dont la forme et le mode de constitution spécifiques imposent de singulariser sous le vocable scientifique, qui s'est désormais imposé et généralisé, de *modèles*. Ainsi, la recherche produit une infinie variété de modèles, propres à chaque domaine, et que chaque domaine confronte, à l'intérieur de son champ d'investigation, les uns aux autres. La planification de la recherche s'avère donc être la prescription du *calculable*

2. M. Heidegger, « L'époque des "conceptions des mondes" », *op.cit.*, p. 102.

comme modélisable. L'étant n'est alors objet de science — donc objet tout court — qu'en tant qu'il peut s'insérer dans un modèle, vers l'établissement duquel est tendue l'intégralité de l'effort et de l'organisation de la recherche. La recherche est en son essence modélisation, comme le mode propre par lequel elle poursuit le domaine de l'étant, délimité *a priori* par la méthode, et insère tout phénomène s'y produisant dans l'objectivité du modèle. Le modèle peut donc à bon droit être interprété comme l'expression quotidienne concrète du principe originaire de toute recherche qu'est le calcul méthodique. Si « le procédé par lequel toute théorie du réel suit le réel à la trace et s'en assure est un calcul »[3], c'est bien parce que la scientificité de la recherche est entièrement régie par sa capacité à produire des modèles, production par laquelle exclusivement elle devient théorie du réel effective, c'est-à-dire *productive*. Le calcul de la méthode consiste précisément à établir cette correspondance nécessaire entre scientificité et modélisation, à partir du sol de l'étantité de l'étant déterminé métaphysiquement comme objectité. La méthode pose l'intelligibilité du réel — la calculabilité de l'étant — et traduit en même temps cette intelligibilité comme *possibilité et nécessité* d'un modèle de l'étant, en quoi consiste proprement son objectivité. Dès lors, un « objet » se définit intégralement comme « chose modélisable », ce qui constitue le versant proprement mathématique de toute science, si éloignée de la physique mathématique qu'elle soit, comme peuvent l'être les sciences médicales, historiques, de l'esprit, « humaines », etc. Par là, la sphère de l'étant se voit circonscrite comme « super-objet », ou plutôt collection d'objets en interactions mutuelles — c'est-à-dire très exactement : *système*. La notion d'interaction est ici centrale en tant précisément qu'elle présentifie la relation en son sens logique puis scientifique de *connexion*, c'est-à-dire qu'elle intègre la relation dans la sphère du modélisable. L'interaction, c'est la relation modélisée comme connexion au sein d'un système, lui-même modèle d'une sphère circonscrite de l'étant. Ainsi, donc, la science moderne, comme calcul objectivant, est l'opération triple dans laquelle, simultanément, *la proposition devient modèle, la relation devient interaction, et le monde devient système*[4].

3. M. Heidegger, « Science et méditation », *op.cit.*, p. 65.

4. Cette triple opération est précisément l'objet même que vise le titre de l'ouvrage

On voit ici la portée qu'il faut alors donner au concept de *modèle*, dont l'extension que nous lui donnons ici dépasse celle de ses diverses conceptions épistémologiques. L'intégration absolue de l'activité de modélisation au sein de la planification de la recherche rend ces conceptions traditionnelles du modèle partiellement incapables d'en penser l'origine propre qu'est la méthode comme calcul, et par là d'en apprécier la pleine extension. Elles-mêmes sont intégralement déterminées par cet horizon du plan de la recherche. Aussi ne peuvent-elles qu'«accompagner» la fortune extraordinaire qui fut celle du modèle dans cet horizon, tâchant de justifier cette fortune ou d'en faire la généalogie. Nous n'analyserons pas ici cette généalogie au sein des épistémologies du siècle dernier[5], qui n'est d'aucun intérêt pour notre problème, précisément parce que cet abord épistémologique n'a rien à dire du lien fondamental qu'il convient de faire entre la conversion progressive de la *théorie* en *modèle* et la réalisation du projet de la méthode comme *calcul total du monde*. Nous nous contenterons donc d'indications rapides, à partir de quelques-uns des nombreux travaux, épistémologiques ou scientifiques, qui ont pu chercher à synthétiser les avatars de cette fortune. Ces diverses épistémologies représentent le modèle, et cela constitue le point de convergence minimale des différentes acceptions du terme, comme simple outil, venant s'adjoindre, du fait de la diversification des problématiques et types de questionnement scientifiques, à l'«outillage» déjà existant du chercheur, au sein duquel on trouvait, en premier lieu, l'instrumentation elle-même de l'observation dont Bachelard notait qu'elle est déjà, au même titre d'ailleurs que le modèle, un résultat de l'activité scientifique :

> «Alors il faut que le phénomène soit trié, filtré, épuré, coulé

de J.-L. Le Moigne, seconde «bible» de la systémique : *Théorie du système général. Théorie de la modélisation*, Paris, PUF, 1977.

5. Franck Varenne (*Les notions de métaphore et d'analogie dans les épistémologies des modèles et des simulations*, Paris, Pétra, 2006) propose d'en retenir quatre périodes : syntaxique, comme théorie logique du modèle ; sémantique, comme théorie mathématique ; pragmatiste, comme théorie «linguiciste» liée aux pratiques effectives de laboratoire ; et enfin, computationnelle, liée aux modèles récents de simulation informatique.

> dans le moule des instruments, produit sur le plan des instruments. Or les instruments ne sont que des théories matérialisées. Il en sort des phénomènes qui portent de toutes parts la marque théorique.»[6]

Cette qualification de l'instrumental scientifique est particulièrement féconde concernant le modèle, du fait que précisément le terme lui-même est emprunté à l'italien *modello*, «figure à reproduire», issu du latin *modulus* signifiant «moule»[7]. D'une certaine façon donc, la fortune du modèle n'est rien d'autre que la généralisation de l'instrumentation scientifique, manifestant l'assomption scientifique de l'impératif de recréation rationnelle du réel invoqué par Bachelard. Mais une telle généralisation implique par conséquent une mainmise désormais totale de l'instrumental sur le théorique.

Outil parmi d'autres de «représentation» d'objet, c'est-à-dire de son «moulage», pour la théorisation scientifique, le modèle admet une diversité d'acceptions épistémologiques selon, essentiellement, l'importance plus ou moins grande qu'il convient de lui conférer dans cette supposée «boîte à outil» qui serait celle du chercheur. Dans tous les cas, le modèle est alors conçu comme une abstraction opératoire simplifiant le système «réel», ou concret, étudié en vue d'une compréhension partielle de ce système. Comme outil d'acquisition de connaissance sur un phénomène, le modèle apparaît ainsi nécessairement simplifiant, tâchant de donner du phénomène en question une réduction analogique à la fois la moins inadéquate et la plus simple possible. Analogie qui à la fois idéalise et simplifie le système, donc, dans la perspective essentiellement pragmatique de la résolution de problème. Le modèle a donc valeur essentiellement instrumentale, comme médiation au sein du travail d'élaboration d'une théorie[8].

Mais une telle conception, de simple bon sens pourrait-on dire, omet

6. G. Bachelard, *Le nouvel esprit scientifique*, 4e éd., Paris, PUF, coll. «Quadrige», 1991, p. 16.

7. A. Rey, *op.cit.*, p. 1353.

8. *Cf.* par exemple J.-M. Legay, *L'expérience et le modèle. Un discours sur la méthode*, Paris, INRA Éditions, 1996, p. 23, ou P. Coquillard et D. R.C. Hill,

totalement le point essentiel : *l'unité radicale du modèle et du système.* Tout travail de modélisation porte avec lui cette unité d'objectivation calculante rendant inséparables modèle et système. On parle ainsi couramment de « système réel », sans prendre garde que cette simple appellation, bien loin d'aller de soi, implique au contraire déjà la pleine mise en œuvre de l'entreprise de modélisation de la sphère de l'étant comme « système ». Tout se passe alors comme si l'on voulait, de manière prétendument neutre et indépendante, décrire un plat dans lequel pourtant on a déjà mis les pieds depuis longtemps. Ce n'est alors pas tant les « pieds dans le plat » eux-mêmes qui posent problème, marquant au contraire la situation fondamentale et indépassable du « cercle herméneutique » d'où, Heidegger l'avait démontré dans les premiers paragraphes d'*Être et Temps*, tout questionnement sérieux doit même partir, en tant que se sachant « embarqué » pour reprendre le terme de Pascal. La réserve concernerait bien plutôt la prétention d'indépendance et la revendication de neutralité, qui ne peuvent faire figure que de déni de l'embarquement. Or c'est bien au contraire parce que la science se détermine intégralement par la méthode de modélisation planifiant toute calculabilité qu'elle peut reconnaître ensuite, dans son effort épistémologique, le modèle comme abstraction simplificatrice médiatisant l'appréhension scientifique du réel.

D'une manière plus générale, cette conception, faussement détachée, du modèle comme « simple » outil pour la recherche, se fonde d'emblée sur une neutralisation du concept d'outil, omettant précisément que l'outil porte avec lui la configuration même du domaine de l'étant dans lequel il apparaît, et sur lequel il est censé agir. C'est ce que Heidegger s'était attaché à découvrir dans l'analytique existentiale formant la première partie d'*Être et Temps* : à savoir que ce qui fonde le caractère d'outil est le *renvoi.* Renvoi au complexe de tournure et de significativité qui structure la mondanéité ambiante se donnant avec cet outil, c'est-à-dire, proprement, son *utilité*, qu'il analyse à la fois comme « pour-quoi » de la tournure et « en-vue-de-quoi » de la significativité[9]. Par conséquent, le constat s'impose :

Modélisation et simulation d'écosystèmes. Des modèles déterministes aux simulations à événements *discrets*, Paris, Masson, 1997, p. 6-9.

9. *Cf.* M. Heidegger, *Être et Temps*, *op.cit.*, § 16 à 18, [73] à [88], p. 74-84.

> « *Un* outil, en toute rigueur cela n'existe pas. À l'être de l'outil appartient toujours un complexe d'outils au sein duquel il peut être cet outil qu'il est. »[10]

Autrement dit, l'outil ouvre et impose toujours avec lui la structuration du monde que porte son utilité, et par là fait signe vers «*la structure ontologique de l'être-à-portée-de-la-main, de la totalité de renvois et de la mondanéité*»[11]. Aussi, parler du modèle scientifique comme «simple outil» pour la recherche n'a proprement aucun sens : le modèle, au contraire, en tant qu'il est bien l'outil de la recherche, structure de part en part la constitution de celle-ci, et ce, avons-nous dit, parce qu'il est à chaque fois un renvoi vers la totalité du *modélisable.*

La théorie comme *modèle*

Cette conception neutralisante du modèle se retrouve de manière éclatante dans la définition qu'en propose Minski, exhibant à la fois sa nécessaire simplicité et sa visée fondamentalement pragmatique, et qui du coup a le mérite d'en généraliser l'utilité :

> «To an observer B, an object A* is a model of an object A to the extent that B can use A* to answer questions that interest him about A. »[12]

Cette définition instaure bien pleinement le modèle comme mode savant d'appréhension du réel. Répondre à une question sur un phénomène, c'est d'abord en construire un modèle, par le biais duquel seul on acquiert un savoir de ce phénomène. Ainsi, le modèle

10. *Ibid.*, § 15, [68], p. 71.

11. *Ibid.*, § 17, [82], p. 80.

12. «Pour un observateur B, un objet A* est un modèle d'un objet A dans la mesure où B peut utiliser A* pour répondre à des questions qui l'intéressent concernant A», M.L. Minski, «Matter, mind, and models», *International Federation of Information Processing Congress*, Vol. 1, 1965, p. 45-49.

constitue la production de toute activité scientifique, en tant qu'il consiste en une connaissance cristallisée, objectivée. Le modèle est alors l'outil incontournable par lequel la pensée scientifique réifie le réel. Doivent donc être considérés comme modèles aussi bien une équation, l'établissement qualitatif d'une relation causale, une classification, un schéma, un ensemble de données qui, pour avoir été mesurées ou relevées, présupposent déjà l'existence d'un modèle, ou encore, plus récemment, un simulateur : tous sont le résultat d'une reconstruction simplifiante du réel aboutissant à une représentation communicable, parce qu'objective[13], venant donner sens à cette expérience. C'est pourquoi Von Neumann peut trancher :

> « Les sciences n'essaient pas d'expliquer ; c'est tout juste si elles tentent d'interpréter ; elles font essentiellement des modèles. Par modèle, on entend une construction mathématique qui, à l'aide de certaines interprétations verbales, décrit les phénomènes observés. La justification d'une telle construction mathématique réside uniquement et précisément dans le fait qu'elle est censée fonctionner. »[14]

On notera ici la restriction du concept de modèle à une construction mathématique. Toutefois, comme le précédent chapitre l'a montré, on est en droit, avec Heidegger, de faire de *la* mathématique une construction déterminée, sans doute la plus explicite, *du* mathématique. Le fonctionnement d'un modèle renvoie au sens qu'il est capable de donner au phénomène observé. Mais à son tour, ce « sens » n'est rien qui aille de soi. L'origine du sens du modèle, que la science ne peut par essence penser — en quoi précisément, Heidegger a pu dire qu'elle « ne pense pas », sans qu'il faille voir dans cette affirmation, comme ont pu ou peuvent encore le faire

13. *Cf.* la définition de l'*énoncé*, dont le modèle scientifique est l'aboutissement, que formule Heidegger : « une mise en évidence communicativement déterminante » (M. Heidegger, *Être et Temps, op.cit.*, § 33, [156], p. 126).

14. J. Von Neumann, « Method in the physical sciences », *Collected works, vol.* 6, Pergamon books Ltd., 1963, cité dans J. Gleick, *La théorie du chaos*, Paris, Flammarion, 1989, p. 343.

certaines douteuses, et pour tout dire assez niaises indignations, une quelconque « attaque obscurantiste » — réside dans l'imposition de la méthode calculante déterminant les limites et le cadre objectifs du sens scientifique. Aussi, qu'un modèle « fonctionne » signifie qu'il assure l'intelligibilité instrumentale de ce qu'il modélise, en tant qu'il se conforme à la connexion logique inscrite par avance dans le système qu'il étudie. Par là, il s'assure du *réel comme système en tant que modélisable*. C'est donc bien parce que la considération scientifique est en son essence modélisation qu'elle constitue, selon le mot de Heidegger, une « élaboration du réel qui le suit à la trace et s'en assure »[15]. La modélisation est cette élaboration par quoi elle s'assure du réel comme système.

Une remarque ici n'est peut-être pas inutile. Ce qui vient d'être dit concerne également les deux pans de la distinction judicieuse, mais finalement pas essentielle, et peut-être surtout illusoirement alternative, que proposait Badiou dans un ouvrage de 1970, *Le concept de modèle*, qui du reste s'illustre par ses grandes qualités pédagogiques. Il y oppose deux usages du concept de modèle dont il entend destituer le premier au profit exclusif du second. Tout d'abord, l'usage descriptif de l'activité scientifique — c'est le sens dominant, et désormais incontournable, dont nous avons traité comme référence — sépare deux groupes de modèles, abstraits d'une part, et montages matériels d'autre part :

> « Le premier groupe comporte ce qu'on pourrait appeler des objets scripturaux, c'est-à-dire les modèles proprement théoriques, ou mathématiques. Il s'agit en fait d'un *faisceau d'hypothèses*, supposé complet relativement au domaine étudié, et dont la cohérence, puis le développement déductif, sont généralement garantis par un codage généralement mathématique. [...]
>
> Dans le second groupe, on trouve des montages matériels dont la destination est triple :

15. M. Heidegger, « Science et méditation », *op.cit.*, p. 62.

> 1) Présenter dans l'espace, de façon synthétique, des processus non-spatiaux : graphes, diagrammes etc. […]
>
> 2) Toujours dans le deuxième groupe, d'autres modèles tendent à réaliser des structures formelles, c'est-à-dire à transférer la matérialité scripturale dans une autre "région" d'inscription expérimentale. […]
>
> 3) Enfin, une dernière classe de modèles vise à imiter des comportements : c'est le vaste domaine des automates. »[16]

Cette classification reflète fidèlement la diversité d'entente du modèle à laquelle nous faisions référence. Notons toutefois que la dernière classe citée du second groupe a pris, depuis une trentaine d'année, une place faramineuse du fait de l'usage croissant des simulations lié à l'inflation de l'instrumentation informatique. Tout particulièrement, la théorie mathématique des automates a constitué le terreau du développement de l'intelligence artificielle dans les pratiques de modélisation, sous la forme notamment des automates cellulaires et des systèmes multi-agents, ce qui n'était pas encore le cas lorsque Badiou écrivait ces lignes. À cette légère nuance près, cette classification est donc parfaitement exacte, pour peu qu'on y précise la prépondérance, désormais, des modèles strictement mathématiques (premier groupe) d'une part, et des simulations (dernière classe du second groupe) d'autre part. Les notions de modèle et de simulation sont aujourd'hui en effet étroitement liées, du fait de l'effort d'intégration grandissant des *dynamiques* dans l'étude scientifique des systèmes. La simulation peut se définir comme la mise en œuvre d'un modèle dynamique au sein d'un simulateur, sous la forme d'un processus informatique évoluant à l'aide des ressources d'un ordinateur. Elle consiste donc à plonger un modèle dynamique dans une évolution temporelle, éventuellement spatio-temporelle, artificielle afin notamment d'évaluer sa pertinence et d'en tirer d'éventuelles prédictions. L'apport essentiel réside, entre autres, dans l'expérimentation d'un modèle purement théorique, lorsque

16. A. Badiou, *Le concept de modèle*, Paris, Maspero, 1970, p. 15 ; 17.

l'exploration du processus modélisé par des expériences « de terrain » s'avère impossible ou délicate. La simulation confère donc la possibilité d'une forme d'expérimentation complétant l'élaboration purement théorique du modèle, lorsqu'une pratique expérimentale classique fait défaut, ce qui, dans le cadre de l'étude récente des systèmes complexes, apparaît être le nécessaire complément à la modélisation proprement dite[17].

À ce premier usage, Badiou entend substituer l'usage logico-mathématique, élaboré notamment par Gödel et Tarski dans le cadre de la théorie des ensembles. Le contexte est alors celui de la logique formelle, où le modèle fait la jonction entre un système formel et une structure sémantique d'interprétation de ce système. Le système formel, ou « théorie », qualifié par la série de ses axiomes logiques (valides pour toute structure) et mathématiques (caractérisant la théorie formelle considérée), doit pouvoir être interprété dans une structure de nature ensembliste, par le biais d'une fonction d'interprétation permettant d'évaluer la validité des axiomes du système :

> « L'idée qui va maintenant commander la construction du concept de modèle est la suivante : utilisant les ressources ensemblistes de la structure, et la fonction f, on donnera un sens à la *validité* pour la structure, ou à la non-validité, d'une expression bien formée du système formel. »[18]

17. Pour plus de précision concernant l'épistémologie de la simulation, on se reportera, par exemple, à : S. Chauvier, « Simuler et faire simuler », *Revue Philosophique*, n°3/2008, p. 279-286 ; J. Rothenberg, « The nature of modeling », *Artificial intelligence, simulation and modeling*, L.E. Widman, K.A. Loparo, N.R. Nielsen (eds), Wiley Intersciences, 1989, p.75-92 ; P. Coquillard et D. R.C. Hill, *Modélisation et simulation d'écosystèmes. Des modèles déterministes aux simulations à événements discrets*, *op.cit.* ; F. Varenne, *Les notions de métaphore et d'analogie dans les épistémologies des modèles et des simulations*, *op.cit.* Dans le cadre d'un doctorat scientifique, j'ai pu moi-même proposer une synthèse des questions méthodologiques posées par les simulations, dans le cadre spécifique des récents modèles multi-agents (cf. L. Millischer, *Modélisation individu centrée des comportements de recherche des navires de pêche. Approche générique spatialement explicite par systèmes multi-agents. Intérêts pour l'analyse des stratégies et des puissances de pêche*, Thèse de doctorat de l'ENSAR, Rennes, 2000, p. 9-34, 65-87 et 227-234).

18. A. Badiou, *op.cit.*, p. 39.

À partir de quoi peut être posée la définition logico-mathématique du concept de modèle, qui reprend celle de Tarski :

> « Une structure est modèle d'une théorie formelle si tous les axiomes de cette théorie sont valides pour cette structure. »[19]

À cette définition stricte, il faut distinguer l'usage qui en a été fait par le positivisme logique :

> « On vise essentiellement à cerner la structure déductive stricte, l'aspect mécanisable, d'un domaine scientifique existant, c'est-à-dire d'une pratique théorique dont les effets sont inscrits dans l'histoire. Pour vérifier qu'un système formel exprime bien cette structure, on met en correspondance les énoncés du système formel avec ceux où s'organise le domaine d'objets scientifiques considéré. »[20]

Cette correspondance est précisément opérée par le modèle. Comme pour le premier usage, le concept de modèle permet donc « de penser le rapport entre un système formel et son dehors "naturel" »[21], restaurant, en apparence au moins, « la différence de l'empirique et du formel, du constatable et du langage artificiel où ce constatable vient s'indiquer. »[22] C'est du reste pourquoi ce second usage est lié au premier, tant historiquement qu'essentiellement, par l'intermédiaire du positivisme logique qui y a fondé sa propre théorie mathématique de la science. Mais Badiou entend montrer que ce n'est là qu'une relation superficielle, qui cache une disjonction plus fondamentale occultée en partie par ledit positivisme logique, ce dernier restant asservi « à la notion (idéologique) de la science

19. *Ibid.*, p. 44. Tarski donne la définition suivante : « Un modèle d'une théorie formelle est une réalisation possible de cette théorie pour laquelle toutes les propositions valides de la théorie sont satisfaites. » (cité dans F. Varenne, *op.cit.*, p. 26).

20. *Ibid.*, p. 24.

21. *Ibid.*, p. 23.

22. *Ibid.*, p. 27.

comme représentation du réel.»[23] C'est d'abord que le rapport entre empirie et formalisme se voit inversé, le modèle étant une interprétation non pas de supposées «données», mais du système formel lui-même, de la «théorie». Et d'autre part, si le premier usage du modèle «n'est pas *contraint* par un processus démonstratif, mais seulement *confronté* au réel»[24], l'usage logico-mathématique entend au contraire réinvestir cette dimension, délaissée par la modélisation pragmatique telle que revendiquée par Minski ou Von Neumann, de la preuve *démonstrative*:

> «D'un autre côté, l'usage principal des modèles s'attache à la production de preuves de *cohérence relative* et *d'indépendance.*»[25]

Ces remarques de Badiou, certes brillantes et aux qualités didactiques indéniables, ont le mérite de rappeler l'origine logico-mathématique du concept de modèle. Cependant, elles appellent tout de même quelques remarques. Tout d'abord, et principalement, ce second usage du concept n'invalide en rien le lien intrinsèque entre modèle et système. Il le renforce. Il est ce lien même. Le modèle logico-mathématique est très exactement cela: un «s'assurer» du système. Certes, il ne s'agit pas, dans la version «orthodoxe» non positiviste, du «réel comme système». Seulement c'est parce que le réel est d'emblée biffé dans la stricte élaboration du système formel. À partir de quoi ce système n'a plus qu'à être *contrôlé*. C'est ce qui constitue la preuve démonstrative du modèle:

> «Le contrôle (technique) du système formel permet d'inscrire une *preuve de déductibilité* relativement aux démonstrations informelles qui constituent ses divers modèles.»[26]

23. *Ibid.,* p. 60.

24. *Ibid.,* p. 20.

25. *Ibid.*, p. 62.

26. *Ibid.*, p. 54.

D'une certaine manière, cet usage constitue comme la formalisation la plus pure du projet d'objectivation calculante. Il exhibe à nu ce que tout modèle réalise comme malgré lui. Le *modèle radical*, en somme.

Ceci rejoint notre seconde remarque, plus accessoire. Le fait que Badiou inscrive cette substitution d'usage du concept de modèle dans le cadre « révolutionnaire » de l'élaboration matérialiste-dialectique d'une « science prolétarienne », en opposition frontale avec ce qu'il qualifie d'usage réactionnaire du modèle asservi à la science bourgeoise, n'est pas un détail. Ce fait détermine notamment qu'il convient d'évacuer purement et simplement le réel comme *donné*, au profit univoque d'un système de pure production de connaissances, dans lequel ce réel se voit intégralement élaboré. Autrement dit, la contrainte « classique » du modèle ne va pas assez vite. Le rôle de l'épistémologie serait alors d'en accélérer le processus, par l'intervention directe dans le champ de l'élaboration même des méthodes, en vue de « l'appropriation-de-classe de la pratique scientifique »[27]. Il est clair qu'on ne peut plus vraiment parler ici d'« accompagnement » que sous forme d'euphémisme.

De là découle notre dernière remarque, concernant cet interventionnisme à vrai dire très étrange, qui caractérise beaucoup d'élaborations épistémologiques. Ici sans doute plus que nulle part ailleurs. Du moins plus radicalement, et donc aussi, c'est le mérite de la radicalité, plus clairement. Car c'est en effet une étrange idée que de croire que la science ait un quelconque besoin des épistémologues, voire que ces derniers pourraient lui dicter sa ligne. Que ce soit pour ce qui n'est rien d'autre qu'un recadrage, tel que proposé par Badiou, ou pour les élaborations logico-formelles d'un Carnap, imaginant statuer *a priori* de la scientificité comme telle, ou encore pour la justification de la nature de ses méthodes, comme le propose Popper, dans un après-coup certes intéressant mais qui par définition ne « justifie » que ce qui se justifie déjà par sa propre pratique[28], il y a quelque chose de fondamentalement étonnant dans

27. *Ibid.*, p. 62.

28. Ceci explique le succès de Popper auprès de la communauté scientifique : il est l'un des rares épistémologues en qui elle se « reconnaît ». Mais qu'elle s'y

cette foi interventionniste qui feint de ne pas voir que la recherche scientifique bat son plein et trace désormais sa route par elle-même. C'est précisément ce que tâche, entre autres, d'appuyer Heidegger évoquant la «fin de la philosophie». Les sciences n'ont plus besoin d'être fondées, si ce n'est par elles-mêmes, en quoi l'épistémologie devrait désormais être considérée comme une discipline scientifique à part entière, et plus précisément comme la région de la science où celle-ci organise sa propre pratique. Les sciences sont très exactement *autonomes*. On peut comprendre que le rôle d'«accompagnateur» ne satisfasse pas l'épistémologue. Mais cela ne justifie pas qu'il se raconte des histoires. C'est finalement peut-être Bachelard qui a donné sa meilleure figure à cet interventionnisme épistémologique, sous la forme presque d'une didactique ou d'une éducation à «l'esprit scientifique». L'intervention tâche de se faire alors non pas tant sur l'activité scientifique elle-même que sur le monde qu'elle entend désormais régir. La «formation» proposée par Bachelard ne fait alors que prendre acte de ce qui pour le coup est une révolution véritable.

Si l'on veut garder cette distance philosophique à la science, il faudrait donc peut-être revendiquer, à l'inverse de cet interventionnisme épistémologique, un réalisme le plus «naïf» qui soit. Que la science soit désormais intégralement structurée par le modèle, à tous les sens du terme, indique non pas une déviance, ou une «dérive», dont le rôle de l'épistémologie serait de corriger l'incidence, mais un trait de la science elle-même, en l'occurrence le travail du système dont elle est le lieu non pas unique mais privilégié, car fondateur. Autrement dit, si la science contemporaine est non pas «bourgeoise» mais technique,[29] c'est précisément parce qu'elle est essentiellement

retrouve n'indique pas qu'elle s'y fonde. Ce qui n'empêche évidemment pas tel ou tel chercheur d'y trouver quelque inspiration. Mais cette inspiration sera toujours un mode d'interprétation de la pratique, et non sa fondation.

29. Soit dit en passant, cette détermination inadéquate de la science imposerait également une réévaluation de ce qualificatif, «bourgeois», à la fortune quelque peu suspecte. Léon Bloy — encore lui — en proposait cette définition extraordinaire, s'accordant plus avec les gouffres ouverts par les temps modernes de la science technique : «Le vrai Bourgeois, c'est-à-dire dans un sens moderne et aussi général que possible, l'homme qui ne fait aucun usage de la faculté

modélisatrice—et elle n'a pas à être autre chose, en tout cas pas sous l'impulsion du génie épistémologique. Par là, elle exhibe un trait majeur de l'époque elle-même, où se fait jour cette inquiétante configuration de l'être-au-monde sous la forme inédite d'un «être-au-système». Ce qui s'impose alors n'est pas cette prétention un peu dérisoire, mais surtout détournée et donc au moins partiellement aveugle, à l'interventionnisme épistémologique, mais bien la question du sens de cette domination du modèle. Nous en avons dit un premier mot : il s'assure du réel comme système en tant que modélisable. Précisons cela, par un nouveau détour épistémologique.

Mathématique et réel : le modèle systémique

Tout travail de modélisation comprend une étape centrale qui est celle de la validation du modèle, consistant en un processus de confrontation et d'ajustement à des mesures effectuées, au sein d'une expérimentation, sur le système modélisé. Cette expérimentation n'a pas nécessairement besoin du caractère numérique de la mesure quantitative propre aux sciences naturelles pour être ce qu'elle est, à savoir la validation d'un modèle. Ainsi, comme le remarque Heidegger, «à l'expérience de la recherche scientifique correspond, dans les sciences historiques et philologiques, la critique des sources»[30].

de penser et qui vit ou paraît vivre sans avoir été sollicité, un seul jour, par le besoin de comprendre quoique ce soit, l'authentique et indiscutable Bourgeois est nécessairement borné dans son langage à un très petit nombre de formules.» (L. Bloy, *Exégèse des Lieux Communs*, *op.cit.*, p. 9-10). Que la naissance et le déploiement de ce «type» humain soient concomitants de l'autonomisation des sciences ne suffit à caractériser la science elle-même que trop superficiellement. Il faudrait d'ailleurs plutôt dire à l'inverse que le «Bourgeois» est nécessairement, sous une forme ou une autre, «scientiste», au sens où la possibilité d'un tel type serait suspendue à cette émancipation de la science. Mais à vrai dire, le principe commandant les deux n'est en aucun des deux. Ce principe est précisément ce après quoi nous courons ici, à savoir le «Système comme tel». Autrement dit, l'expression «science bourgeoise» ne dit rien, si ce n'est au mieux l'indication d'une concomitance.

30. M. Heidegger, «L'époque des "conceptions des mondes"», *op.cit.,* p. 108.

La validation vise à établir la cohérence du modèle avec la prescription de la méthode faisant du réel un système modélisable. Aussi, toute science, aussi «molle» soit-elle, recèle en elle l'intégralité de ce procédé regroupant production et validation d'un modèle, qui fait le cœur de son activité par quoi elle assure et établit l'objectité du réel comme système: «dans les sciences historiques aussi bien que dans les sciences naturelles, le procédé vise à représenter ce qui est constant *(beständig)* et faire ainsi de l'histoire un objet *(Gegenstand)*»[31], c'est-à-dire de faire de l'histoire un système d'entités (les «faits» historiques) en interaction mutuelle, et de conférer à ce système le sens de la connexion. Cette étape de validation répond au mouvement hypothético-déductif de la démarche scientifique conçue comme «la méthode des conjectures audacieuses et des tentatives ingénieuses et rigoureuses pour les réfuter»[32], un modèle étant considéré comme valide tant qu'il n'a pu être réfuté. C'est là le fameux critère de réfutabilité, ou «falsifiabilité» introduit par Popper, fondant son épistémologie évolutionniste, qui instaure la pratique scientifique comme «méthode critique»[33] de production d'hypothèses multiples—le modèle—qu'il s'agit de chercher à réfuter par l'expérimentation—la procédure de validation, en tant que «corroboration»—pour passer à de nouvelles conjectures plus affinées, c'est-à-dire à un modèle dont le domaine de validité—la «vérisimilitude»[34]—sera plus large et, temporairement, plus solide. Ce qui est ainsi validé d'un modèle reste donc un ensemble d'hypothèses formalisées:

> «Les acquis de la science demeurent des hypothèses, qui pour avoir été scrupuleusement testées, n'en sont pas pour autant définitivement établies: on ne saurait démontrer qu'elles sont vraies. Assurément elles peuvent l'être. Mais même à supposer

31. *Ibid.*

32. K. Popper, *La connaissance objective*, trad. fr. J.J. Rosat, Paris, Aubier, 1991, p. 146.

33. *Ibid.* p. 59.

34. *Ibid.*, p. 133.

> qu'elles ne le soient pas, elles demeurent de splendides conjectures, ouvrant la voie à de meilleures explications. »[35]

On voit ici s'éclairer la « fonctionnalité » du modèle, soulignée par Von Neumann, en termes de relative validité, et non d'absolue véracité. Or c'est bien parce que le travail véritable de la recherche, sous-jacent à sa méthodologie, consiste à établir le réel comme système — l'objectité de l'étant — en même temps qu'il s'y meut, que ce processus de production et validation de modèles œuvre hors de la sphère de la vérité au profit de la gradation de la validité. Heidegger fait sur ce point une remarque tout à fait essentielle : « cette limitation [du domaine de validité] est en même temps la confirmation du caractère déterminant de l'objectité pour la théorie de la nature »[36]. Que le domaine d'extension valide d'un modèle soit restreint, d'un point de vue épistémologique, ne fait que renforcer le transfert conceptuel de la vérité à la validité, qui a pour support métaphysique l'objectité elle-même. *Ce qui est vrai*, de manière absolue cette fois, et unique, pour le questionnement scientifique, *c'est le système* ; le modèle qui lui correspond ne peut être quant à lui que valide[37]. Ainsi, Levins déclare :

> « The validation of a model is not that it is "true" but that it generates good testable hypotheses relevant to important problems. »[38]

35. K. Popper, *Un univers de propensions. Deux études sur la causalité et l'évolution*, trad. fr. A. Boyer, Paris, Éditions de l'Éclat, 1990, p. 26.

36. M. Heidegger, « Science et méditation », *op.cit.*, p. 64.

37. *Cf.* M. Heidegger, *Être et Temps, op.cit.*, § 33, [156], p. 126, où la validité est caractérisée selon ses trois déterminations essentielles que sont l'être idéal, l'objectivité et l'universalité : « Ces trois significations du "valoir" — manière d'être de l'idéal, objectivité, force obligatoire — ne sont pas seulement opaques en elles-mêmes, mais encore elles ne cessent d'aggraver mutuellement leur confusion ».

38. R. Levins, « The strategy of model building in population biology », Amer. Sci. (54), 1966, p. 421-431 : « La validation d'un modèle ne l'établit pas comme "vrai", mais comme source d'hypothèses testables et pertinentes au regard de questions importantes. »

Un modèle sera valide s'il consolide, d'une manière ou d'une autre, l'élaboration du système « réel ». On le voit, c'est bien la visée de modélisation, comme essence propre de la méthode, qui oriente et habite de part en part la procédure de validation. Celle-ci consiste finalement à mesurer la cohérence du modèle avec la constitution formelle du système telle qu'elle est posée dans le réel, et censée se refléter dans la mesure des données. C'est pourquoi une telle procédure est tout aussi foncièrement inductive. La conception de Popper omet que le procédé de réfutation d'une théorie passe nécessairement par une induction première, par laquelle s'élabore le modèle lui-même, et une forme d'induction dernière, laquelle consiste à conclure, à partir d'une expérience particulière, la réfutation ou la conservation temporaire d'un modèle[39]. La démarche scientifique est ainsi hypothético-déductive dans la phase consistant à proposer un modèle et à établir une procédure de réfutation. Elle devient inductive lorsqu'il s'agit, en amont, du mode d'élaboration du modèle lui-même, et en aval, de l'interprétation de cette procédure en termes de validité du modèle, c'est-à-dire de confrontation au réel comme système. Et c'est bien cette double phase inductive qui apparaît comme le trait fondamental du calcul scientifique, où celui-ci établit et s'assure de son propre sol métaphysique qu'est l'objectité systémique. C'est du reste ce que décèle, bien qu'incomplètement, Bachelard, lorsqu'il dit de la science qu'elle est « métaphysiquement inductive »[40]. Il entend signifier par là que l'activité scientifique, c'est-à-dire l'ensemble des processus de production et de validation de modèles, constitue proprement une « réalisation du rationnel ou plus généralement la réalisation du mathématique »[41], la modélisation tenant lieu de cette réalisation. Mais le sol métaphysique du « rationnel » en question ici est bien le système lui-même, c'est-à-dire le plan de l'objectité systémique, support pour tout modèle. En ce sens, la science est bien la réalisation de la « raison systémique ».

C'est ainsi dans sa nécessaire prétention « ontologique », au sens

39. Ce que Goodman nomme le problème de la « confirmation » (N. Goodman, « La nouvelle énigme de l'induction », *De Vienne à Cambridge, op.cit.*, p. 193-218).

40. G. Bachelard, *Le nouvel esprit scientifique*, Paris, PUF, 1934, p. 10.

41. *Ibid.*, p. 8.

où la production d'un modèle institue par avance le réel comme ontologiquement constitué en système, que réside finalement l'induction fondamentale de la science. Mais, précisément parce que sa pensée reste entièrement déterminée par cette institution, Bachelard, pas plus que Popper, ne peut concevoir le système à partir de l'objectité métaphysiquement établie, et reste donc en quelque sorte prisonnier de son « surrationnalisme » constructiviste de l'esprit scientifique, que résume la formule fameuse : « Rien ne va de soi. Rien n'est donné. Tout est construit. »[42]. Une telle position reste fondamentalement déterminée par la domination du calcul scientifique posant simultanément le modèle et le système, et donc reste incapable de penser ce calcul comme tel, et par là le fond métaphysique du système qu'est l'étantité de l'étant. Ainsi, en appelant à « tourner l'esprit du réel vers l'artificiel, du naturel vers l'humain, de la représentation vers l'abstraction »[43], Bachelard décrit et accompagne bien l'accomplissement moderne de l'essence de la science comme pure systémique, mais il ne peut penser l'essence d'un tel accomplissement, par lequel, dit Heidegger :

> « La science met le réel au pied du mur. Elle l'arrête et l'interpelle, pour qu'il se présente chaque fois comme l'ensemble de ce qui opère et de ce qui est opéré. »[44]

Comme calcul fondamental, le modèle provoque par avance la sphère de l'étant en l'instituant comme système. C'est pourquoi la science est essentiellement *modélisation*, c'est-à-dire *théorie des systèmes*.

42. G. Bachelard, *La formation de l'esprit scientifique*, Paris, Vrin, 1938, p. 14.

43. *Ibid.*, p. 10.

44. M. Heidegger, « Science et méditation », *op.cit.*, p. 62.

La science à l'époque technique : la théorie *du* système

Que l'avènement contemporain de l'activité scientifique, sous la forme du déploiement autonome des multiples sciences particulières, coïncide avec l'effort grandissant d'élaboration d'une science unifiante orientée sur la notion de système, dont l'impulsion principale fut donnée par Bertalanffy dans sa *Théorie générale des systèmes*[45], est donc aussi peu le fruit du hasard que la relation qu'entretient cette même science avec l'ἐπιστήμη grecque. La perspective heideggérienne oriente vers ceci que dans les deux cas, il s'agit du déploiement progressif de l'essence de la science, qui restait cachée à l'expérience grecque aussi bien que médiévale. Cette essence, que Heidegger décrit comme le mathématique, c'est-à-dire l'opération du calcul méthodique, se présente désormais comme modélisation imposant la forme terminale de l'objectité comme « système de l'étant ».

Or cette concomitance du déploiement multiple et de l'avènement de l'essence de la science est repérée par Heidegger sous une forme pouvant paraître *a priori* surprenante, à savoir dans l'émergence et l'imposition méthodique généralisée de la cybernétique :

> « La victoire de la méthode se développe aujourd'hui dans ses possibilités les plus extrêmes comme cybernétique. »[46]

Le texte déjà cité de 1966, *L'affaire de la pensée*, est encore plus

45. Cette impulsion première a donné lieu à de nombreux développements, parmi lesquels on peut citer l'ouvrage au moins aussi référé, mais plus théorique, de Jean-Louis Le Moigne *La théorie du système général. Théorie de la modélisation*, *op.cit.*, qui a le mérite de souligner les singularisations nécessairement concomitantes du système et du modèle, que nous venons d'expliciter. Il n'en reste pas moins que les traits fondamentaux de l'instauration de la systémique furent donnés par Bertalanffy, et les développements en question peuvent à bon droit être considérés comme les avatars de la progressive domination de la « raison systémique » sur la constitution même de la science contemporaine. Aussi nous en tiendrons-nous ici au texte de sa *Théorie générale des systèmes*.

46. M. Heidegger, « La provenance de l'art et la destination de la pensée », *op.cit.*, p. 372.

explicite, rapportant la cybernétique à l'unification inédite du multiple des sciences particulières :

> « La fin de la philosophie est caractérisée par la décomposition de ses disciplines en des sciences indépendantes dont l'unification, d'un genre nouveau, se fraye un chemin dans la cybernétique. »[47]

En somme, la cybernétique serait rien moins que l'accomplissement même de l'unité de la science, une fois celle-ci intégralement autonomisée et déployée en toute sa multiplicité potentielle. Que faut-il entendre précisément dans ce terme de cybernétique, et dans l'emploi peu commun que semble en faire ici Heidegger ? Par delà ses diverses applications technologiques, Bertalanffy en propose une définition théorique synthétique :

> « *La cybernétique* est la théorie des systèmes contrôlés fondée sur la communication (transfert d'information), système-environnement et interne au système, et sur le contrôle (rétroaction) de la fonction du système en ce qui concerne l'environnement. »[48]

La cybernétique s'inscrit donc pleinement dans le cadre de la modélisation des systèmes. Mais, et Bertalanffy insiste particulièrement sur ce point, elle n'en est qu'une méthodologie parmi d'autres, dans lesquelles il faut compter la théorie « classique », analytique, la théorie des ensembles, axiomatisant les propriétés formelles générales des systèmes, la théorie des graphes, qui en modélise les propriétés structurelles ou topologiques, la théorie de l'information, utilisant sa formalisation de l'information comme mesure de l'organisation, la théorie des jeux, ou encore la simulation des systèmes complexes[49]. Diverses approches auxquelles il faudrait ajouter les développements

47. M. Heidegger, *L'affaire de la pensée*, *op.cit.*, p. 17.

48. L. von Bertalanffy, *op.cit.*, p. 20.

49. *Cf. ibid.,* p. 18-21 et 93-98.

plus récents de la théorie des systèmes chaotiques, qui analyse génériquement l'irréversibilité des dynamiques structurellement instables, c'est-à-dire, selon la formule consacrée, « infiniment sensibles aux conditions initiales »[50]. Cette théorie tâche de produire un formalisme capable de rendre compte des processus d'auto-organisation des « structures stationnaires de non-équilibre »[51] qui apparaissent au sein de ces dynamiques instables. Comment expliquer alors le rôle privilégié donné par Heidegger à cette « branche » de la cybernétique ? Ce qui la singularise, et en fait à ses yeux beaucoup plus qu'une simple méthodologie, est qu'elle constitue, fondamentalement, ce qui donne son impulsion à l'émergence de tous ces développements, en tant qu'avec elle s'accomplit l'imposition absolue de la méthode de la science sur toute considération de l'étant. Mais, et c'est là le point crucial pour Heidegger, l'accomplissement du calcul méthodique s'y concrétise sous la forme double qui caractérise désormais toute entreprise de modélisation scientifique : à la fois comme théorie des systèmes et comme théorie du *contrôle*, c'est-à-dire théorie de la *commande*, du κυβερνήτης (*kubernètès*). C'est là le sens de la rétroaction circulaire introduite comme caractère fondamental de tout système : « sur elle repose la possibilité de l'autorégulation, l'automatisation d'un système moteur »[52]. La cybernétique est la réalisation même de cette duplicité de la méthode devenue modélisation : d'une part, établissement de l'hypothèse fondamentale de l'universalité *absolue* du système, et d'autre part, mise en œuvre du modèle comme *contrôle* du système.

Dans le projet cybernétique, l'équivalence de tout système, vivant ou artificiel, comme système moteur est assurée par l'universalité numérique de la mesure de l'information structurant ce système. Cette mesure générique a été formulée, dans la théorie de l'information de Shannon et Weaver, comme « néguentropie » (ou entropie négative), à partir d'une analogie entre énergie thermodynamique et information, dans laquelle le nombre d'états thermodynamiques

50. *Cf.* D. Ruelle, *Hasard et chaos*, *op.cit.*, p. 53-59.

51. I. Prigogine, *Les lois du chaos*, *op.cit.*, p. 33.

52. M. Heidegger, *ibid.*

est analogiquement remplacé par le nombre de messages informationnels possibles[53]. Cette analogie fondatrice de la théorie de l'information montre combien l'accomplissement cybernétique de la science moderne était déjà en germe dans la physique probabiliste et la thermodynamique de la fin du XIXe siècle, et avant elle, dans la physique mathématique marquant l'entrée dans la « modernité ». Mais précisément, la cybernétique accomplit la totalisation du procédé systémique sur le domaine de l'étant, qui n'est plus circonscrit à la seule sphère « physique » de l'inanimé.

Une telle universalisation du système comme *informatif* et *rétroagissant* fait apparaître la dimension proprement technique du contrôle au sein même de la théorie scientifique. Et c'est là véritablement le point clef qui selon Heidegger, fait de la cybernétique le fondement du nouvel âge de la science technique, consécutif à l'âge moderne de la méthode, et partant, le nouvel âge du monde comme époque de la victoire de la méthode se concrétisant en domination de la technique moderne. Le trait essentiel de cet avènement réside en ce que l'objet lui-même y vient à disparaître, pour laisser place à la permanence de l'autorégulation circulaire du système, processus auquel on peut donc appliquer la remarque que Heidegger formulait déjà à propos des développements de la physique atomique : « l'objectité se transforme et devient permanence du fonds »[54]. Jusque-là en effet, le système, considéré comme système physique spatio-temporel, était encore intégralement déterminé par une objectité « stable », telle que constituée à partir de Descartes, où c'est bien l'étant comme objet qui rend nécessaire de poser le réel comme collection d'objets en interaction sur un support spatio-temporel. Dans ce cadre, l'objet conserve la prééminence sur le système. Mais l'accomplissement cybernétique impose un nouveau renversement par lequel tout « objet » n'est plus lui-même que le produit de la « rétroaction des informations »[55]. Cette constante rétroaction devient ainsi l'« objet » propre de la considération scientifique, c'est-à-dire le fonds de la

53. *Cf.* D. Ruelle, *op.cit.*, p. 171-178, ainsi que L. von Bertalanffy, *op.cit.*, p. 40-41.

54. M. Heidegger, « Science et méditation », *op.cit.*, p. 68.

55. M. Heidegger, « La provenance de l'art et la destination de la pensée », *op.cit.*, p. 372.

calculabilité. Autrement dit, l'objectité de l'étant elle-même change de forme, et devient ce qu'il convient d'appeler désormais la *systémicité*[56] du réel. Le système n'est plus un outil de représentation, mais le sol et la finalité de toute considération scientifique : son unique véritable « réel ». Le renversement cybernétique consiste donc à relier toute considération à la « permanence du fonds » visée par Heidegger, nouvelle forme prise par l'objectité comme calculabilité de l'étant, et qu'il convient de nommer *systémicité.*

Pour autant, ce renversement déborde le strict domaine du contrôle des systèmes. Celui-ci peut à bon droit apparaître secondaire par rapport à ce qui constitue le déploiement plus essentiel de la domination de la science, au titre de théorie du système comme tel, dans laquelle s'insère non seulement la cybernétique, mais également l'intégralité des sciences contemporaines, y compris la récente « révolution paradigmatique » de la complexité et du chaos déterministe[57]. Or cette dernière, en quelque manière, inclue et élargit la révolution quantique[58] en généralisant les notions d'imprédictibilité et de trajectoire probabiliste que le modèle atomique onde-particule de Bohr et la relation d'indétermination de Heisenberg, en particulier, avaient introduit. On pourrait donc y voir une contradiction à ce qui vient d'être exposé, en ce sens que la considération des systèmes n'y est pas explicitement dirigée par la théorie du contrôle, mais au contraire par la formalisation de l'imprédictibilité de systèmes présentant des dynamiques instables non linéaires. On passe là dans un nouveau domaine de modélisation, difficilement compatible, en première analyse, avec l'idée même de contrôle.

Pour autant, l'analyse heideggérienne n'est en rien erronée, au sens où toute théorie générale des systèmes est bien en son fond contrôle. En effet, la formalisation de l'imprédictibilité aboutit à inverser la perspective classique, dans laquelle se meut encore la cybernétique,

56. Cette « systémicité » ne doit pas être entendue comme caractère systématique, systématicité, mais bien comme « être-système », c'est-à-dire permanence de l'autorégulation circulaire.

57. *Cf.* D. Ruelle, *op.cit.*, p. 75-105.

58. I. Prigogine, *op.cit.*, p. 65.

fondée sur la norme de la stabilité et l'exception de l'instabilité[59]. Par là, la représentation du contrôle n'est pas abolie, mais transformée radicalement. La régulation d'un système instable, caractérisé par le non-équilibre, n'opère pas comme simple rétroaction agissant de manière linéaire sur la trajectoire des paramètres de représentation du système, mais s'élargit et devient un domaine de contraintes non-linéaires, maintenant le système dans une gamme de trajectoires probabilistes. Cet élargissement nécessaire du concept de régulation est particulièrement frappant dans le cas des systèmes dissipatifs «chaotiques». Malgré l'apparente absence de structure, on peut y observer une convergence des trajectoires des paramètres d'état du système, et donc une auto-organisation de ce système vers, non pas un état d'équilibre stationnaire ou périodique (attracteur), mais ce que les théoriciens du chaos nomment un attracteur «étrange», c'est-à-dire un régime présentant une structure à dimension fractale dans laquelle les variations de l'état du système recèlent une dépendance sensitive aux conditions initiales[60]. Ainsi, dans ces cas si particuliers, la «régulation» devient elle-même «complexe», mais existe toujours bel et bien. Seulement, elle change de niveau, et ne peut donc être observée qu'à la condition expresse d'un changement dans les modes de représentation des systèmes en question. C'est bien le concept même de «loi scientifique» qui change ici, passant d'une conception strictement mécaniste, linéaire, à une conception probabiliste[61], non linéaire, conception que la mécanique quantique avait déjà rendue nécessaire[62], et que la théorie du chaos généralise.

59. *Ibid.*, p. 94.

60. *Cf.* D. Ruelle, *op.cit.*, p. 84-85, et pour une présentation plus générale et moins technique: J. Gleick, *La théorie du chaos*, trad. fr. C. Jeanmougin, Paris, Flammarion, 1991, p. 159-197.

61. *Cf.* K. Popper, *Un univers de propensions. Deux études sur la causalité et l'évolution, op.cit.*, p. 35: «L'introduction du concept de propension équivaut à une nouvelle généralisation de l'idée de force».

62. *Cf.* W. Heisenberg, *La nature dans la physique contemporaine. II: Physique de l'atome et loi de causalité*, trad. fr. U. Karvelis, Paris, Gallimard, 1962, p. 157: «Les lois de la théorie quantique doivent être de nature statistique. Voici un exemple: nous savons qu'un atome de radium peut émettre des rayons α. La théorie des quanta est capable d'indiquer, par unité de temps, le degré de probabilité, pour

Chapitre V

Du *Gestell* comme système de production

Le *Ge-stell* : disposition — commande — énergie

Singulière, cette désignation de l'essence de la technique par le terme *Gestell* l'est de fait, et Heidegger n'en disconvient pas :

> « Nous nous risquons à employer ce mot *(Gestell)* dans un sens qui jusqu'ici était parfaitement insolite. Suivant sa signification habituelle, le mot *Gestell* désigne un objet d'utilité, par exemple une étagère pour livres. Un squelette s'appelle aussi un *Gestell.* »[1]

Le mot traduit également « armature », « support », « châssis », etc. Bien qu'elle ne soit pas sans donner d'indication, nous y reviendrons, la liste des objets désignés par ce terme ne nous aide pas beaucoup à en entendre son sens heideggérien. Comme souvent, Heidegger, lorsqu'il introduit ce terme au cours des deux conférences de Brême en 1949 et de Munich en 1953, s'attache à en décrypter la constitution

1. M. Heidegger, « La question de la technique », *Essais et conférences, op.cit.*, p. 26.

même, et la façon dont, à travers elle, le mot, littéralement, *parle.* Sans reprendre l'intégralité de ses analyses, on peut tâcher d'en synthétiser les moments clefs. Tout d'abord, le préfixe *Ge-* indique un rassemblement unifiant. Ainsi :

> « Le rassemblement de montagnes, en ce qu'il trouve déjà en lui-même, et jamais en sus, sa propre cohésion, nous le nommons "massif montagneux" (*Gebirge*). Le rassemblement des modalités selon lesquelles nous sommes disposés, et pouvons nous sentir de telle et telle façon, nous le nommons "l'âme" (*Gemüt*). »[2]

Aussi le *Gestell* nomme-t-il le rassemblement unifiant à partir de lui-même. De quoi ? De tout *stellen*, c'est-à-dire de toute disposition, position, mise à disposition. Le verbe *stellen* décline les divers modes du « disposer », et peut donc traduire « mettre », « disposer », « arranger », « poser ». Mais un tel « disposer » possède le double sens de la présentation et de la contrainte : disposer signifie à la fois présenter, ou « présentifier », et rendre disponible. On dispose un objet, en même temps que l'on en dispose. Et c'est parce qu'on *en* dispose qu'on peut ainsi *le* disposer, en même temps qu'on n'*en* dispose qu'en tant qu'on *le* dispose de telle ou telle manière. C'est sur ce double sens, et sur la correspondance et l'interdépendance essentielles du transitif et de l'intransitif, que se développe l'argumentaire de Heidegger. D'une part, le « rendre disponible » (sens intransitif de la disposition), prenant la forme d'une provocation à la mise à disposition, à la disponibilité, constitue selon lui le phénomène majeur de la technique moderne, et de toute la machinerie développée par elle : mise à disposition inconditionnée de l'étant, qui, ainsi rendu disponible inconditionnellement devient pur *matériel* énergétique, c'est-à-dire permanence d'un « fonds » *(Bestand).* C'est à partir de ce fonds, que nous avons déjà qualifié précédemment comme nouvelle forme de l'objectité, que s'établit, se constitue et s'étalonne la totalité du monde, comme monde technique :

2. M. Heidegger, « Le dispositif », trad. fr. S. Jollivet, *Po&sie*, n°115, Paris, Belin, 2006, p. 15.

> « Le mot "fonds" est maintenant promu à la dignité d'un titre. Il ne caractérise rien de moins que la manière dont est présent tout ce qui est atteint par le dévoilement qui provoque. »[3]

Car, d'autre part, cette mise à disposition, proprement « totalitaire », en tant qu'elle requiert bien la totalité de l'étant et que simultanément elle régit la détermination du tout du monde, prend place dans une présentification, une mise en présence, c'est-à-dire qu'elle est une forme du dévoilement. C'est ce que Heidegger précise plus loin :

> « Dans l'appellation *Ge-stell*, le verbe *stellen* ne désigne pas seulement la provocation, il doit conserver en même temps les résonances d'un autre *stellen* dont il dérive, à savoir celles de cet *her-stellen* (« placer debout devant », « fabriquer ») qui est uni à *dar-stellen* (« mettre sous les yeux », « exposer ») et qui, au sens de la ποίησις, fait apparaître la chose présente dans la non-occultation. »[4]

Le *stellen* technique est donc bien aussi une disposition au sens transitif, en tant que ses productions participent d'un *darstellen* : il dispose l'étant de telle façon que celui-ci s'expose comme ce qu'il est. Il entend dévoiler l'être de l'étant. Mais simultanément, cet être est, proprement, provoqué, en tant que l'étant se dévoile univoquement comme matériel énergétique. Ainsi, reliant intrinsèquement disposition transitive et disposition intransitive, la technique moderne est, en son essence, un dévoilement provoquant :

> « Le dévoilement qui régit complètement la technique moderne a le caractère d'une interpellation (*Stellen*) au sens d'une pro-vocation. »[5]

3. M. Heidegger, « La question de la technique », *op.cit.*, p. 23.
4. *Ibid.*, p. 28.
5. *Ibid.*, p. 22.

Le *stellen* propre de la technique moderne consiste en la disposition du tout de l'étant comme pure disponibilité d'énergie. L'étant n'est désormais présent qu'en tant que disponible, c'est-à-dire en tant que matériel énergétique, par quoi effectivement, il devient intégralement mis à disposition. Il est ainsi provoqué à devenir ce fonds permanent de disponibilité, dans lequel il n'est plus « objet » *(Gegenstand)* en tant que faisant face, mais fonds permanent *(Bestand)*, c'est-à-dire pure ressource constamment remplaçable, ou réinvestissable. Un tel devenir, une telle transformation de l'objet en « fonds » présuppose donc le règne de l'équivalence :

> « Tout, dans le *Ge-stell*, est requis en vue de cette remplaçabilité permanente de l'identique par l'identique [...] Le *Ge-stell* accumule par avance tout ce qui est disponible, le rejetant chaque fois à l'identique dans la disponibilité illimitée du fonds pris en sa totalité [...] L'équi-valent qui règne en tout subside l'assure en sa mise en réserve à travers la possibilité, disponible, d'être immédiatement remplacé. Le fonds consiste en cette imposition du *Ge-stell*. Dans le fonds, tout se tient dans l'équi-valent. »[6]

Or ce règne de l'équivalence « en tout subside » est assuré par la transformation préalable de l'objectivation de l'étant, qui d'objet est devenu énergie. Mais que recouvre ce concept fondateur de la civilisation technique qu'est l'énergie ? Précisément, elle est le seul véritablement étant, au sens du véritablement permanent, lorsque l'objet a perdu toute constance et toute consistance dès lors qu'il est pris dans les cycles de changements d'états. C'est pourquoi, historiquement, le saut dans l'âge technique se fait lorsque la mécanique classique laisse place d'abord à la thermodynamique, puis à la physique atomique, et que la représentation mathématique du monde passe de la géométrie analytique au nuage statistique ; c'est-à-dire lorsque l'individuation de l'objet devient chimérique,

6. M. Heidegger, « Le dispositif », *op.cit.*, p. 23. Comme précédemment, nous conservons ici le terme *Gestell*, rendu dans la traduction de Servanne Jollivet par « dispositif ».

et que s'impose alors le concept abstrait d'« énergie ». Que ce soit dans une machine calorifique, un réacteur nucléaire ou une centrale électrique, l'objet n'existe réellement que par et dans les transitions qui le font passer d'un état à un autre. Et ce qui se *transmet* effectivement dans ces changements d'états, c'est précisément l'énergie, sous ses différentes formes, cinétique, thermique, chimique, potentielle, etc. Ainsi, de même que la mécanique classique s'était fondée sur l'énoncé newtonien du principe d'inertie, le système énergétique se fonde sur le principe de la *conservation de l'énergie*. Le concept même d'énergie ne désigne finalement rien d'autre que ce principe : le *demeurer constant* au sein du changement perpétuel. Ainsi, Poincaré, bien en peine pour donner une définition stable de ce concept essentiellement abstrait, dit du principe de conservation d'énergie :

> « Si l'on veut énoncer le principe dans toute sa généralité et en l'appliquant à l'univers, on le voit pour ainsi dire s'évanouir et il ne reste plus que ceci : *Il y a quelque chose qui demeure constant.* »[7]

Ce « quelque chose », c'est l'énergie, c'est-à-dire l'ultime et unique véritable étant, par quoi toute diversité objectale est remplacée par la stricte équivalence énergétique. Le « faisant face », *Gegen-stand*, disparaît et laisse place au « faisant fonds », *Be-stand*.

Cette présentification du *stellen* technique, comme mise à disposition interpellante et provocante du tout de l'étant, requiert l'homme lui-même, sommé de se rendre l'agent de cette présentification, l'agent de la mise en œuvre du dévoilement provoquant. Et ce à double titre : d'abord, comme agent de la représentation énergétique du monde, par le biais, comme on l'a déjà vu, du développement de la physique mathématique aboutissant à l'élaboration théorique du système énergétique ; et ensuite, et par conséquence directe, comme élément même de la permanence du fonds, c'est-à-dire comme élément du matériel énergétique, soumis au même règne de l'équivalence et de la disponibilité :

7. H. Poincaré, *La science et l'hypothèse,* Paris, Flammarion, 1968, p. 146.

> « Au sein de cette imposition du fonds, l'homme est interchangeable. Le penser comme pièce du fonds, c'est donc toujours déjà présupposer qu'il puisse devenir, en sa fonction même, l'agent permanent de cette imposition, le fonctionnaire. »[8]

Cela ne vaut pas seulement pour la dimension d'organisation et de division du travail planétaire, comme industrie de mise à disposition et d'exploitation du fonds, mais bien de la totalité du déploiement de l'*humanitas* de l'homme, devenue elle-même pure « énergie » économique, génétique, sociale, érotique, démographique, doxographique, psychique, et même « conceptuelle », comme énergie produisant et fondant l'« outillage théorique » agissant pour le dévoilement provoquant. Sur ce point, les illusions alimentées par les « conflits d'opinions » sont grandes : la question n'est pas de savoir si tel ou tel champ de cette *humanitas* est menacé par telle ou telle application technologique, mais bien d'apercevoir qu'avec l'imposition du *Bestand*, c'est sa *totalité* qui se voit ainsi investie dans le fonds. C'est pourquoi Heidegger insiste tant sur le point que c'est bien l'*essence* de l'homme qui se voit « assignée à prêter la main à l'essence de la technique »[9], et non pas l'homme dans telle ou telle de ses activités. Que la totalité de l'*humanitas* soit ainsi investie par l'essence de la technique constitue précisément le point aveugle de tout « humanisme », comme il s'en était déjà expliqué, dès 1946, dans sa *Lettre sur l'humanisme*. Les développements ultérieurs de sa pensée du *Gestell* permettent rétrospectivement de préciser la cause de cet aveuglement, à savoir que l'humanisme, se présentant lui-même, par définition, comme hétérogène à toute dimension technique, ne veut tout simplement rien savoir du système énergétique, et ne peut donc rien comprendre à sa toute puissance. Son hypothèse, par principe, consiste à s'en croire indemne. Ou plus exactement à s'en présupposer le maître et possesseur, puisqu'il entend lui-même disposer et ordonner les différents champs de l'*humanitas*, en quoi précisément,

8. M. Heidegger, « Le dispositif », *op.cit.,* p. 18-19.

9. M. Heidegger, « Le tournant », trad. fr. J. Lauxerois et C. Roëls, *Questions III et IV*, *op.cit.,* p. 309.

« l'humanisme ne situe pas assez haut l'*humanitas* de l'homme »[10]. L'humanisme s'apparente déjà à une manipulation et un arrangement de cette *humanitas*, c'est-à-dire à un *stellen* de *l'humanitas* en vue de sa mise à disposition comme pure énergie. Toute résurgence de cet « humanisme », si moralement fondé qu'il soit, ne peut alors que servir le *Bestand*, alimentant sans le savoir la représentation énergétique de l'humanité de l'homme. Car dès lors que le système énergétique s'installe, il ne saurait souffrir aucune exception, et toute « chose » se voit ainsi fondée de manière univoque et exclusive par le *Bestand*. Par quoi c'est bien le tout de l'étant, l'homme y compris, bien que singulièrement comme « agent », qui se voit ainsi commis à ce travail du dévoilement provoquant en vue de la disponibilité absolue. C'est dire combien avec la technique moderne s'impose un totalitarisme d'un genre inédit, parce qu'absolu, inconditionnel, et portant sur le mode même du dévoilement, c'est-à-dire donc, sur l'être de l'étant. Totalitarisme non plus « politique », ni même strictement « humain », mais que son fondement ontologique, univoquement structuré comme pure permanence, autorise à qualifier de « totalitarisme métaphysique ». Ici s'éclaire d'un nouveau jour ce qui avait été dit dans l'introduction, de l'émergence du « mondial », qui ne peut donc s'entendre que sur la base de l'universalisation énergétique de l'étant.

Cette commission universelle régie par le fonds, Heidegger l'appelle *Be-stellen*, qu'André Préau traduit par « commettre », et qui renvoie à la commande dont il était question précédemment au sujet de la cybernétique. Le *Be-stellen*, c'est le κυβερνήτης pleinement accompli et généralisé au tout de l'étant, comme travail inconditionnel de la provocation devenue seul mode du dévoilement. Ainsi, le *Ge-stell* vient nommer ce qui rassemble et unifie à partir de lui-même toute possibilité de *stellen*, c'est-à-dire de disposer *le* et *du* tout de l'étant et de l'homme sur le mode de la commande universelle, c'est-à-dire en tant que *Be-stellen*. Heidegger résume :

> « *Ge-stell* : ainsi appelons-nous le rassemblant de cette interpellation (*Stellen*) qui requiert l'homme, c'est-à-dire le

10. M. Heidegger, « Lettre sur l'humanisme », *op.cit.*, p. 87.

> pro-voque à dévoiler le réel comme fonds dans le mode du "commettre". Ainsi appelons-nous le mode de dévoilement qui régit l'essence de la technique moderne et n'est lui-même rien de technique. »[11]

Le *Ge-stell* est donc ce à partir de quoi se déploie le nouvel ordre de la commande généralisée, c'est-à-dire le *Be-stellen*. Dans ce processus de déploiement, le représenter *(Vor-stellen)* scientifique est lui-même devenu un « suivre à la trace » *(Nach-stellen)* du réel, par lequel ce dernier est intégralement mis à disposition comme système énergétique par le « commettre » *(Be-stellen)* en vue de la manipulation technique de l'étant. Dans le même mouvement, tout produire et fabriquer *(Her-stellen)* se voit restreint à la pure manipulation de l'identique, dès lors que règne l'équivalence propre au fonds. Mais c'est précisément la possibilité d'une telle manipulation qui guide de part en part cette succession du *Vor-stellen* au *Be-stellen*. Aussi est-ce bien le *Be-stellen* de la manipulation qui oriente le *Vor-stellen* théorique, et non pas le contraire, même si factuellement une manipulation ne devient possible que par une avancée théorique. On retrouve là l'inversion capitale de la relation entre science et technique opérée par Heidegger. Le *Ge-stell* soumet toute représentation *(Vor-stellen)*, toute exposition *(Dar-stellen)* et toute production *(Her-stellen)* au régime exclusif et sans partage de la commande généralisée *(Be-stellen)* ordonné à partir du fonds *(Be-stand)*. Aussi ce règne de l'assignation et de l'équivalence qu'impose le *Gestell* recèle-t-il une menace insigne, que Heidegger nomme « le péril des périls » :

> « L'être de la technique menace le dévoilement, il menace de la possibilité que tout dévoilement se limite au commettre et que tout se présente seulement dans la non-occultation du fonds. »[12]

Autrement dit, la menace, propre au *Gestell,* réside en ce que, celui-ci soumettant tout *stellen* au *Bestellen*, la disposition ne puisse

11. M. Heidegger, « La question de la technique », *op.cit.*, p. 27.

12. *Ibid.*, p. 45.

plus désormais s'entendre que dans son sens intransitif de la commande généralisée, c'est-à-dire que tout dévoilement ne soit plus que le simple auxiliaire de la provocation, et que l'homme lui-même se réduise à n'être plus que le « fonctionnaire de la technique », travaillant au service exclusif du fonds, pour le dévoilement exclusif de ce fonds en tant que pur matériel énergétique.

Il est clair que la signification et la portée qu'il convient de donner à cette menace dépassent largement les conclusions hâtives qui en sont parfois tirées sous la forme d'analyses scientifiques du « danger technologique », d'analyses politiques des « processus de domination », ou bien encore d'analyses psychologiques des « modes d'aliénation du sujet ». Concentrant la question même du dévoilement, donc de la vérité, et donc rien moins que le rapport d'appropriation de l'homme et de l'être, elle les tient proprement en suspension, par quoi elle constitue très exactement la détresse même du temps présent. Il n'est pas temps de commenter ici ce qu'une telle menace ordonne et laisse de ressources à la pensée elle-même. Tâchons, pour le moment, de synthétiser quelque peu le relief épars qui se détache des analyses rapides que nous venons de faire de la pensée heideggérienne du *Gestell*. Nous devinons déjà qu'elle est sans doute la « pensée la plus abyssale », ou en tout cas la plus capitale, centrale et fertile de l'œuvre prolixe du philosophe — ce pourquoi les « accusations » formulées à son encontre, récurrentes et pour le moins étranges, de « technophobie »[13] ne peuvent qu'apparaître absurdes, malhonnêtes, à moins que stupides, dès lors que toute sa pensée pointe précisément vers cette essence de la technique, dont il fait le point focal de notre monde.

Questions de traduction : *Gestell* et « Système »

Nous avons mis en évidence trois traits fondamentaux, que rassemble et unifie à partir de lui le *Gestell* : la disposition, au double sens transitif et intransitif d'arrangement et de mise à disposition ; la commande, comme *Bestellen* généralisé ; l'énergie, au sens large de pure

13. Nous citons, malheureusement.

permanence du fonds, *Bestand.* On peut tout de suite remarquer, à titre illustratif, que ces trois traits du *Gestell* recoupent très largement le sens et la portée de trois traductions qui ont pu en être proposées, par les termes « dispositif », « arraisonnement » et « consommation », qu'il convient donc ici de mettre en lumière.

Le « dispositif », proposé par Dominique Janicaud et que reprend Servanne Jollivet dans sa traduction de la conférence de Brême, se trouve sans doute au plus près du sens littéral du mot *Gestell*, c'est-à-dire de ce qui dispose et par là présentifie. Il présente l'énorme avantage de faire ressortir la résonnance de l'emploi courant comme simple « montage » ou « armature ». Mais y manque la dimension essentiellement rassemblante que porte le préfixe *Ge-* du *Gestell*, remplacé par la particule *dis-* qui marque au contraire la séparation ou l'écart entre éléments. Un dispositif agence des éléments séparés, et ainsi les dispose. Mais le *Gestell* tel que l'entend Heidegger est le rassemblement même de toute possibilité de disposition. Ainsi, pourrions-nous dire, il fonde tout dispositif. Par conséquent, cette traduction ne rend pas pleinement compte de ce qui s'impose avec la domination du *Gestell,* à savoir le règne de la commande et la « compression » énergétique du tout de l'étant sous la forme du *Bestand.*

À l'inverse, l'« arraisonnement » d'André Préau montre de manière particulièrement féconde l'ampleur de ce qui se joue au sein de l'apparente et trompeuse « simplicité » du « montage », ou de n'importe quel dispositif. S'y fait ainsi entendre la provocation généralisée, le *Bestellen*, au sens cette fois d'un « faire rendre raison » à l'étant, qui œuvre au cœur même de la question du rapport de la raison au monde, question que Heidegger développe dans son cours de 1955-1956 sur le *Principe de raison* suffisante. Dans la conférence qui suit immédiatement ce cours, il déclare :

> « L'homme d'aujourd'hui écoute constamment le principe de raison en ce sens qu'il est de plus en plus à ses ordres. »[14]

On voit clairement énoncée ici l'imposition du *Gestell* comme

14. M. Heidegger, *Le principe de raison*, trad. fr. A. Préau, Paris, Gallimard, 1962, p. 261.

fondement de la représentation et de la mise en œuvre modernes de la *ratio*, à l'origine des développements de la science et de la technique modernes. Mais malgré ses grandes qualités, cette traduction, à son tour, a le défaut majeur de laisser totalement de côté le lien intrinsèque du *Gestell* et du *Bestand*, c'est-à-dire la dimension «énergétique» de la permanence du fonds. Pourtant, Heidegger insiste clairement sur ce point :

> «Le fonds consiste en cette imposition du *Ge-stell*.»[15]

Du coup, l'extériorité radicale du *Gestell*, c'est-à-dire son caractère absolument *inhumain* reste quelque peu brouillé par cette mise en avant de la raison. Nous disons «inhumain» au sens, simplement, de *non*-humain. Il est clair que le *Gestell* participe de l'ouverture essentielle du *Dasein* à l'être, et c'est précisément pourquoi il touche au dévoilement lui-même, dont il constitue un mode. Il ne faut donc pas y voir une sorte de décision aveugle et inconséquente prise univoquement par l'homme, orientant son comportement social et culturel selon les caprices et la voracité de son intellect. Plus encore, cette pensée du *Gestell* peut à bon droit être considérée comme une double réponse que fait Heidegger, directement à Heisenberg d'une part, et indirectement à l'existentialisme sartrien, et plus largement à tout humanisme d'autre part. Dans sa propre conférence de Brême, qui précédait celle de Heidegger, Heisenberg déclarait ainsi que dans le monde transformé par la technique, «l'homme ne rencontre plus que lui-même»[16]. À quoi Heidegger, tout en saluant la pertinence de l'inquiétude d'Heisenberg, répondait :

> «Pourtant aujourd'hui l'homme précisément ne se rencontre plus lui-même en vérité nulle part, c'est-à-dire qu'il ne rencontre plus nulle part son être.»[17]

15. M. Heidegger, «Le dispositif», *op.cit.*, p. 23.

16. W. Heisenberg, *La nature dans la physique contemporaine*, *op.cit.*, p. 137.

17. M. Heidegger, «La question de la technique», *op.cit.*, p. 36.

Ce point doit évidemment être relié à ce qu'il déclarait trois ans auparavant, à propos de «[...] cette proposition de Sartre: *Précisément nous sommes sur un plan où il y a principalement des hommes.* Si l'on pense à partir de *Sein und Zeit*, il faudrait plutôt dire: *Précisément nous sommes sur un plan où il y a principalement l'Être*»[18]. C'est pour cette raison qu'il convoque le *Gestell*, censé nommer cette «configuration» de l'être même dans laquelle ce qui domine est la commande ordonnée par le fonds, dont découle la confusion de l'homme quant à son propre être, désormais univoquement assigné au règne du *Bestellen*. Autrement dit, il y a encore trop d'humanisme dans le diagnostic d'Heisenberg, et peu importe ici que sa profonde lucidité lui confère quelque inquiétude légitime. C'est la même nuance qu'il convient d'apporter à ce terme d'«arraisonnement», encore trop «humaniste» pour traduire le *Gestell* heideggérien.

Enfin, François Fédier reprend la proposition de traduction de Michel Haar:

> «Mais il y a bien un mot dans lequel le trait majeur qui importe à Heidegger vient quasiment de lui-même au premier plan. C'est notre mot: «consommation»—à condition toutefois de le prendre à rebours de son sens habituel (la consommation d'énergie). Si l'on oriente l'écoute sur le sens fort du mot «sommation», on peut l'entendre dire: la multiforme variété de sommations en lesquelles l'humanité planétaire se voit désormais sommée de ne plus rien viser (à commencer par elle-même) que sous le visage sommaire de la totalité.»[19]

Cette «consommation», nous dit Fédier, il faut donc l'entendre comme une «co-sommation»: sommation du tout de l'étant et de l'homme même en vue de l'établissement de la commande généralisée. Cette appellation présente l'insigne avantage de faire écho inversé à la copropriation de l'être et de l'homme, l'*Ereignis*, comme don de l'ouverture essentielle du *Dasein*. En ce sens, la «co-sommation» est

18. M. Heidegger, «Lettre sur l'humanisme», *op.cit.*, p. 92.

19. F. Fédier, *Entendre Heidegger et autres exercices d'écoute*, Paris, Le Grand Souffle, 2008, p. 80.

précisément ce qui vient oblitérer l'ouverture, en se posant très exactement à sa place, comme son négatif. Et, nous venons de le rappeler, le *Gestell* est bien un mode du dévoilement, dont la menace propre consiste à masquer tout dévoilement qui ne soit pas de l'ordre du *Bestellen*. De plus, cette « co-sommation », entendue cette fois comme « consommation », fait également signe vers le règne de l'équivalence qu'ordonne le *Bestand*, c'est-à-dire donc vers la dimension proprement énergétique que recèle cette imposition du *Gestell*. Or, cela est cocasse, c'est précisément ce point que récuse Fédier, donnant cette condition expresse d'écarter tout rapprochement avec l'usage courant de la « consommation d'énergie ». En quoi il a d'ailleurs parfaitement raison : le terme de « consommation » est pour le moins connoté, de cette sorte de frénésie qui qualifie un comportement face à un « stock » qui serait simplement « là », constitué de fait. Le *Gestell* ne saurait en aucune manière se ramener à cette simple configuration comportementale et économique, pour les mêmes raisons que précédemment : il n'est pas une orientation « humaniste » du comportement de l'homme face à un « déjà là » que celui-ci n'aurait qu'à constater, constat à partir duquel diverses configurations s'offriraient à lui, comme autant de conceptions de l'humanisme moderne. Avec le *Gestell*, c'est bien au contraire la question de la constitution même du fonds qui est posée. Si, comme nous l'avons vu, le *Gestell* est bel et bien fondamentalement relié à l'énergie, c'est-à-dire à la permanence du fonds, ce n'est pas, en effet, dans le sens de l'imposition d'une « consommation d'énergie », mais au contraire en tant qu'il impose l'énergie comme unique horizon d'être de toute chose. C'est donc bien plutôt la question de la *production* qui doit être visée, comme le terme « technique » l'indique lui-même suffisamment : le *Gestell* impose un « faire », un mode du « produire » en quoi il se relie irrémédiablement, non pas à un « consommer », mais à la τέχνη *(téchnè)* elle-même, qui doit être pensée, comme Heidegger le signale, à partir de la ποίησις *(poïesis)* du dévoilement producteur.

D'une certaine manière, donc, le *Gestell* ressortit aux trois orientations prises ensemble : il serait quelque chose comme le « dispositif consommant de la mise en œuvre de l'arraisonnement ». Mais on sent bien que l'enflure d'une telle formule est peu compatible avec la discrétion du terme originel allemand, discrétion qui paraît pourtant essentielle au sens où le *Gestell*, en tant qu'il ordonne la totalité du monde moderne, comme pure totalité, c'est-à-dire « mondialisme » métaphysique, s'y déploie en effet jusqu'en ses plus subtiles productions. Le *Gestell* porte avec lui quelque chose du « simple », en quoi également il n'est rien de technique. Aussi, Heidegger reste attaché à cette signification première du *Gestell*, comme *simple* objet d'utilité courante, tout en affirmant évidemment l'écart d'avec le sens qu'il entend lui donner. Autrement dit, si le *Gestell* n'a effectivement plus rien d'un « objet », ou d'un « subside », il n'en reste pas moins du ressort du « simple ». Dans une note additive à sa conférence de Brême, il oriente l'écoute du mot vers la nécessité d'y « faire ressortir de manière plus incisive encore le montage, l'armature, le support qui permet à l'ensemble de s'ajointer ; l'ossature »[20]. On voit ici le lien avec le sens originel : dans « étagère », Heidegger entend « armature » ; dans « squelette », il entend « ossature ». Le *Gestell* relève ainsi du pur « support qui permet à l'ensemble de s'ajointer ». C'est là une indication des plus précieuses : comme « support » fondamental, le *Gestell* prend la place de tout « sujet », de tout « se tenir sous » de la substance, constituant désormais comme le principe de l'ὑποκείμενον d'Aristote. Aussi marque-t-il non seulement, comme nous l'avons vu, la transformation radicale de l'objectité, mais également celle de la subjectité. Il détermine ainsi que tout objet et tout sujet disparaissent, de telle manière que le seul véritablement présent ne se présente plus désormais que comme pure permanence du fonds — énergie. Nous retrouvons ici ce qui avait été avancé quant à la constitution du *subjectum* comme fondant conjointement objectité et subjectité. En ce sens, le fonds est la forme terminale prise ensemble par l'être-objet et l'être-sujet. Le *Gestell* détermine donc à la fois ce que nous appelions la « production originaire du *subjectum* » et son avènement sous la forme du fonds. Par ailleurs, ce support est ce qui par essence « ajointe » : il commande la *connexion*, et par là préside à la formation de tout ensemble. Il est donc ce qui détermine toute « disposition » comme « ensemble », c'est-à-dire la disposition comme telle de tout ensemble d'éléments interconnectés. Le *stellen* doit ainsi s'entendre comme *connexus*, connexion principielle.

Disons-le donc sans plus d'ambages : le *Gestell*, comme *ce qui*

20. M. Heidegger, « Le dispositif », *op.cit.*, p. 15.

rassemble à partir de lui énergie, connexion et commande, par quoi il constitue le support de tout ensemble, nous paraît correspondre en tout point au terme « Système » tel qu'il se déploie depuis l'émergence de la systémique[21], déterminant et fondant celle-ci en imposant universellement son hypothèse fondamentale sous la forme du « Système général » désigné par Bertalanffy et ses successeurs. Ici s'éclaire alors quelque peu ce qui avait été avancé sous le terme de « Système de production ». Celui-ci relève intégralement du *Gestell* en tant que synthèse originaire de toute énergie, connexion et commande. Cette synthèse précède la synthèse originaire du *subjectum*, dont elle est proprement la condition.

Qu'est-ce qu'un système ?

Un point capital reste ici en suspens. C'est à savoir la question de la relation qu'il convient d'attester entre le Système et la production pure, c'est-à-dire la τέχνη pensée à partir du dévoilement poïétique. Il nous faut donc à présent préciser ce lien tel qu'il se configure au sein de la systémique, afin de bien comprendre l'articulation du produire avec ce qui a été décrit précédemment comme projet systémique. Pour ce faire, nous devons entrer de plein pied dans l'analyse du concept de « système » qui donne toute son orientation à ce projet. Bertalanffy nous sert ici de guide :

> « Pendant longtemps, l'unification de la science a été considérée comme la réduction ultime de tous les phénomènes en événements physiques. À notre point de vue, l'unité de

21. « Systémique » doit ici, et dans toute la suite, être entendu au sens large de « Théorie générale des systèmes », et non comme méthodologie de cette théorie, sens strict et technique dans lequel ce terme est parfois utilisé. Pris dans ce second sens, il désigne alors une approche « descendante », ou « top-down », de la modélisation, par opposition à l'approche « ascendante », ou « bottom-up » », « constructiviste », qui caractérise notamment les méthodes de simulation des systèmes complexes. *Cf.* sur ce point J.M. Legay, *L'expérience et le modèle. Un discours sur la méthode*, *op.cit.*, p. 44-52.

> la science devient plus réaliste. Nous pouvons fonder notre conception unitaire du monde, non pas sur l'espoir peut-être futile et certainement outré de réduire en dernier ressort tous les niveaux de la réalité à celui de la physique, mais plutôt sur les isomorphismes qui existent entre les divers domaines. Pour parler selon ce qu'on appelle le mode "formel", c'est-à-dire en portant son attention sur les constructions conceptuelles de la science, ces isomorphismes signifient uniformité structurelle des schémas que nous appliquons. En langage "matériel", cela signifie que le monde, c'est-à-dire l'ensemble des événements observables, présente des uniformités structurelles qui se manifestent aux divers niveaux ou dans les diverses disciplines par des traces d'ordre isomorphes.»[22]

La révolution paradigmatique en jeu ici concerne bien la place centrale du système comme tel. La science «moderne», c'est-à-dire la physique mathématique, ne se référait au système qu'en tant que «système cinétique spatio-temporel et de quelque manière pré-calculable»[23] : c'est encore le «physique» qui donne sa consistance au système ; le *système comme tel* s'y tient en retrait. Mais désormais, avec le déploiement dominant du multiple des sciences particulières, la science contemporaine, comme théorie générale des systèmes, dévoile le système comme son fondement unifiant, à partir duquel se développent les sciences comme les diverses algèbres de ce fond. Ce fond constitue proprement la *fonctionnalité* «bijective» de ces algèbres, qui en assure l'isomorphisme, l'unité *structurelle*. C'est à partir de ce fond que le monde peut présenter les «uniformités structurelles» observées entre les divers champs d'investigation sous la forme de «traces d'ordre» formellement transposables d'un champ à un autre. Cela va loin. Cela signifie que le système n'est rien moins que le fondement du monde comme tout de l'observable. Autant dire le seul véritable étant auquel se confronte l'observation. Il est la «vérité» scientifiquement perçue et recherchée de ce monde, vérité qui prend donc désormais le nom de «système».

22. L. von Bertalanffy, *Théorie générale des systèmes*, *op.cit.*, p. 47.

23. M. Heidegger, «Science et méditation», *op.cit.*, p. 64.

Une remarque s'impose. Le texte de Bertalanffy insiste sur le système comme structure fondamentale de tout domaine de l'étant, et par là de tout domaine scientifique, à partir duquel les sciences décrivent et modélisent des fonctionnalités propres à chaque domaine. Le concept de fonction est ici d'une importance capitale. Ce concept signifie le *mode de calcul d'une transformation.* Il constitue donc le nœud du mathématique à l'œuvre dans les sciences. «Mathématiser le réel», c'est décrire celui-ci comme un ensemble de fonctions, c'est-à-dire en fin dernière, comme un système. La fonction assure la cohérence de la structure ; elle installe proprement celle-ci comme «structure», c'est-à-dire comme *organisation.* C'est par la fonction, et uniquement par elle, que la *relation* est ainsi déterminée comme *connexion*, et finalement *interaction*, à partir de quoi peut se constituer une *structure.* Il ne faut donc pas s'y tromper : *la fonction précède la structure*, et c'est précisément ce que dévoile le développement systémique de la science. Le système est ainsi le complexe fonctionnel fondamental unifiant structurellement les divers domaines d'investigation de fonctionnalités, autrement dit les domaines d'investigation de l'étant.

À propos de cette unification nécessaire des divers domaines d'investigation, Cavaillès notait :

> «Il n'y a pas diverses sciences ni divers moments d'une science, non plus immanence d'une science unique aux disciplines variées ; mais celles-ci se conditionnent entre elles de telle façon que les résultats comme la signification de l'une exigent, en tant qu'elle est science, l'utilisation des autres ou l'insertion commune dans un système. Une théorie de la science ne peut être que théorie de l'unité de la science.»[24]

Ainsi l'orientation épistémologique de Cavaillès en vient aux mêmes conclusions que Bertalanffy : la science contemporaine, en tant qu'elle se déploie dans «*les* sciences» contemporaines, ne saurait être pensée autrement que comme théorie générale du Système. Mais ce système ne se détermine pas simplement comme «système

24. J. Cavaillès, *Sur la logique et la théorie de la science*, Paris, Vrin, 1987, p. 22.

de la science». Il n'est pas le simple nom de l'unité et de l'uniformité des «constructions conceptuelles de la science» comme «uniformité structurelle des schémas conceptuels que nous appliquons» — uniformité de la modélisation comme modèle systémique, selon ce que Bertallanffy nomme ici le mode «formel». Il est également, et avant tout, selon le mode «matériel», le *garant ontologique* fonctionnel «des uniformités structurelles qui se manifestent aux divers niveaux ou dans les diverses disciplines par des traces d'ordre isomorphes», c'est-à-dire la garantie métaphysique de la systémicité du monde lui-même. La conséquence en est que tout «structuralisme» est avant tout un fonctionnalisme[25], et reste entièrement déterminé, qu'il le reconnaisse ou non, par le projet technique de la science comme *systémique*. On peut ainsi traduire le vocabulaire heideggérien : dans sa «poursuite» *(Nach-stellen)*, la science suit le réel à la trace, et y traque ces «traces d'ordre» dont parle Bertalanffy. Elle poursuit l'isomorphisme général qui fonde la systémicité du monde, et tâche d'y correspondre en élaborant le Système général qui constitue son unique horizon, ce pourquoi elle est en son essence, comme modélisation, théorie générale *du* système. La venue au centre du langage scientifique de ce concept de système n'a donc rien d'une simple circonstance, puisqu'elle met la science face à son essence propre, comme ce qui unifie le divers de son déploiement et de son actualisation contemporaine. C'est pourquoi Bertalanffy peut déclarer :

> «La notion de "système" est un nouveau "paradigme" de la science, face à l'approche élémentaliste et aux conceptions qui prédominent dans la pensée scientifique.»[26]

25. C'est pourquoi, précisons-le en passant, il conviendrait, contrairement à l'usage un peu douteux, de distinguer Lacan de tout «structuralisme», précisément parce que chez lui l'«analyse» ne saurait être celle des fonctions sous-tendues par la structure, mais consiste bien, comme il le déclare le plus clairement du monde dans sa «Radiophonie», à «s'assurer de l'effet du langage», ce qu'il nomme «suivre la structure». Ce qui, poursuit-il, ne se fait «qu'à écarter la pétition de principe qu'il la reproduise de relations prises au réel», pétition propre au «guêpier de l'idéalisme» faisant du langage une «fonction du collectif». Il se réfère d'ailleurs ici explicitement à une «autre structure».

26. L. von Bertalanffy, *op.cit.*, p. 87.

Il est temps, pour entendre ce qui se joue effectivement dans cette révolution paradigmatique, de revenir quelque peu sur ce que recouvre précisément ce terme de « système », avant sa reprise et sa réélaboration scientifique comme « nouveau paradigme ». Pour cela une parenthèse étymologique ne saurait être superflue. Le mot « système » traduit le grec σύστημα *(sustêma)*, l'assemblage, l'ensemble ; il désigne par exemple la théorie cosmologique aristotélicienne, comme « système du monde ». Au Moyen Âge, *systema* est « un terme de musique employé [...] pour désigner, d'après le grec, les théories cosmogoniques et théologiques »[27]. Par extension, il désigne tout regroupement, institution, corps (d'armée par exemple), mais aussi accord au sens musical. « Sustêma vient du verbe sunistanai "placer ensemble, grouper, unir" »[28], de σύν, « avec, ensemble » et ἱστανai « placer debout ». De σύν vient également la « synthèse », dont Kant avait eu l'intuition qu'elle est l'origine de toute analyse, pointant déjà par là en direction du système comme tel. Si la synthèse est un « poser ensemble », le système est l'ensemble « placé debout », c'est-à-dire l'ensemble édifié, en plein déploiement de lui-même. On pourrait voir là une dépendance du système vis-à-vis de la synthèse, de l'action de poser ensemble. C'est très exactement la perspective « classique » de la métaphysique, sur quoi a pu se fonder l'approche « élémentaliste » de la science à laquelle Bertalanffy fait référence. Deux étapes majeures instituent ce « classicisme » du système. D'une part, en effet, la conception cartésienne du mécanisme universel se fonde sur une représentation systématique du monde, mathématiquement fondé, comme assemblage de corps en mouvement dont il s'agit d'analyser puis de reconfigurer synthétiquement les rapports. D'autre part, la perspective kantienne fait de la synthèse l'origine de tout assemblage possible, dont l'horizon est précisément le système métaphysique orienté selon les possibilités circonscrites par la critique du jugement synthétique. On a bien, dans ces deux cas pourtant si dissemblables, une conception « constructiviste » du système, comme pur assemblage d'éléments connectés. Mais une telle orientation oblitère la condition fondamentale de l'assemblage, à savoir que l'assemblage

27. A. Rey, *op.cit.*, p. 2220.

28. *Ibid.*

s'assemble, précisément. L'assemblage expose l'*accord* qui lui est en quelque sorte « préalable », en tant qu'il en constitue l'origine. Or cet « accord », c'est précisément le système comme tel qui le donne, en tant qu'il faut entendre dans le « placé debout » l'effectivité en acte de l'ensemble. Dans son dictionnaire historique, Alain Rey précise les origines du « poser » et du « placer debout » que l'on trouve ajointés au *syn* respectivement dans la synthèse et le système :

> « *tithenai* "poser", d'une base — *the* — qui se rattache à une racine indoeuropéenne °*dhe-* "placer", la consonne *du-* étant représentée en latin par le *f* de *facere* "faire" [...] *histanai* "placer debout", forme à redoublement, de °*sista-*, qui se rattache à la racine indoeuropéenne °*stā-* "être debout", comme le latin *stare*. »[29]

La synthèse s'oriente d'un « faire » ; le système s'oriente d'une « stance », d'un « se tenir debout ». Or, en tant que ce qui se tient ainsi debout, le système est également le « ce qui se tient sous » tout faire en vue d'un assemblage, ce qui à la fois fonde, dirige et guide l'effectuation du rassemblement. Il est le préalable à toute activité de synthèse, au titre *a minima* de cause finale, formelle et matérielle : le système est bien la fin et la matière même de toute synthèse rassemblante, en même temps qu'il lui donne sa forme pleinement et entièrement « synthétique ». On a là un renversement complet de perspective, dont il est aisé d'apercevoir qu'il est, au sein de l'histoire de la métaphysique, le fait propre de Hegel, faisant du mouvement dialectique de la conscience le procès de *présentation* du Système de la science se présentant lui-même. Le système est alors ce qui dirige tout « poser ensemble » ayant lieu dans ce processus d'auto-présentation. Ainsi, si « le système complet des formes de la conscience non réelle résultera de la nécessité du processus et de la connexion même de ces formes »[30], ce n'est que parce que « l'expérience que la conscience fait de soi ne peut, selon le concept de l'expérience

29. A. Rey, *op.cit.*, p. 2219- 2220.

30. G.W.F. Hegel, *Phénoménologie de l'esprit*, trad. fr. J. Hyppolite, Paris, Aubier-Montaigne, 1941, t. I, p. 70.

même, comprendre rien de moins en elle que le système total de la conscience ou le royaume total de la vérité de l'esprit»[31]. S'il y a bien un système construit, celui des formes de la conscience non réelle, ce n'est qu'à partir de la nécessité propre à ce «faire» qui lui vient du «système total» de la conscience véridique, ce que Hegel nomme l'Absolu. Le «faire» de la conscience en mouvement de réalisation n'est que l'effectuation du système total qui se tient «déjà là» comme «placé debout», mais sous la forme de la pure intériorité—donc précisément pas «là» au sens de Hegel—, c'est-à-dire l'Esprit absolu à la fois en attente de, et dirigeant sa propre effectuation. Aussi Hegel déclare-t-il:

> «Dans l'effectivité la substance du savoir est là plus tôt que sa forme, plus tôt que sa figure conceptuelle. La substance en effet est l'*en-soi* encore non développé, ou le fondement et le concept dans sa simplicité immobile; elle est donc l'*intériorité* ou le Soi de l'esprit qui encore n'est *pas là*. Ce qui est *là* est donc comme le Simple et l'immédiat non encore développés, ou comme l'objet de la conscience *représentative* en général[32].

C'est donc bien le Système lui-même qui oriente et dirige la synthèse représentative, rendue outil de son effectuation-réalisation. Le système est le fondement de toute synthèse[33].

Ce détour montre à quel point le système ne saurait être la simple

31. *Ibid.*, p. 77.

32. *Ibid.*, t. II, p. 304.

33. Faut-il relier cette position à l'existence d'un «*a priori* grammatical», seul à même de constituer, comme le propose Jocelyn Benoist, le principe de toute synthèse? Il paraît délicat d'entamer ici une telle discussion, qui demanderait une tout autre analyse du système en tant que «système conceptuel». La question mérite toutefois d'être posée, qui suggèrerait un rapprochement pour le moins inattendu de la pensée hégélienne avec la double tradition analytico-phénoménologique convoquée par Benoist. Le medium d'un tel rapprochement serait alors la question de la relation du «conceptuel» à l'absolu. *Cf.* J. Benoist, *L'*a priori *conceptuel. Bolzano, Husserl, Schlick*, Paris, Vrin, 1999, p. 173: «Ce synthétique *a priori conceptuel*—il n'y en a pas d'autre—recouvre alors exactement la sphère de l'*a priori* matériel husserlien.»; p. 206: «Ce que nous entendons souligner au titre d'une véritable *logique de l'existence*, c'est au contraire l'intrication extrême

résultante d'un assemblage, mais qu'il constitue bien plutôt *le fond de l'assemblage* comme tel, dans et par lequel se donne l'accord pour le rassemblement. De la même façon, l'accord harmonique n'est pas la conséquence d'un agrégat de notes, mais ce qui au contraire à la fois guide et fonde leur agrégation. Fondamentalement, le système, en tant qu'en lui et par lui joue l'accord qui accorde l'assemblage, se présente donc comme ἁρμονία *(harmonia)* du κόσμος *(kosmos)*, principe d'harmonie du Tout de l'étant, puis devient unité et perfection du divin, comme fond et vérité de tout assemblage. Il se présente enfin, au sein du projet systémique, comme principe d'interprétation du tout de l'étant. Mais, dans le σύστημα, le κόσμος, l'ordre, précède l'ἁρμονία qui en résulte, et donc également l'ensemble d'éléments dont il est l'harmonie. En quoi il est, précisément, σύστημα, système.

Système, *Gestell* et production

On le voit, cette analyse du système nous conduit droit vers ce que Heidegger désigne comme don en retrait de la copropriation, qui accorde l'accord : l'*Ereignis*. Nous venons d'apercevoir qu'il se tient en creux du système comme tel, car guidant l'accord qui fonde tout assemblage systémique. Mais ce qui accorde ainsi, l'*Ereignis* lui-même, reste impensé dans la venue en présence du système comme tel. La « révolution paradigmatique » que constitue la systémique *atteste* de cette venue en présence, mais ne la *pense* en aucun cas. Si effectivement la science contemporaine parvient à la considération du système comme tel, ce n'est que pour mieux occulter l'essence du système, et son origine qu'est l'accord lui-même. La croyance farouche aux « paradigmes » empêche de considérer le système en sa dimension originelle, à savoir l'ultime nomination du « même » par la philosophie, correspondant à la *relation* comme coappartenance essentielle de l'être et de la pensée. À la place du système comme *accord* vient ainsi en domination le système comme *organisation*, dont

de notre langage et de notre monde, constitutive au point que celle-ci prenne (presque) la figure d'*a priori*. » ; et plus généralement : p. 105-129 et p. 153 *sq*.

l'« isomorphisme fonctionnel » laisse les traces structurelles qu'il s'agit de modéliser. L'organisation s'avère ainsi comme le « négatif » de l'accord, de même qu'il faut penser le *Gestell* lui-même, ainsi qu'aime à le préciser Heidegger, comme le « négatif » de l'*Ereignis*.

Une remarque s'impose ici. Tout isomorphisme est une fonction. Aussi l'expression employée d'« isomorphisme fonctionnel » est-elle une redondance, mais une redondance choisie afin de marquer la centralité et la primauté du concept de fonction sur celui de structure. La fonction, comme mode de calcul d'une transformation, assure la cohérence de la structure, c'est-à-dire l'instaure comme « structure ». Dès lors, tout « structuralisme » n'est possible que sur fond de fonctionnalisme systémique. Autrement dit, toute relation formelle est fondamentalement calcul, dont le support est la cohérence systémique. L'isomorphisme fonctionnel est alors la fonction d'objectivation établissant toute structure de l'étant en tant que système.

Le concept recteur de la systémique est donc celui d'organisation. Bertallanffy le dit très clairement, la systémique entend produire une théorie générale de l'organisation, en tant qu'elle constitue le cœur de l'isomorphisme :

> « Le problème fondamental qui est posé à la science moderne est celui d'une théorie générale de l'organisation »[34].

Mais à son tour, l'organisation est inséparable de la relation, représentée comme *connexion*, qui constitue le support de l'interaction dynamique entre éléments du système. Le *fait* de la connexion implique l'étude de l'interaction, comme fondement de toute organisation :

> « Le problème central de la science moderne est l'interaction dynamique dans tous les domaines de la réalité. »[35]

Aussi, les quatre concepts fondamentaux mis en avant par la

34. L. von Bertalanffy, *op.cit.*, p. 33.

35. *Ibid.*, p. 86.

systémique : interactions multiples des éléments, organisation, globalité, et complexité, sont étroitement liés entre eux. L'organisation dynamique des interactions implique qu'on ne puisse considérer le système que comme un tout non réductible à ses parties. De plus, un système pouvant se décomposer en collection interagissante de sous-systèmes couplés présentant chacun un réseau interne d'interactions dynamiques, l'organisation structurelle et fonctionnelle d'un système est *hiérarchique*, faisant alors intervenir une multiplicité d'échelles spatio-temporelles, caractéristique de la « complexité » d'un système[36]. C'est pourquoi l'une des questions-clefs de la modélisation du complexe réside dans le problème des transferts d'échelles, dès lors qu'à échelles spatio-temporelles différentes correspondent des niveaux d'organisation différents, mais *interdépendants*. L'organisation d'un tel système « complexe » est en effet double : organisation « horizontale » en sous-systèmes couplés en interaction dynamique mutuelle, et organisation « verticale », ou hiérarchique, en sous-systèmes emboîtés sous contrainte mutuelle. Cette hiérarchie est susceptible de déterminer alors des processus dits d'« émergence », où une dynamique locale, correspondant à un niveau d'organisation inférieur, donc à une échelle spatio-temporelle plus fine, contraint une dynamique globale au niveau d'organisation supérieur. Des dynamiques ou fonctionnalités nouvelles « émergent » alors sans que le seul examen des entités en interactions à l'échelle supérieure puisse les mettre en évidence (inversement, on pourra éventuellement parler d'« immergence » pour les contraintes « descendantes »). Ce processus, au centre des préoccupations de la modélisation systémique, rend caduque la représentation de type « systématique » du simple assemblage stable et linéaire, mais également celle du cycle fermé de la rétroaction de l'information de la cybernétique, qui n'est plus qu'un *cas* de la théorie générale *du* système en tant que tel. Mais, ce que dit déjà la cybernétique, le point important à ne surtout pas négliger ici est bien que le système est essentiellement *production* d'organisation, et non pas seulement isomorphisme fonctionnel. Par quoi s'y applique parfaitement la nuance introduite par Heidegger :

36. *Cf.* T.F.H. Allen et T.B. Starr, *Hierarchy : perspectives for ecological complexity*, Chicago, University of Chicago Press, 1982.

le «fond» *(Grund)* devient, en tant qu'il *est* plus essentiellement, «fonds» *(Bestand)*, c'est-à-dire constance énergétique d'où s'origine toute production dans l'étant. C'est précisément cette production que la science, comme théorie du système, s'attache à décrire par sa propre production de modèles. Le système — le tout de l'étant comme «fonds» — est fondamentalement *système de production*, rassemblant les trois pôles : énergie, connexion, commande. Mais dès lors qu'il est dynamique et autorégulé, c'est-à-dire auto-organisé, il est par là même aussi un système de consommation. Production et consommation constituent le cycle dynamique, éventuellement complexe, dans lequel le système se produit lui-même comme *pure organisation*[37].

Il faut donc ici distinguer deux plans de la production. L'un est celui du cycle de production et consommation interne à l'organisation, que modélise la théorie du système. Ce plan ne nous intéresse pas tellement ici, n'étant que le mode de développement interne au système, sa dynamique propre, d'ordre «ontique» pourrait-on dire. L'autre plan est celui, plus originel, et fondamentalement métaphysique, ontologique, de la production de l'organisation elle-même. Il est celui de la production du support pour tout cycle de production et consommation pouvant s'y greffer et y être décrit. Il s'agit donc du concept même du système comme tel, qui constitue cette sorte de *production pure*. On retrouve ici la distinction que nous avions rencontrée à propos du possible, entre la possibilité modale et le possible comme tel. Le système serait ainsi cette production pure, la production comme telle qui possibilise en les produisant les productions concrètes qui font la dynamique interne des systèmes. Si ce plan métaphysique de la production systémique est bien celui vers lequel nous dirigeons ici toute notre attention, il est clair qu'il est au contraire parfaitement ignoré par le développement tous azimuts de la science systémique. Et ce toujours pour la même raison : la science ne pense pas, et n'a pas à penser, son fondement métaphysique. Aussi

37. *Cf.* M. Heidegger, «Dépassement de la métaphysique», *op.cit.*, p. 111 : «Le cercle de l'usure pour la consommation est l'unique processus qui caractérise l'histoire du monde devenu non-monde *(Umwelt)*». Ce «non-monde», le système comme tel en donne un évident aperçu.

le principe de production systémique reste-t-il impensé car seulement *supposé* comme hypothèse métaphysique fondamentale sous le vocable de « système général ».

Du coup, une autre distinction devient nécessaire entre deux niveaux d'entente de ce qu'est le « Système ». D'une part, le *système comme tel*, advenant dans l'émergence de la science unifiée et dominante comme théorie du système, doit être circonscrit à l'isomorphisme fonctionnel, c'est-à-dire au déploiement de l'uniformité de la représentation du tout de l'étant, comme système d'organisation de la connexion. C'est le *Système général* de Bertallanffy, principe « mathématique » de tout développement scientifique contemporain s'orientant de la systémique. Et d'autre part, ce que nous avons nommé le *Système de production* — le *Gestell* de Heidegger — constitue en propre ce par quoi cet avènement de la systémique est possible : il est la production elle-même de l'organisation systémique. Mais la confusion des deux niveaux est ici logique, et presque inévitable, en tant que cette production est une *autoproduction*, pensée à l'intérieur même de la systémique comme émergence de l'organisation. Le système, c'est-à-dire l'uniformité de la représentation de l'étant comme isomorphisme fonctionnel, « se » produit lui-même : il est sa propre production et imposition. Autrement dit il constitue en lui-même l'origine de toute systémicité, avant même toute prise scientifique de l'étant. C'est cette autoproduction de la systémicité que nous nommons ici le Système de production, comme traduisant le *Gestell* heideggérien.

Dans l'avènement du système de production, incarné et attesté par l'émergence de la théorie générale des systèmes unifiant la science, et concomitante au déploiement généralisé des sciences particulières comme ultime envoi et fin de la philosophie, se cache alors l'« extrême péril » auquel Heidegger n'a de cesse de se référer, en tant que reste entièrement impensée l'essence même de la production, qu'occulte précisément le système comme pure organisation de la connexion. Ainsi, la production n'apparaît que comme la *conséquence* de l'organisation de la connexion : elle est rendue secondaire à l'isomorphisme fonctionnel, secondarité que reproduit l'opinion courante selon laquelle la technique industrielle, « pratique », est secondaire à l'activité scientifique, « théorique ». Que la production soit au contraire l'*essence* même d'où s'origine l'organisation de la connexion est occulté par la plénitude du système dans laquelle l'objet lui-même vient à disparaître, dans laquelle l'étant est proprement englouti. La production n'apparaît dès lors que comme *productivité* du système. Mais la production originaire, dont on a vu qu'il fallait la relier à l'accord, reste présupposée et impensée. Ainsi se constitue le monde organisé *de* la systémique, au double sens objectif et subjectif du génitif : ce monde est celui dans lequel advient la systémique, en même temps que cette dernière le produit et le configure. Monde dans lequel donc :

> « [...] l'essence dévorante du calcul peut se dissimuler derrière les produits de celui-ci et prêter à la pensée calculante l'apparence de la productivité, alors qu'en réalité, déjà dans son intention, et non seulement dans ses résultats ultérieurs, elle ne fait valoir tout étant que sous la forme de l'additionnable et du comestible. »[38]

La théorie du système engloutit tout étant dans l'organisation de la connexion dont est censée émerger la productivité de l'étant. Soumettant toute chose, le monde et l'homme à la loi du système de production sous la forme de l'organisation de la connexion, la science, comme théorie du système — c'est-à-dire l'intégralité des produits de la culture, dès lors que l'époque contemporaine est celle de la domination de la référence systémique dans tous les champs de l'activité humaine — fait advenir le *Gestell*, mais reste aveuglée par la puissance d'une telle venue, et incapable de penser le principe du *Gestell* qu'est le produire lui-même.

Comment alors un tel aveuglement peut-il en retour laisser place au « virage à partir de l'abîme » évoqué par le texte *Pourquoi des poètes ?* que nous avons suivi en introduction ? Comment la pensée peut-elle prendre pied dans cette détresse systémique ? Pourquoi Heidegger voit-il dans cet établissement de la domination du *Gestell*, c'est-à-dire dans l'accomplissement du projet systémique, une croisée

38. M. Heidegger, « Qu'est-ce que la métaphysique ? », *op.cit.*, p. 80.

des chemins, où peut *encore* se décider l'advenue d'un *tournant*? Tournant dont il dit ceci :

> «Dans l'essence du péril *s'abrite en retrait* la possibilité d'un tournant, dans lequel l'oubli de l'essence de l'être prend une tournure telle que la vérité de l'essence de l'être, lors de ce tournant *(Kehre)*, fait en propre son entrée *(einkehrt)* dans l'étant.»[39]

Ce qui pour l'heure fait son «entrée dans l'étant», de manière fracassante, et en lieu et place de cette «vérité de l'essence de l'être», est le système de production comme pure organisation énergétique de la connexion unifiant le différencié. Comment à partir d'une telle advenue, ce tournant est-il possible ? Comment la pensée même de ce possible peut-elle avoir lieu ? C'est que peut-être le fondement métaphysique du Système de production ne nous apparaît pas encore en sa pleine signification.

39. M. Heidegger, «Le tournant», *op.cit.,* p. 313.

Chapitre VI

Système et Métaphysique : la médiation hégélienne

« Systématique » et « systémique »

Nous proposons d'entendre le *Gestell* comme *Système*. Mais cette proposition du terme « Système » pour traduire le *Gestell* heideggérien n'est pas tout à fait nouvelle ; elle a pu ici ou là être fugitivement suggérée, au moins sous forme d'allusion ou d'intuition, sans jamais être tout à fait assumée, ni même réellement justifiée par les quelques travaux s'orientant dans ce sens. Ce point qu'on pourrait croire anodin est en réalité très significatif de la convergence qui caractérise notre temps, dont un trait remarquable est la généralisation étonnante, pour ne pas dire l'envahissement, du terme même de « système »[1]. Le mot est ainsi devenu tout à la fois l'outil de

1. *Cf.* l'avertissement de Heidegger : « Le fait que le système puisse signifier plusieurs choses, l'ajointement interne qui donne à la chose en question son fondement et sa tenue, mais aussi l'entassement simplement extérieur, et enfin entre les deux, quelque chose comme un cadre, cela indique que la possibilité interne d'osciller entre l'ajointement, l'amoncellement et le cadre, appartient toujours au système, que tout système authentique demeure toujours sous la

désignation de n'importe quel «machin» quelque peu ordonné, la référence obligée de tout champ d'organisation, qu'il soit politique, moral, économique ou scientifique, en même temps que l'objet de cet apparemment étrange et pas moins répandu ressentiment s'en prenant, sous l'adresse «le système» laissée mystérieuse, à l'opaque domination politique et économique d'un vague «ce qui décide de ce qui est». Ressentiment qui comme souvent ne sait pas à quel point il a raison. Car c'est bien de cela dont il s'agit avec le «Système»: d'un «ce qui décide de ce qui est». Ce ressentiment reste quelque peu aveugle parce qu'il persiste à penser ce «Système», effrayant par son opacité même, comme manipulé par on ne sait quel «surhomme» planétaire qui en aurait fait son jouet de domination. En somme, il en fait encore quelque chose «d'humain, beaucoup trop humain». Effrayante, la réalité l'est plus encore que ne l'ose l'imaginer cette défiance, dès lors que le «super homme systémique» n'existe justement pas — ce pourquoi c'est bien le système comme tel qui domine[2].

La question se pose alors de savoir quel est le moteur de cet envahissement du langage lui-même par le mot «système». Or, comme on l'a vu, ce moteur n'est autre que le projet systémique. Seulement précisément, le déploiement contemporain de la systémique comme accomplissement mondialisé du destin technique de la science européenne reste totalement impensé dans les diverses références au système. Et cet impensé s'explique lui-même assez clairement: ces références ne prennent pas acte du retournement radical qui a eu lieu au cours du XXe siècle, où le «systématique» est devenu pur «systémique». Ainsi, traduire le *Gestell* heideggérien par «Système» ne peut se justifier qu'à partir de ce retournement contemporain, c'est-à-dire sur le sol de la constitution de la science systémique.

Or un tel retournement reconfigure intégralement l'être-au-monde, parce qu'il relève de l'ouverture de la vérité elle-même: abandonnant

menace d'une chute dans l'inauthentique, que tout système inauthentique peut toujours se donner l'apparence d'un système authentique.» (M. Heidegger, *Schelling. Le traité de 1809 sur l'essence de la liberté humaine*, *op. cit.*, p. 54).

2. On pourrait ici parodier — ou plutôt infléchir et préciser — la formule célèbre de Lacan sur «l'homme de la science»: *l'homme du Système n'existe pas, mais seulement son sujet* — où il est bien question de *domination*.

résolument et définitivement le vieux rêve philosophique d'une pure « science de la vérité », il exclut désormais intégralement la vérité hors du domaine propre de la science dominante, au profit exclusif de la stricte validité du modèle systémique. Ainsi, le *Gestell* détermine la venue en domination du projet cybernétique sous la forme du modèle systémique, au sein duquel devient proprement « invisible » la consistance de cette origine, parce qu'y domine l'assignation elle-même — le contrôle — par quoi le tout de l'étant est arrêté et interpellé, puis manipulé, en vue de l'établissement perpétuel du système général. Aussi le « systémique » reste-t-il voilé par le « systématique », et la reconnaissance du système comme tel, en tant qu'essence de la technique moderne se déployant dans l'émergence de la science systémique, en reste bien souvent au stade de la simple intuition. On voit bien que le système devient la pierre angulaire du monde technique, et ce jusqu'au cœur même du langage qui y subsiste, mais on ne voit pas encore sa prééminence « ontologique », ou pour mieux dire son empreinte métaphysique, parce qu'on en reste encore à l'entente « systématique » du système comme construction conceptuelle ordonnée, ou, autrement dit, *produit doctrinaire d'une synthèse.* Son entente « systémique », comme système général de l'être fondant toute synthèse, dont l'essence doit être pensée métaphysiquement comme le rassemblant unifié de toute énergie, connexion et commande, reste purement et simplement ignorée.

À vrai dire, cette valse-hésitation entre les deux ententes du système se laisse déjà entrevoir chez Heidegger lui-même, qui s'y rapporte explicitement, mais sous la forme d'allusions fugaces, sans en faire un terme central de son œuvre. Disons, pour faire vite, que le système est, en apparence tout au moins, un concept « secondaire » du *corpus* heideggérien, si tant est qu'un tel *corpus* existe. Nombre de ses références au système qualifient simplement la représentation métaphysique dans l'ordre de la systématicité, c'est-à-dire comme construction logique ou doctrinaire à partir d'un principe fondateur. Mais d'autres, plus fugitives, et que l'on trouve pour l'essentiel dans ses études hégéliennes et son cours sur Schelling, montrent qu'il a déjà l'intuition que ce qui se déroule sous ses yeux, c'est-à-dire dans l'après-idéalisme allemand, et plus généralement dans l'époque de ce qu'il finira par nommer la « fin de la philosophie », est bien de l'ordre d'un déploiement du système comme tel, préfigurant en cela l'éclosion de la systémique. En témoigne cette référence, pourtant bien antérieure à cette éclosion puisqu'elle date de 1938, dans laquelle il questionne la signification de la domination de la représentation comme image (*Bild*) de la chose :

> « "Nous avons idée de, nous sommes fixés quant à quelque chose", cela ne veut pas seulement dire que l'étant nous soit présent dans la représentation, mais que nous le tenions devant nous, en tout ce qui relève de lui, en tout ce en quoi il consiste comme système. »[3]

La question philosophique de la connaissance n'est ainsi pas tant celle du statut de la *représentation* de l'étant que de ce qui se joue à travers elle, à savoir que l'étant s'y *présente* univoquement comme système. On voit déjà ici, en arrière-fond, s'exprimer le dévoilement plus tardif du « système comme tel », c'est-à-dire du *Gestell*, comme fond et principe de l'installation de l'âge technique, dont le moyen est la domination inconditionnée de la science comme considération du tout de l'étant *en tant que* système.

Or c'est avec Hegel, nous l'avons dit, et dans le même mouvement avec Schelling, comme le montre le cours de 1936, que s'opère la bascule du sens qu'il convient de donner au concept de « système », devenu fondement, support et environnement de toute synthèse possible, en quoi précisément celui-ci renverse intégralement la perspective kantienne. Mais la question reste ouverte de l'interprétation qu'il convient de donner à ce renversement, et de son lien avec le déploiement du projet cybernétique. Question qui me paraît précisément le lieu propre du dialogue heideggérien avec Hegel et l'idéalisme allemand. Du reste, Heidegger le dit explicitement — c'est l'une des rares fois, et encore de manière quelque peu ambiguë — dans son *Éclaircissement de l'introduction à la* Phénoménologie de l'esprit *de Hegel* rédigé en 1942, parlant de :

> « [...] la question de l'essence et du déploiement de la

3. M. Heidegger, « L'époque des "conceptions des mondes" », *op.cit.*, p. 117.

systématicité, laquelle constitue la marque distinctive de la métaphysique moderne en général en tant que telle.»[4]

Hegel ouvre ainsi la question de l'*essence* de ce que Heidegger nomme encore ici *systématicité*, et qui se déploie, nous l'avons longuement développé, sous la forme de la pure *systémicité*. Il est tout à fait remarquable de noter l'insistance de cette note sur son appui terminal: «en général en tant que telle». Rétrospectivement, cette insistance s'éclaire parfaitement: ce qui est visé ici est la métaphysique comme *projet*, dont l'apothéose est le projet cybernétique—*systémique*. Mais l'ambiguïté est conservée, au sens où il s'agit, dans le dialogue avec Hegel, de montrer comment ce dernier, dans sa tentative de donner sa pleine vérité au système, en vient à transformer le sens même du «systématique». Sur ce point la confusion est donc sans doute inévitable, du fait de la singularité philosophique de la pensée hégélienne du système. Il conviendrait donc, pour schématiser et tenter d'y voir clair, de distinguer *trois* ententes du système: un sens «systématique», un sens «systémique», et quelque part entre les deux, ou «au-dessus», «en-deçà», bref «quelque part» où il détermine le glissement de l'un à l'autre, un sens «encyclopédique-absolu», qui est celui développé par Hegel, et sur lequel se fonde, pour le nuancer, la pensée schellingienne du système. Il paraît alors légitime de considérer le thème heideggérien de l'accomplissement de la métaphysique dans le déploiement même du *Gestell* comme centré autour de ce glissement allant du systématique au systémique, dont le point focal ne peut qu'être l'élaboration hégélienne de l'Encyclopédie philosophique, et surtout sa préparation par la phénoménologie de l'Esprit absolu. C'est alors également lui qu'il faut chercher au creux de ce que Heidegger découvre comme constitution onto-théologique

4. M. Heidegger, *Hegel. La négativité—Éclaircissement de l'*Introduction *à la* Phénoménologie de l'esprit *de Hegel*, trad. fr. A. Boutot, Gallimard, Paris, 2007, p. 89. Dans le même sens, le cours de 1936 déclarait déjà: «Le système est un système mathématique de la raison. Le système est la loi *ontologique* de l'être-là moderne, le système et le caractère systématique sont la marque distinctive de la modification du savoir, dans son fondement comme dans ses dimensions propres.» (M. Heidegger, *Schelling. Le traité de 1809 sur l'essence de la liberté humaine*, *op. cit.*, p.69).

de la métaphysique, dont il fait de Hegel l'apogée, précisément pour les raisons invoquées précédemment.

L'entre-deux hégélien

Rappelons la définition du système que Hegel propose dans son introduction à l'*Encyclopédie des sciences philosophiques* :

> « La science de [*l'absolu*] est essentiellement *système*, parce que le vrai en tant que *concret* est seulement en tant qu'il se déploie en lui-même et se recueille et retient dans l'unité, c'est-à-dire en tant que *totalité.* »[5]

Le système est *totalité*, c'est-à-dire déploiement des différences *en soi-même*, et par là recueillement dans l'unité de la différenciation. En tant que tel, il est l'*absolu*, comme son essence. Il y a donc ainsi réciprocité des deux termes : l'absolu est nécessairement système en tant que forme de l'absolu, de même que le système est l'absolu en tant que substance du système. C'est là le point clef de la conception hégélienne : il y a stricte équivalence sémantique entre *système*, *absolu* et *science*, dès lors que l'être est univoquement conçu comme déploiement de l'Esprit, c'est-à-dire conquête du « se savoir soi-même » de l'esprit comme esprit. Aussi le système est-il la conquête du concret, en tant qu'il est la *concrétion de l'absolu*, et comme tel, il est *la* science. Cette stricte équivalence constitue le fond de l'interprétation de Heidegger :

> « Le savoir absolu est le savoir pur authentique, *la* science. La science qui connaît comme telle absolument "connaît l'absolu". La science comme savoir absolu est *en soi*, en son essence la plus intime, *système*. Le système n'est pas un cadre quelconque, une disposition après coup qui s'ajouterait au

5. G.W.F. Hegel, *Encyclopédie des sciences philosophiques. T. I : La science de la logique*, § 14 (1827-1830), trad. fr. B. Bourgeois, Paris, Vrin, 1970, p. 180.

> savoir absolu, mais le savoir absolu n'est conçu, ne se sait que lorsqu'il se déploie et se présente dans le système et comme système. »[6]

Aussi, il ne saurait y avoir qu'un système. Le langage hégélien est clair : de même qu'il n'y a que *la* science, seul est vraiment *le* système, en tant que l'absolu. Le terme en vient donc à changer intégralement de sens, puisqu'il ne saurait se ramener à la diversité des constructions systématiques, correspondant à la diversité des principes d'interprétation fondant chaque système philosophique. C'est pourquoi Hegel ajoute plus loin dans son introduction :

> « Par *système* on entend faussement une philosophie ayant un *principe* borné, différent d'autres principes ; c'est au contraire le principe d'une philosophie vraie, que de contenir en soi tous les principes particuliers. »[7]

Parce qu'il est total, le système est nécessairement unique, en tant précisément qu'il est le « se contenir » du Tout. Mais du coup, la question se pose du lien entre *le* Système, c'est-à-dire le système de la science, et *les* systèmes apparaissant comme autant de jalons du déploiement de l'esprit absolu dans l'histoire. Cette question oriente le dernier paragraphe de la *Phénoménologie de l'esprit*, où Hegel présente le rapport singulier qu'entretient la *succession* des esprits *dans* l'histoire, qui sont autant d'élaborations de la systématique philosophique, avec la réalisation de l'esprit *par* l'histoire. Il y est alors question du « but de la succession » comme révélation de la « profondeur », elle-même nommée « le concept absolu »[8]. Les grands systèmes de la systématique philosophique révèlent, dans leur *succession*, la profondeur et l'envergure du système absolu, unique vrai système dont *les* systèmes forment les jalons de la concrétion temporelle. Il y a ici glissement très clair : en aucun cas le système

6. M. Heidegger, *La « Phénoménologie de l'esprit » de Hegel*, trad. fr. E. Martineau, Gallimard, Paris, 1984, p. 49.

7. G.W.F. Hegel, *ibid.*, p. 181.

8. G.W.F. Hegel, *Phénoménologie de l'esprit*, t. II, *op.cit.*, p. 312.

pensé par Hegel ne constitue un «système hégélien» à côté des systèmes de Kant ou Descartes. Il est *le* système comme vérité de toute systématique et de toute l'histoire de cette systématique—y compris donc de tout ce que peut en dire Hegel lui-même—au sein duquel la Phénoménologie plonge d'emblée. Aussi, Heidegger remarque:

> «On reste donc très en deçà de la pensée authentique de Hegel si l'on observe que, dans la philosophie, Hegel a ramené à une unité la représentation fournie par l'«histoire» et la pensée systématique. Car pour Hegel il ne s'agit, ni de science historique, ni de système au sens d'une construction doctrinale.»[9]

Il ne s'agit en effet, pour Hegel, que de l'unique présence—en tant qu'auto-présentation—du système absolu, faisant fond de l'histoire et de la systématique, et non pas l'unité des deux. Science historique et systématique sont rapportées et soumises au règne univoque de l'absolu. La «réunion» ne se fait que sur la base d'une co-fondation, d'une compossibilisation, à partir d'une source unique qu'est le système de l'absolu, seul effectivement réel. Le système est donc désormais déterminé par Hegel comme l'unique «absolument réel», et non plus «construction doctrinaire» contingente. Il n'a plus le sens métaphysique de la systématique, sans non plus s'en détacher totalement, dès lors qu'il en est essentiellement le fondement, l'élément et le guide. Ici se joue l'*Aufhebung* fondamentale: le système absolu «relève» les systématiques doctrinaires, puisqu'il en constitue la vérité propre, et méconnue par elles. Il les réduit par là à de simples étapes du développement du Tout, mais en leur conservant leur portée unique de jalon révélant la profondeur du Tout. Le *Système* est ainsi la *récollection* des systématiques, et en tant que tel il est la concrétion vivante de l'absolu, l'expérience même du concret. Comme tel il est *savoir absolu*. Cette récollection est l'ultime et déchirante proposition de l'ouvrage, se dévoilant ainsi comme le départ même de la *Phénoménologie*, ce dans quoi celle-ci

9. M. Heidegger, «"Identité et différence". La constitution onto-théo-logique de la métaphysique», *op.cit.*, p. 280.

s'est immédiatement plongée, comme en son épreuve fondatrice, son expérience et son «calvaire» propres, dans l'élément du système :

> «Le *but*, le savoir absolu, ou l'esprit se sachant lui-même comme esprit, a pour voie d'accès la récollection des esprits, comme ils sont en eux-mêmes et comme ils accomplissent l'organisation de leur royaume spirituel. Leur conservation, sous l'aspect de leur être-là libre se manifestant dans la forme de la contingence, est l'histoire ; mais sous l'aspect de leur organisation conceptuelle, elle est *la science du savoir phénoménal.* Les deux aspects réunis, en d'autres termes l'histoire conçue, forment la récollection et le calvaire de l'esprit absolu, l'effectivité, la vérité et la certitude de son trône, sans lequel il serait la solitude sans vie.»[10]

En tant qu'il est forme de l'absolu, le système en est également la vie concrète et intégralement déterminée, comme rassemblement et *expérience* du rassemblement de toutes les déterminations. Il est donc essentiellement unique, mais également plurivoque, constituant l'ensemble des entrelacs du savoir absolu, et par là les divers modes d'être de ce savoir. Il apparaît donc, dans son mouvement d'auto-constitution, à la fois comme *Phénoménologie de l'esprit* et *Logique.* Heidegger parle ici de «plurivocité dialectique-spéculative» :

> «Le titre général "Système de la science" a une plurivocité dialectique-spéculative. Il ne signifie pas : les sciences placées par rubriques en un ordre inventé. Il ne signifie pas non plus : la philosophie présentée comme la Science en sa cohésion. "Système de la science" signifie : la science est, en soi, l'organisation absolue de l'absoluité de l'absolu [...] "Système", c'est la constitution de l'absolu qui se rassemble en son absoluité et, ainsi constitué, accède à la constance de sa propre présenteté (*Anwesenheit*).»[11]

10. G.W.F. Hegel, *ibid.*, p. 312-313.

11. M. Heidegger, «Hegel et son concept de l'expérience», *op.cit.*, p. 241-242.

On voit bien ici s'exprimer le statut tout à fait unique du concept hégélien de système : abandonnant l'univocité systématique, il inclut et rassemble la plurivocité des productions systématiques. Sans jamais signifier le simple ordonnancement des savoirs, la cohésion d'ordre scientifique, l'élaboration logico-doctrinale de tel ou tel principe métaphysique, il est la reprise de *toutes* les déterminations systématiques, et constitue ainsi l'absolu comme tel. Il se « détache » de la systématique, mais sous le mode de l'*Aufhebung*, et donc de la « négativité », c'est-à-dire, comme la décrit Heidegger, sous le mode « de la saisie médiatrice au sens de la fondation »[12] : il dépasse en conservant, et ainsi « relève » la systématique.

Par conséquent, l'interprétation qui verrait dans le système de l'absolu un modèle du système général posé par la systémique serait pour le moins abusive, en tout cas trop hâtive. Qu'on y trouve bien le concept central de l'auto-déploiement et du rassemblement dans l'unité de toute détermination, montre combien il engage la venue postérieure de l'interprétation « systémique » du système. Mais cela ne doit pas oblitérer la complète indifférence de la systémique vis-à-vis de l'idée même d'absolu. Le système général n'est pas la constitution de l'absolu, le mode d'être de l'esprit. Il est le mode d'être de la domination du système comme tel. L'univocité est ici totale : il n'y a pas équivalence sémantique entre système, esprit et absolu, mais le règne univoque de la systémicité. Nous pourrions presque appliquer au système ce que dit Heidegger du concept hégélien d'expérience :

> « Comparé à la plénitude de ce concept de l'expérience, le concept d'expérience de l'empirie et des empiristes n'est que le dépôt insipide et desséché d'une boisson jadis vivifiante. »[13]

De fait, le concept de système de la systémique et de ses théoriciens peut bien apparaître comme un « dépôt insipide et desséché », dès lors qu'y manque toute « vie », entendue dans le langage de Hegel

12. M. Heidegger, « "Identité et différence". La constitution onto-théo-logique de la métaphysique », *op.cit.*, p. 284.

13. M. Heidegger, *Hegel. La négativité — Éclaircissement de l'*Introduction *à la* Phénoménologie de l'esprit *de Hegel*, *op.cit.*, p. 152.

comme l'expérience du «calvaire» de la récollection de l'esprit. D'une certaine façon, ce «système systémique» est l'abstraction radicale de ce qui devait être pour Hegel l'absolument concret. Il est l'«absolument abstrait»: *l'effort absolu d'indifférence à l'absolu.* Si le système absolu «relève» la systématique, le système de production «ravale» le système absolu. Aussi doit-on bien à Hegel la tentative inouïe de penser la modernité à partir de son cœur même qu'est le système. Mais en faire le père lointain de la systémique serait un dangereux contresens, du moins un sérieux abus de langage, dès lors que sa pensée du système se heurte précisément, comme à son point aveugle, à la puissance et la sécheresse du système de production, c'est-à-dire de ce qui s'impose univoquement comme rassemblement unifié du tout de l'étant dans la représentation énergétique, l'emprise de la connexion et la soumission à la commande généralisée. N'est-ce pas cette puissance du système comme tel, c'est-à-dire l'irrésistible domination du système de production rassemblant en totalité énergie, connexion et commande, que Heidegger tâche de découvrir comme l'impensé propre, et déterminant, de la pensée de Hegel?

Le système impensé

Une courte note, hâtivement rédigée en 1942, semble nous mettre sur cette voie. Son titre est explicite: «Explication avec Hegel». Sous ce titre, Heidegger énumère huit points, constituant autant de jalons devant guider cette «explication» fondamentale. Il s'agit notamment d'interpréter le lien que Hegel instaure entre conscience, certitude, subjectité (au sens du rapport entre conscience et conscience de soi) et absolu. Mais le sixième point requiert particulièrement notre attention, dans lequel le système est clairement désigné comme point d'orgue de ce qui constitue la question centrale de l'œuvre entière de Heidegger — et dont cette «explication avec Hegel» est un moment clef — à savoir le lien intime qui relie l'époque de la technique à l'histoire de la métaphysique. Ce court fragment énonce:

> « Le système et la mise en ordre de l'histoire. Métaphysique absolue et technique. »[14]

D'après ce que nous avons dit, le mot « système » porte ici plusieurs sens. Il s'agit d'abord du système de la science tel que conceptualisé par Hegel. Du coup, et avec ce premier sens, il désigne aussi la systématicité à l'œuvre dans l'histoire de la métaphysique, et qui constitue la substance même de la récollection de l'esprit absolu au sein du système de la science. Mais résonne clairement ici un troisième sens, qui vient fonder les deux premiers de manière décisive, en cela qu'il constitue le bord commun, ce qui fait lien entre « métaphysique absolue », c'est-à-dire le suprême degré du questionnement métaphysique tel qu'il se déploie avec Hegel, et déploiement moderne de la technique, qui n'a pourtant en apparence rien d'« hégélien » pour les raisons que nous avons données précédemment. Dès lors, technique et métaphysique trouvent dans le « système » leur essence propre et commune, comme destin de dévoilement, qui doit donc désormais constituer le souci premier de la pensée. En ce sens, ce fragment semble mettre en avant le « système » comme précisément ce qui déborde le système de la science, comme l'impensé du concept hégélien de « système ». Qu'en lieu et place du savoir absolu advienne la civilisation technique est le symptôme majeur de notre temps, qui dévoile la puissance propre du système face à laquelle même la pensée la plus incisive, celle de Hegel, ne peut que se laisser déborder.

C'est du moins ce que semble indiquer une étrange déclaration de Heidegger, venant ponctuer son interrogation quant à l'abandon du titre, originellement destiné à la *Phénoménologie*, de « Science de l'expérience de la conscience ». Heidegger y présume une espèce de recul effrayé de Hegel devant la portée de sa reprise du concept d'expérience, contre son entente kantienne, comme mouvement que la conscience exerce sur elle-même, c'est-à-dire comme substance de la récollection de l'absolu par lui-même. Il en fait la pointe de

14. *Ibid.*, p. 162. À rapprocher, dans le même ordre d'idée, de cette courte incise des *Beïtrage* : « le mathématique et le système — et ne faisant qu'un avec eux : la "technique" » (M. Heidegger, *Apports à la philosophie. De l'avenance*, *op. cit.*, §67, [132], p. 159).

la pensée hégélienne, en tant que celle-ci fait « advenir l'ancienne assonance de la signification originelle du mot "Expérience" — assonance que Hegel entendait probablement en pensée — à une nouvelle résonance : expérience comme élan qui parcourt jusqu'à atteindre, et celui-ci comme la guise de la présence, de l'εἶναι, de l'être. »[15] De cette signification originelle, il dit auparavant :

> « Le "-per-" dans expérience, a la signification originelle de conduire [...] L'*expérience* c'est le "tendre-vers" qui arrive en plein où il faut [...] c'est le conduire qui fait parvenir à [...] c'est le parcours qui s'élance jusqu'à ce qui est à atteindre. *L'expérience est une guise de la présence, c'est-à-dire de l'être.* »[16]

Autant dire qu'avec son concept d'expérience, comme calvaire de la récollection de l'absolu, Hegel pousse à son extrême limite le questionnement métaphysique, puisqu'il le mène *devant* la possibilité insigne de la question de l'être en tant qu'être. Ce qui pourrait se nommer l'absolu non plus comme sujet se sachant lui-même, mais différence absolue qui *appelle* la pensée ; en termes heideggériens : l'absolu en tant qu'appel de l'être, comme *présence* du présent, au *Dasein*. Mais devant cette possibilité, Hegel semble reculer, dit Heidegger, au profit de l'insertion de la *Phénoménologie* dans le système didactique de l'*Encyclopédie*, comme simple discipline scolaire de la philosophie de l'esprit. L'impulsion première de Hegel, dans laquelle le système est placé de plein pied comme absolu de l'expérience de l'absolu, semble se perdre dans le gigantisme du système encyclopédique-didactique. Or pour expliquer ce supposé recul, Heidegger propose, et c'est là l'étrange déclaration dont nous parlions :

> « Cependant, pas plus que Kant avant lui et le dernier Schelling après lui, Hegel n'a maîtrisé la puissance depuis longtemps affermie de la systématique didactique de la métaphysique d'école. Nietzsche ne s'emporte contre cette systématique que parce que sa pensée ne peut que rester prise

15. M. Heidegger, « Hegel et son concept de l'expérience », *op.cit.*, p. 243.

16. *Ibid.*, p. 225.

> dans le système essentiel, c'est-à-dire onto-théologique de la Métaphysique. »[17]

L'ensemble des forces en présence semblent trouver ici leur ordre propre, mais qui reste, c'est le moins que l'on puisse dire, un ordre encore opaque. Tâchons d'en établir au moins le contour. La pensée de Hegel, et avec elle toute tentative moderne de penser l'essence de la métaphysique, s'arrête devant la puissance de la « systématique d'école » : toute pensée du système s'insère et se fond dans cette systématique. Mais cet arrêt renvoie à ce que Heidegger appelle ici le système essentiel, qui donne sa constitution à la systématique, et par là constitue l'essence même de la métaphysique, qu'est le système onto-théo-logique. C'est ce que nous disions plus haut : la pensée hégélienne du système se laisse comme déborder par la systématique, et ce débordement ne signifie rien d'autre que le règne de l'onto-théo-logique au cœur même de toute entreprise métaphysique. Cette déclaration recentre donc clairement la visée heideggérienne. L'onto-théo-logie métaphysique, faisant fond à toute l'histoire occidentale du déploiement de la philosophie, éclaire l'être en tant qu'être univoquement comme *Logos* de l'étant, c'est-à-dire comme étant suprême et maximal, « Dieu », en même temps qu'universellement premier et « causal », ou fondateur en raison, « être de l'étant ». Or cette constitution, dit Heidegger, il convient de la nommer « système essentiel ». Pourquoi cela ?

Le second texte de l'ensemble *Identité et différence*, qui s'intitule explicitement *La constitution onto-théo-logique de la métaphysique*, nous donne un élément de réponse. La question centrale de toute métaphysique est celle de l'unité essentielle de « *ce qui* est interrogé et pensé dans l'ontologique et le théologique : l'étant comme tel, dans ce qu'il a d'universel et de premier, *conjointement avec* l'étant comme tel, dans ce qu'il a de suprême et de dernier »[18], les deux se fondant réciproquement. Nulle prééminence de l'une sur l'autre : la métaphysique n'est ontologie que parce qu'elle est d'emblée théologique, de

17. *Ibid.*, p. 242.

18. M. Heidegger, « "Identité et différence". La constitution onto-théo-logique de la métaphysique », *op.cit.*, p. 295.

même que c'est sa visée ontologique qui la détermine comme pure théologique. Aussi les deux bords constituent-ils la « logique du Logos »[19], comme « pensée qui partout approfondit l'étant comme tel et le fonde en raison dans le Tout, à partir de l'être comme fond (Λόγος) »[20]. Interroger la métaphysique, c'est donc questionner la logique comme telle, c'est-à-dire la conjonction essentielle des logiques de l'étant. Loin d'être divisée en catégories disciplinaires plus ou moins étanches, la métaphysique tire son essence propre de cette interrogation perpétuelle du *Logos* lui-même comme pure conjonction fondatrice du Tout de l'étant. On voit bien réapparaître ici le rôle intermédiaire capital que joue la pensée hégélienne du système dans cette détermination de l'essence du système métaphysique. Au sens strict, la métaphysique est, non pas Système de la Science comme déploiement de l'esprit absolu, mais système du *Logos*, comme conjonction des considérations onto-théo-logiques de l'étant comme tel.

Mais il reste à déterminer d'où cette conjonction tire son unité propre. Heidegger répond sans ambages : de la différence elle-même. La conjonction a pour élément et support la différence comme telle, que l'on peut dans un premier temps — c'est l'abord du maître-ouvrage *Être et Temps* — entendre comme différence « ontologique » de l'être et de l'étant, mais qui doit désormais plus précisément s'entendre comme différence entre fondé et fond, logique et *Logos*, *sur-venue* de l'être au-dessus de l'étant qu'il dévoile et *arrivée* de l'étant dans l'élément abritant de l'être[21], et finalement : système et systémicité, système ordonné et production d'ordre, κόσμος et ἁρμονία. Différence laissée impensée par la métaphysique précisément parce que cette dernière est intégralement nourrie et développée par la conjonction onto-théo-logique. Comme déploiement du *Logos*, elle ne peut par essence penser la fracture interne au *Logos*, tout en l'exhibant de part en part. C'est aussi bien pourquoi la métaphysique reste le lieu privilégié de cette exposition de la différence *et* de son oubli. Interroger l'essence de la métaphysique, c'est donc

19. *Ibid.*, p. 293.

20. *Ibid.*, p. 293-294.

21. *Cf. ibid.*, p. 298-299.

interroger la Différence (*Differenz*), et ainsi revenir sur son oubli. Or cet abord de la différence comme telle mène alors droit vers la question de ce qu'elle accomplit : ouvrant l'entre-deux, elle le possibilise, c'est-à-dire que c'est d'elle que procèdent les deux bords de ce qui par elle est ouvert. Ainsi, elle *rapporte* l'un à l'autre les deux termes qui diffèrent, c'est-à-dire le fondé et ce qui le fonde. Heidegger introduit ici un terme aussi capital qu'il est ambigu : celui d'*Austrag*, qu'André Préau traduit par Conciliation. Terme particulièrement délicat à manipuler, ne serait-ce que par la bizarrerie étymologique de l'emploi qu'en fait Heidegger, en forçant quelque peu son lien à la Différence. Mais, nous allons le voir, ce terme, bien qu'il ne soit que discrètement utilisé par lui, peut à bon droit être considéré comme absolument central, pour la pensée de la Différence précisément. Il convient donc de s'y arrêter quelque peu.

Il apparaît en réalité dès 1940, dans le texte *Le nihilisme européen*, pour lequel Pierre Klossowski choisit une traduction plus directe, en tout cas plus directement reliée aux indications de Heidegger lui-même, par le mot « différent », en signalant l'unité étymologique avec le *différend* comme divergence, écart, désaccord. Il vient renommer, ou requalifier la différence ontologique de l'être et de l'étant, la *Differenz* devant ainsi être repensée comme *Austrag* :

> « L'ontologie se fonde sur la distinction de l'Être et de l'étant. La "distinction" [Unterschied] est plus convenablement dénommée par le nom de "différence" [Differenz], en quoi s'annonce que l'étant et l'être sont en quelque sorte *portés à l'écart l'un de l'autre, séparés* et tout de même rapportés l'un à l'autre, cela à partir d'eux-mêmes, non pas en raison d'un "acte" de la "distinction". La distinction en tant que "différence" veut dire qu'un *différent* [*Austrag*] existe entre l'être et l'étant. »[22]

Trois termes sont ici reliés pour nommer la différence : *Unterschied* (distinction, écart entre deux termes), *Differenz* (ce qui porte la distinction, l'entre-deux, ce qui porte le *dis-)*, et enfin *Austrag*. Ce

22. M. Heidegger, « Le nihilisme européen », *Nietzsche II*, trad. fr. Pierre Klossowski, Paris, Gallimard, 1971, p. 167.

dernier est construit *(aus-trag)* similairement à la *diaphora* grecque et la *differentia* latine, et donc finalement au mot *Differenz,* comme port[23] d'une disjonction. Toutefois, et André Préau le note, il ne peut s'agir là que d'une traduction étymologique approximative, précisément parce que le *aus-* n'indique pas une disjonction quelconque, mais bien une origine ou un départ, et de là un achèvement ou une exclusion (de, hors de, depuis, par, etc.)[24]. D'où découle le sens courant d'*Austrag* comme solution ou règlement d'une affaire, arrangement, voire organisation. L'*Austrag* est ce qui porte hors du litige, ce qui fait sortir du blocage des divergences. Mais c'est précisément cette dimension *originelle* qu'il convient peut-être d'entendre dans l'emploi heideggérien.

Ce terme fait écho à l'interprétation existentiale que propose Heidegger de la *Sache* métaphysique, la «Chose», comme «cause», et par là «affaire» et «litige», au sens de ce qui contraint la pensée sur ce qui la concerne en propre[25]. Une «affaire», c'est ce dans quoi on se trouve intégralement pris et concerné. C'est donc aussi ce qui fait le lien entre l'«ontique» et l'«ontologique»: toute affaire n'est à la fois qu'*une* affaire et simultanément la prise essentielle dans l'affairement, la préoccupation comme telle. La *Sache*, la Chose, est ce qui concerne au plus haut point la pensée; elle est son affaire propre. Et cette affaire de la pensée, nous venons de le voir, c'est la différence comme telle: le *différent* doit donc s'entendre existentialement comme *différend*. L'*Austrag*, c'est la solution, le règlement du litige, de l'affaire qui nous concerne: c'est l'horizon du différend, en tant que ce qui *le règle*, c'est-à-dire à la fois ce qui le règlemente, le régit, lui donne sa mesure propre, et ce qui le résout. L'*Austrag* est finalement ce qui *concilie* les termes du litige, c'est-à-dire les possibilise en les maintenant dans leur différence propre, tout en les

23. Le verbe *tragen* signifie «porter».

24. F.G. Eichhoff et W. de Suckau, *Dictionnaire étymologique des racines allemandes, avec leur signification française et leurs dérivés classés par familles*, *op.cit.*, p. 51.

25. *Cf.* par exemple la conférence de 1964: «Voici en effet que la philosophie, à son époque la plus récente, a d'elle-même convoqué expressément la pensée *Zur Sache selbst.* Disons en français: à son affaire propre» (M. Heidegger, «La fin de la philosophie et la tâche de la pensée», *op. cit.*, p. 289).

rapportant l'un à l'autre. Il est donc l'accomplissement même de la différence comme telle :

> «La constitution onto-théologique de la métaphysique procède de la puissance supérieure de la Différence, qui tient écartés l'un de l'autre et rapportés l'un à l'autre l'être comme fond et l'étant comme fondé et fondant-en-raison. Fonction qui est remplie par la Conciliation.»[26]

Mais qu'est-ce donc alors que la Conciliation, l'*Austrag*, si ce n'est l'essence même du Système comme tel, à savoir ce que nous avions proposé pour nommer le fond de l'assemblage : l'*accord*, comme ce qui guide, oriente et harmonise l'assemblage ? Une remarque importante est ici nécessaire. Le terme «conciliation» adroitement choisi par André Préau fait entendre la connotation «juridique» qui est celle de l'*Austrag*. Mais du coup, il implique un certain forçage, celui-là même que Heidegger fait subir au terme allemand : s'il s'agit bien d'entendre la fonction de l'*Austrag* comme conciliation des termes du litige, c'est à la condition expresse de ne pas la restreindre à cette connotation juridique du compromis trouvé entre les termes. L'*Austrag* est précisément ce qui fait sortir le litige de la circularité autonome qui est celle de l'oubli de la différence. Il nomme l'hétéronomie radicale de la différence comme telle. L'*Austrag* n'est donc pas un contrat que passent les termes, mais bien l'*accord* préalable qui régit leurs rapports. Il est ainsi à la fois conciliation du différend et ajointement du différent : il est «accord». Il doit donc être entendu en écho à la traduction que propose Heidegger de la δίκη *(dikè)* d'Anaximandre — la Justice — par le terme *Fug* comme accord ajointant, ordre qui joint et enjoint[27]. Mais alors une question redoutable surgit ici : quelle relation se tisse entre les deux ? Comment s'ordonne

26. *Ibid.*, p. 305.

27. *Cf.* «La parole d'Anaximandre», *op.cit.*, p. 430 : «Δίκη, pensé à partir de l'être comme présence, est l'accord joignant et accordant *(der fugend-fügende Fug)*», ainsi que le cours de 1935, *Introduction à la métaphysique*, *op.cit.*, p. 166. Ce qui est dit précédemment de l'*Austrag* converge en grande partie avec l'analyse du *Fug* que propose D. Franck dans son ouvrage *Heidegger et le christianisme,* Paris, PUF, 2004, p. 29-39.

l'*Austrag* au *Fug* ? Il y a là clairement un point d'achoppement pour la traduction de ces termes, d'autant plus délicat que Heidegger, à ma connaissance, ne l'aborde nulle part directement. Et ce pour la raison simple qu'il ne saurait y avoir nulle synonymie entre ces deux termes, l'*Austrag* nommant la différence ontologique, le *Fug* désignant l'ajointement juste.

Ce dernier terme constitue précisément le cœur de l'interprétation du système de l'idéalisme allemand, dans son renversement ontologique, qui fait l'objet du cours sur Schelling :

> « Le système est l'ajointement de l'étant en totalité, cet ajointement qui se sait lui-même dans le savoir absolu. »[28]

Il revient dans le cours de 1942-1943 sur *Parménide*, dans un passage consacré à la *République* de Platon :

> « Ce qui est ainsi octroyé à l'homme, ce à quoi il doit se soumettre et ce qui l'accorde et l'ordonne, nous le nommons, d'un seul mot, l'*accord* [*Fug*] en grec : δίκη. »[29]

Le *Fug* est l'accord, mais en tant qu'*octroyé* à l'homme. Il est l'ordre fondamental, tel que « reçu » par lui comme son élément le plus propre, c'est-à-dire l'ordre *dans* lequel l'humain se voit toujours déjà renvoyé, à titre même d'horizon. On reconnaît là ce qu'*Être et Temps* avait tâché de penser comme ouverture essentielle du *Dasein*. Ce renvoi à l'ouverture est précisé plus loin, en faisant intervenir la relation intime existant entre δίκη et ἀλήθεια :

> « La δίκη, comprise comme l'accord qui prescrit à l'humanité les rapports dans lesquels elle se tient, tient son essence de son rapport à l'ἀλήθεια, et n'est pas déterminée elle-même à partir de la πόλις ni de son rapport à la πόλις. »[30]

28. M. Heidegger, *Schelling. Le traité de 1809 sur l'essence de la liberté humaine*, *op. cit.*, p. 115.
29. M. Heidegger, *Parménide*, trad. fr. T. Piel, Paris, Gallimard, 2011, p. 151.
30. *Ibid.*, p. 157.

Le juste rapport découle de l'ouverture de la vérité; il en est, pourrions-nous dire, l'émanation. La justice de l'ajointement dit le vrai de l'humanité, dans l'ensemble des relations où elle se tient. Or, pensé plus essentiellement, l'ouvert est le différend de l'être et de l'étant, par quoi l'homme reçoit sa juste charge de penseur, son « affaire ». Aussi, l'*Austrag* tâche de penser plus originairement le pur, ou simple, ajointement « juste » que nomme le *Fug*, en lui adjoignant la dimension de conciliation du différend entre l'être et l'étant. Si l'on nous permet une formule un peu barbare, mais qui semble pouvoir résumer cette difficile nuance: l'accord du *Fug*, comme octroi du juste rapport des choses en ce qu'elles sont, émane de l'accord plus fondamental de l'*Austrag*, par quoi s'ouvre la différence de l'être et de l'étant, la différence comme telle[31]. Autrement dit, la Justice, comme ordre ajointant, est elle-même accordée par l'*Austrag*, depuis le cœur de l'hétéronomie de la différence.

Le terme français « accord » fait apparaître cette dimension capitale de l'hétéronomie, précisément parce que s'y entend l'ambiguïté entre les connotations juridique et « harmonique » de ce qui rassemble dans l'élément de la différence. La métaphore musicale est ici explicite et féconde: l'accord harmonique n'est pas un contrat que passent les différentes notes entre elles, mais bien ce qui les « concilie » en tant qu'il oriente leur rassemblement. Il ne saurait être un compromis atténuant les tensions, mais au contraire ce dans quoi seul ces tensions apparaissent comme tensions dans leur rassemblement même, ce qui leur donne leur sens de tensions. Par là, il les tient à la fois écartées et rapportées l'une à l'autre, tout en constituant l'élément de leur apparition.

Ainsi pensée à partir de l'*Austrag*, comme *fonction* de la différence, l'onto-théo-logie métaphysique doit bien être nommée le « système essentiel », parce qu'en elle se déploie l'essence du système, à savoir l'*accord*. Penser l'essence de la métaphysique, c'est donc questionner

31. Une formule encore plus barbare peut être lancée, qui n'a d'autre but que de tâcher de préciser les choses: *Fug* + *Unterschied* = *Austrag*; ordre juste de l'ajointement + dimension de la différence = accord. À condition, bien sûr, d'entendre l'addition comme *déploiement* de la somme, et non pas construction de celle-ci. L'*Austrag* est l'accord à partir de quoi ajointement juste et dimension de la différence trouvent leur lieu propre.

la différence et, à travers elle, questionner l'accord dans lequel le système trouve son essence et son origine.

Vers le questionnement de l'époque

Maintenant, quel lien convient-il d'établir entre ce «système essentiel» de la métaphysique et le Système de production—le *Gestell*—unifiant le Tout de l'étant sous la triade énergie, connexion, commande? Autrement formulée, cette question s'énonce: comment se détermine notre temps, à savoir l'époque de la technique moderne comme déploiement du projet systémique, à partir de l'histoire de l'achèvement de la métaphysique?

Tâchons de ne plus tergiverser, et disons-le tout net: il y a *correspondance* stricte de l'onto-théo-logique à la triade énergie-commande-connexion. Mais encore faut-il déterminer la nature d'une telle correspondance. Pour cela, commençons par proposer quelques formules qui, quoiqu'elles demandent à être précisées et complétées, ont le mérite de fixer et synthétiser la position du problème:

—l'*énergie*, c'est l'ontologique sans l'Être;

—la *commande*, c'est le théologique sans Dieu;

—la *connexion*, c'est le logique sans *Logos*.

«Sans», c'est-à-dire «après l'exclusion de». Le «sans» détermine un *reste*. L'énergie est le reste ontologique, dernière—et ultime car indépassable—configuration du mode d'être de l'étant, une fois exclu l'être comme *question*. La commande est le reste théologique immanent, ultime configuration du transcendant sous la forme stricte de la pure fonction de déclenchement surplombant un «déclenché», une fois exclu Dieu comme *adresse*. La connexion est le reste logique déterminant ultimement tout «langage» comme strict enchaînement et communication, une fois exclue la dispensation du *Logos* comme *mystère*. D'une certaine façon, nous pourrions dire que l'énergie, la commande et la connexion sont la «solution» à toute ontologie, à toute théologie, à toute logique, «solution» devant alors s'entendre non plus comme *accord*, ni *conciliation*, mais bien comme effacement de la question même, ou plus prosaïquement: «dépôt de bilan»,

« banqueroute », « ruine », la « solution » déclarant littéralement qu'il n'y a plus rien à penser.

Dès lors, le système comme tel, c'est le « système essentiel » mais comme dépouillé de l'essence, c'est-à-dire de la question de l'essence. Il est donc le système sans question, puisque rendant la question de l'essence superflue ; sorte d'épure inversée de l'onto-théo-logique, où précisément l'épure se verrait épurée de l'essence même. Où à force d'épuration, il ne resterait plus *rien* que les trois restes énergie, connexion et commande. Il est l'impérieuse présence systémique pure, niant toute absence, et allant même jusqu'à nier toute négation et tout néant : son mode d'être étant l'autoproduction, aucun étant ne saurait sortir de la sphère de son auto-affirmation. Partout le système comme tel ne peut que s'affirmer comme total, unique et universel. Mais niant ainsi absence, négation et néant même, il est le système décharné, où toute incarnation se voit intégralement déréalisée, car univoquement renvoyée aux trois dimensions strictes de la présence énergétique, de la relation connective, et de la « transcendance » automatisée et fonctionnelle, c'est-à-dire « horizontalisée » comme « quasi-immanence », sous la forme de la commande rétroactive circulant au sein de l'élément énergétique via la connexion globalisée. Plus largement, épurant ainsi la question même de l'essence, en imposant le règne de l'identique et de l'identification à travers l'univocité des trois restes, le système de production s'attaque directement aux trois dimensions qui constituent, comme ses conditions, l'élément même de la pensée. Ces trois dimensions sont la *transcendance*, le *langage* et l'*incarnation*.

Il faudrait en préciser la teneur. Ouvrons ici une parenthèse, en forme de simple remarque, susceptible d'en indiquer au moins une direction. Deux rapprochements simultanés peuvent être tentés ici. Le premier consiste à rapporter ces trois dimensions essentielles de la pensée aux trois existentiaux — affection, comprendre et parler — mis au jour par l'analytique existentiale du *Dasein* au chapitre VI de la première section d'*Être et Temps*. Ces trois existentiaux constituent les trois modes fondamentaux de l'ouverture du *Dasein* comme être-au-monde. L'affection *(Befindlichkeit)* est analysée par Heidegger comme tonalité *(Stimmung)*, être-intoné, par quoi se constitue primairement l'ouverture au monde du *Dasein*. Cette tonalité originaire ouvre et configure simultanément l'être-jeté, la totalité de l'être au monde, et l'abord même de l'étant.

Elle précède ainsi, configure et rend possible même la plus élémentaire intuition sensible, qui ne pourrait se produire « si l'être-au-monde affecté ne s'était déjà assigné à une abordabilité — prédessinée par des tonalités — par l'étant intramondain. »[32] L'être-intoné de l'affection constitue ainsi comme une phénoménologie de l'être-incarné, se déployant primairement dans un espace des tonalités. La tonalité pourrait être dite le *parfum* de l'incarnation, au travers duquel seul « de l'étant abordant peut faire encontre »[33]. Le rapprochement du langage au parler *(Rede)* est évident. Celui de la transcendance au comprendre *(Verstehen)* l'est beaucoup moins. Le terme allemand indique un « se tenir debout », « se dresser », « subsister » *(stehen)* « pour », « contre », voire « mal », le préfixe *ver-* jouant un rôle similaire au *para-* grec. Il désigne donc un mode fondamental de l'existence même, comme « se tenir vers le monde », qui accompagne nécessairement et suit toute affection tonale. Ouvrant aux possibilités propres du « se tenir », il renvoie le *Dasein* aux possibilités de son engagement, de sa prise singulière au monde, le préfixe *ver-* indiquant l'éventail des modes de cette prise, pouvant notamment se traduire par une mé-prise ou une dé-prise. C'est en ce sens tout à fait fondamental que Heidegger en fait un existential :

> « Le comprendre est l'être existential du pouvoir-être propre du *Dasein* lui-même, de telle sorte que cet être ouvre en lui-même "où" il en est avec lui-même. »[34]

Le comprendre est ainsi foncièrement constitué par le *projet* de l'être-au-monde qui, ouvrant le tout des possibilités du *Dasein*, à partir de l'affection tonale, oriente celui-ci vers la transcendance en tant qu'horizon pour toute possibilité d'être[35]. Ainsi, pourrions-nous dire, de même que l'affection ouvre le comprendre dans le parler, l'incarnation ouvre la transcendance dans le langage.

Un passage, court mais plus capital qu'il n'y paraît, des *Beïtrage* ren-

32. M. Heidegger, *Être et Temps*, *op.cit.*, § 29, [137], p. 115.

33. *Ibid.*, [138].

34. *Ibid.*, § 31, [144], p. 119.

35. *Cf. ibid.*, § 69 b, c.

force ce premier rapprochement, et en appelle un second. Consacré à l'abandonnement de l'être comme fondement du nihilisme des temps de détresse, il pointe vers « l'assombrissement de l'état du monde et la destruction de la terre, sous les aspects de la *célérité*, du *calcul*, de la *revendication exercée par tout ce qui se présente en masse* »[36]. Il s'agit là des trois modes de la dissimulation de l'abandonnement de l'être, par quoi « l'inessence acharnée de l'abandonnement par l'être se fait inattaquable »[37]. Quoique Heidegger ne le fasse pas explicitement, ils peuvent être reliés aux existentiaux, dont ils constituent en quelque sorte la plus intense inauthenticité. Le « calcul », ou peut-être vaudrait-il mieux dire ici « évaluation » (*die Berechnung*) — nous avons en effet déjà longuement présenté l'élargissement sémantique très important qu'impose l'emploi du terme *Rechnen*, « calcul », par Heidegger, qui n'est pas celui employé ici — organise « la saisie préalable (encore peu clarifiée) en propositions directrices et règles, et pour cette raison la sûreté dans le guidage et la planification, l'*expérimentation* ; absence de question [...] ; plus aucun besoin de se poser la question concernant la pleine essence de la vérité »[38]. L'évaluation calculante accomplit ainsi d'une certaine façon la pleine destitution du parler. La célérité (*die Schnelligkeit*) renvoie à l'intranquillité, au « besoin maladif d'être surpris par la vitesse avec laquelle on est sans cesse de nouveau entraîné ailleurs », au « nécessaire oubli instantané » et à « l'accroissement purement quantitatif »[39] — bref : à une forme totalement déprimée de l'affection, sans plus aucune tonalité que celle, précisément atonale, de la pure quantité de mouvement comme unique qualité de l'étant[40]. Enfin, l'irruption des masses, la massification (*der Aufbruch des Massenhaften*), n'est que la conséquence « du poids qu'a fini par prendre le nombre et le calculable, c'est-à-dire ce qui est accessible à tout un chacun de la même façon », dès lors que « calcul et célérité fournissent à ce qui est en masse le cadre aussi bien

36. M. Heidegger, *Apports à la philosophie. De l'avenance*, *op. cit.*, § 56, [119], p. 146.

37. *Ibid.*, § 57, [120], p. 147.

38. *Ibid.*, § 58, [120], p.147-148.

39. *Ibid.*, [121], p.148.

40. Heidegger parle, un peu plus loin, de « quantité en tant que qualité » (*ibid.*, § 70, [135], p. 162).

que la ligne à suivre»[41]: cette «massivité» est un comprendre univoque et sans ouverture, dès lors que les possibilités du *Dasein* sont contraintes à se réduire au plus abstrait et vide «commun pur». On le voit, ces trois modes de l'abandonnement de l'être s'apparentent à une compression maximale des trois existentiaux. Or ils peuvent être clairement rapprochés de notre triade systémique, attendu que l'évaluation émane de la compression logistique du langage en pur code connectif, la célérité n'est autre que le dynamisme des transferts énergétiques, et donc l'unique abord compréhensif de l'étant lorsque celui-ci est univoquement représenté comme *quantum* d'énergie, et que la massivité n'exprime rien d'autre que le poids de la pure commande, ce que nous avons appelé la «quasi-immanence» du pur déclenchement rétroactif, ou mécanisme.

Ces rapprochements éclairent dans une certaine mesure la portée de l'horizon de la technique, dont la triade systémique tâche de donner le fin mot, sur l'ensemble de la pensée heideggérienne. Ils restent toutefois délicats, du fait de l'intime relation des trois termes au sein de chaque triade. Si le règne de la commande implique bien la fermeture à toute transcendance, par la prise univoque dans la quasi-immanence de la masse, il est bien sûr inséparable de la réduction de la dimension du langage à la seule évaluation connective enserrant désormais toute parole, de même qu'il co-détermine la compression absolue de toute tonalité par la réduction énergétique de l'étant, dont la seule manifestation n'est plus que la mobilité de transformation. Inversement, seule l'ouverture de la transcendance peut donner lieu, au sens strict de donner un espace de déploiement, à la tonalité de l'incarnation et à la parole se déployant dans la dimension du langage.

Mais à vrai dire, ce double rapprochement — des trois dimensions noétiques aux trois existentiaux, et de la triade systémique aux trois modes de dissimulation de l'abandonnement de l'être — pourra surtout paraître étrange du fait de l'apparition du terme d'*incarnation* à proximité de développements d'*Être et Temps*. Évidemment, il faut bien avouer que cela n'est pas très «heideggérien» *stricto sensu*. Certes. Seulement, si selon une ritournelle devenue classique, le corps est le grand absent de la pensée de Heidegger, c'est surtout

41. *Ibid.*, § 58, [121-122], p. 149.

et d'abord par l'interprétation univoque de l'incarnation à partir de l'ouverture du *Dasein*, et de la médiation à partir de la Différence. Mais «interprétation» n'implique pas «absence»; c'est très exactement le contraire qui est vrai. Une conséquence, qui n'est pas mince, de notre confrontation de la détresse et du système, consiste à y montrer l'affleurement «débordant», à côté de la transcendance et du langage, de ce thème de l'incarnation, et plus généralement du «problème» de la médiation au cœur de l'œuvre heideggérienne. Les questions à poser seraient alors, à rebours de Heidegger mais grâce à lui: comment penser l'ouverture à partir de l'incarnation, et la différence à partir de la médiation? Questions «médiévales» par excellence, qui ne pouvaient être celles de Heidegger, en raison même de l'orientation de son interprétation, centrée qu'elle fut sur le couple pensée grecque-pensée moderne. Comme le souligne en effet décisivement Rémi Brague:

> «Heidegger ne dit pas grand-chose de la façon dont on faisait l'expérience de l'*ego* entre l'époque grecque et la révolution cartésienne. Il n'explique pas non plus comment on faisait l'expérience du monde. La pensée médiévale ne fait guère plus que lui fournir une toile de fond sur laquelle la pensée moderne devient visible, sans qu'elle reçoive un contenu défini, et sans même qu'elle en ait besoin.»[42]

Cette omission, d'envergure, n'est du reste pas propre à Heidegger lui-même. Il ne fait là au fond que suivre une pente, certes bien dommageable, et peut-être catastrophique, en tout cas manquant quelque peu de probité ou de justice vis-à-vis de cette pensée médiévale qu'il connaissait pourtant si bien. Cette pente n'est autre que la pente occidentale depuis l'autoproclamée «Renaissance», et qu'ont suivi, accentué et jalonné les auto-instituées «Lumières». Sur ce point au moins, Heidegger n'aura pas fait preuve d'une grande originalité: il reste «kantien», articulant directement le socle cartésien de la pensée

42. R. Brague, *Au moyen du Moyen Âge. Philosophie médiévales en chrétienté, judaïsme et islam,* Chatou, La Transparence, 2006, nouvelle édition revue et corrigée, coll. «Champs essais», Flammarion, p. 171.

moderne à celui, aristotélicien, de la pensée antique. Bien qu'il fasse souvent référence à l'entre-deux médiéval, que ce soit par saint Augustin ou Duns Scot, il ne semble pas lui reconnaître de singularité clairement établie dans le cours de l'histoire de la métaphysique. Il y a des chances pourtant qu'il y puise l'idée même de constitution onto-théologique de la métaphysique. Mais le moins que l'on puisse dire est qu'il ne l'y rapporte pas explicitement, faisant de cette constitution l'essence de la métaphysique en tant que telle, dont Aristote et Descartes restent les représentants fondamentaux. Autant dire qu'un tel enjambement passe par un certain « oubli », aussi massif que ceux qu'il dénonce, celui bien sûr de saint Thomas d'Aquin. Alors forcément, l'incarnation n'est pas son fort. Mais nous la voyons ici en quelque sorte presque ressurgir. Peut-être malgré lui. Fermons la parenthèse.

Les trois dimensions noétiques sont signalées à rebours par l'imposition de la triade systémique. En effet, l'apothéose de la systémique passe précisément par ces trois angles d'attaque : la transcendance se voit rabaissée à l'horizontalité de la commande généralisée ; le langage se voit comprimé dans le régime général de la connexion ; l'incarnation est univoquement déréalisée comme pure présence énergétique. Mais alors, qu'en lieu et place de la trinité des dimensions noétiques *transcendance-langage-incarnation* s'impose la triade *commande-connexion-énergie*, implique nécessairement que la pensée soit, au sens propre, rendue *accessoire*. Le déploiement inconditionné du système comme tel — le système productif, *Gestell* — dont l'avènement de la systémique est à la fois l'instrument et le témoignage, n'accomplit rien moins que la *séparation radicale du système et de la pensée*.

Les deux étaient intimement et essentiellement reliés au sein de la configuration métaphysique de l'histoire de la philosophie. Le « système essentiel », c'est-à-dire la constitution onto-théo-logique de la métaphysique telle que l'a exhumée Heidegger, est précisément le lieu de la *correspondance* entre système et pensée — correspondance que nous avons fugitivement rencontrée précédemment lorsqu'il s'agissait de questionner l'essence de la proposition métaphysique, signifiant le dialogue principiel au creux de la coappartenance. Mais dans l'achèvement et l'épuisement de l'onto-théo-logique métaphysique dans et par le système de production, le système comme tel s'autonomise et s'affranchit de la pensée, pour la raison très simple qu'il n'en a plus besoin. Au sens propre, il devient *autonome*, c'est-à-dire qu'il se produit à lui-même son propre *calcul*. En quoi il est bien le Système de production supposé comme son hypothèse métaphysique fondatrice par la raison systémique. C'est à cet arrachement au dialogue nécessaire, et donc cette rupture consommée entre système et pensée qu'il doit son avènement.

Ainsi l'époque, la nôtre, c'est-à-dire celle qui s'ouvre «après Hegel», voit l'advenue non pas du Système de la Science comme forme de l'Esprit absolu et effectivité de la pensée comme pensée de la pensée, mais bien du système de production, désormais arraché à la relation métaphysique essentielle qui le liait à la pensée, et par là intégralement *séparé*. Notre temps est celui de la *séparation*[43]. Mais c'est précisément ici, dans cet arrachement, dans cette séparation radicale, qu'un retournement doit pouvoir se distinguer comme *possible*, à partir de la détresse même de la séparation. Car cette séparation signifie précisément ceci: le système ne peut plus en aucun cas être considéré ni comme effectivité du penser, ni même comme support pour la pensée, conceptions «systématiques» qui sont celles de la tradition métaphysique jusqu'à Hegel. Avec Nietzsche, la séparation s'accomplit et se présente comme un «dos à dos» irrévocable: face à l'autonomisation du système, repéré incomplètement par Nietzsche sous la forme des symptômes «modernité», «décadence», «socialisme», «État», la pensée elle-même doit s'autonomiser et tourner le dos à la «systématique» métaphysique ayant eu cours jusque-là, mouvement pouvant inclure d'ailleurs l'hypothèse d'un nouveau système, qui serait le système de cette séparation. Ce projet de constitution d'un système de la séparation d'avec la systématique fut précisément celui du maître-ouvrage inaccompli *La volonté de puissance*. C'est bien là le thème et l'objectif central de la transvaluation de toutes les valeurs: installer la pensée *dans* l'élément de la séparation, mais en tant que cette séparation est univoquement caractérisée par Nietzsche comme *autonomie de la Volonté*. C'est pourquoi, dit Heidegger, Nietzsche reste encore pris dans le «système essentiel»:

43. *Cf.* M. Heidegger, «Pourquoi des poètes», *op.cit.*, p. 353: «La production technique est l'organisation de la séparation.»

il reste pris dans l'entente systématique du système, dont il s'agit de séparer la pensée. Il ne prend pas garde que c'est le système lui-même qui organise cette séparation, cette expulsion de la pensée. La séparation ne saurait donc constituer un quelconque programme pour la pensée sous la forme d'un « nouveau système », cette remarque valant également pour Marx. Prendre acte de l'advenue systémique du système de production implique au contraire d'apercevoir que littéralement, la séparation est aussi et dorénavant le lieu d'un *face à face*, dans lequel le système doit désormais devenir non plus support mais bien visée de toute considération. C'est donc apercevoir que s'y prodigue simultanément la séparation comme *expulsion* de la pensée et la séparation comme *injonction* de la pensée. La séparation installe la pensée dans l'injonction de son nouveau départ, injonction qui constitue comme le quatrième *reste*, séparé de et face à la triade systémique des restes énergie-commande-connexion. Ce dernier reste, inapparent par définition puisque l'intégralité de l'apparent est absorbé dans le système général, la pensée ne peut désormais rien faire d'autre que s'y installer de plein pied, comme en sa propre détresse.

Conclusion

La triade systémique et la fin de la philosophie

Nous avions terminé notre introduction par la question qu'impose la suspension principielle de l'époque de la pure actualité : celle de la place que se voit réservée la détresse de la pensée face à la domination du système comme tel où s'actualise la détresse du monde. Le poinçon ineffaçable de l'orientation qui fut celle de Heidegger consiste à montrer que cette détresse de l'époque est intégralement déterminée par l'essence de la technique, le *Gestell*. Or, on l'a vu, il faut ici entendre le *Gestell* heideggérien comme le rassemblement unifié des trois réductions énergie, commande et connexion. En tant que tel, il est le *Système de production*, comme isomorphisme de l'organisation *et* production de l'organisation. La science contemporaine, c'est-à-dire l'articulation même de l'époque de la technique, ou autrement dit son «langage», met l'homme face au *Gestell* comme au destin le plus intime de la pensée, en tant qu'elle le place face à la possibilité de penser l'*accord* comme fond du σύστημα. Cet accord fondamental est désigné par Heidegger par le terme d'*Austrag*, qui constitue, avec l'*Ereignis*, la pointe de sa pensée de la détresse. L'advenue du Système comme tel, parce qu'elle pointe en direction de l'*Austrag*, constitue donc en même temps une occasion insigne, comme le répète à l'envi Heidegger, l'occasion de la plus extrême faveur, l'occasion de la pensée, dont l'horizon est précisément cet accord principiel. La pensée n'est autre que l'expérience de la copropriation de l'être et de l'homme donnant en retrait leur coappartenance sur laquelle peut s'établir leur correspondance. Elle ne se déploie donc qu'à partir de l'accord primordial qui ouvre et maintient la différence de l'être et de l'homme.

Nous retrouvons ici la distinction des deux unités : le système de l'unification comme production de l'organisation pure, porte par devers lui le système de l'unité comme accord de l'appropriation réciproque. Mais nous apercevons surtout pourquoi l'injonction de la détresse de l'époque impose à la pensée de prendre pied au cœur même de cette détresse. Ce district de la détresse, c'est le système, dont la pensée doit traverser l'épreuve en direction de l'accord. Le péril n'est donc pas tant la détresse elle-même que son ignorance, ou plus précisément son *oubli.* Le péril est bien que le principe du Système, l'essence de la production qu'est l'accord, tombe définitivement dans l'oubli face à l'éclat de l'organisation de la connexion :

> « La technique n'est pas ce qui est dangereux. Il n'y a rien de démoniaque dans la technique, mais il y a le mystère de son essence. C'est l'essence de la technique, en tant qu'elle est un destin de dévoilement, qui est le danger. »[1]

Laissant provisoirement le démoniaque de côté, focalisons-nous sur ce qu'affirme ici Heidegger à partir de ce qui a pu être dégagé jusqu'à présent. L'essence de la technique, le *Gestell,* est le système comme imposition et totalisation du dévoilement de l'organisation de la connexion, par quoi tout différencié est unifié, comme pur élément, ou *quantum*, énergétique, dans et par le système. Ce dévoilement occulte et laisse voilée sa propre essence qu'est le produire comme tel, c'est-à-dire l'unité de l'identité et de la différence, comme coappartenance « accordée », où seulement tout produire peut avoir lieu ; l'accord fondant le « faire ». Ce qu'*atteste* donc,

1. M. Heidegger, « La question de la technique », *op.cit.*, p. 37.

et occulte en même temps la science comme théorie du système, est cette faveur où la pensée est conduite devant son « destin de dévoilement » comme pensée du Possible, à partir de l'essence de la production. Mais en tant que cette faveur est également le plus grand péril : péril de l'oubli de cette essence dans l'incorporation universelle au sein de l'organisation de la connexion systémique. Le système impose par devers lui l'injonction de la pensée, à partir de la séparation qui est désormais le lot de la détresse de la pensée.

Où peut se lire une telle injonction ? Que peuvent signifier les formules à l'emporte-pièce par lesquelles nous avons conclu le dernier chapitre : « penser *face* au système », « prendre pied dans la séparation » ? Nous en avons donné une indication rapide : l'épuisement de l'onto-théo-logie — qui est aussi l'accomplissement de la « métaphysique des réductions », comme réduction maximale, en somme — dans la triade systémique énergie-commande-connexion, qui ordonne l'époque comme pure séparation, constitue en même temps comme le rappel décisif de la pensée à ses trois dimensions propres. Que l'ontologique s'épuise dans l'énergétique, le théologique dans le cybernétique, le logique dans le connectif pointe vers cela qu'en deçà de l'onto-théo-logique métaphysique joue le triparti *incarnation-transcendance-logos* dans lequel la pensée trouve son élément le plus propre. Et l'épuisement doit alors se lire comme injonction de la pensée de ce triparti, injonction dont l'avènement du *Gestell*, du système de production comme tel, est donc le moyen nécessaire. Autrement dit, l'imposition systémique, et la séparation absolue qui l'accompagne, consistent en une triple infliction faite à la pensée : l'énergie inflige la dimension de l'incarnation ; la commande, celle de la transcendance ; la connexion celle du *logos*.

Cette simple indication nous replonge dans une certaine perplexité. Car voilà que notre lecture « systémique » du *Gestell* heideggérien nous amène à introduire un triparti, là où Heidegger oriente l'intégralité de sa pensée, à partir de sa lecture de Hölderlin, vers le Quadriparti *(Geviert)* comme structure ultime de l'être en tant qu'être, qu'il introduit notamment dans sa conférence *La chose*[2]. La difficulté est ici d'envergure. Comment en effet peut s'articuler

2. M. Heidegger, « La chose », *Essais et conférences*, *op.cit.*, p. 212-216.

ce que nous venons de déterminer comme élément tripartite de la pensée, à savoir les trois dimensions *incarnation-transcendance-logos*, avec le quadriparti rassemblant à partir de la chose les deux couples divins et mortels—terre et ciel, comme ultime nom du jeu de l'être à partir de quoi se déploie le «monde»[3] ? Nous ne pouvons ici que laisser ce difficile questionnement lui-même en suspens. Mais il apparaît d'ores et déjà clairement que cette articulation, ou peut-être non-articulation, de la triade au quadriparti constitue la pointe de ce qu'il s'agit ici d'orienter, en se confrontant à la perspective heideggérienne, comme «pensée face au système». Question à la fois incontournable et particulièrement délicate, donc, impliquant notamment, peut-être, une réévaluation du «nouveau départ» de la pensée vers lequel Heidegger se tourne tout uniment.

Mais quelle est précisément la teneur de cette «autre pensée»? D'où tire-t-elle, à suivre Heidegger, sa nécessité? Nous avons déterminé la situation de l'époque comme séparation et injonction de la pensée *face* au système, c'est-à-dire face au rassemblement unifiant de la triade énergie-commande-connexion. En elle se «termine» la philosophie, par l'advenue triomphante de la science comme théorie du système qui détermine de part en part une telle époque comme *technique*. Aussi Heidegger fait-il de cette époque l'envoi destinal du *Gestell*: le système, séparant la pensée, advient comme destin pour la pensée en tant qu'injonction de la pensée. La philosophie prend «fin», c'est-à-dire qu'elle s'arrête devant l'obstacle de son nouveau départ comme pensée *face* au système. Dès lors cette «fin» prend maintenant une tout autre tournure: dans l'advenue de son destin, face au système comme tel, la philosophie reste bouche bée. La situation de la «fin de la philosophie» est bien celle d'une *aphasie philosophique*, comme nous l'avions déjà laissé sous-entendre. Ce silence de la philosophie tranche avec, et doit s'entendre en-deçà de la multitude des énoncés technico-scientifiques qui visent à absorber l'obstacle dans la totalité systémique de la triade énergie-commande-connexion. Que ces énoncés prennent parfois une posture «philosophante» ne doit

3. *Cf.* M. Heidegger, «La parole», *op.cit.*, p. 24: «Ce cadre uni de Ciel et Terre, Mortels et Divins, ce cadre qui est mis en demeure dans le déploiement jusqu'à elles-mêmes des choses, nous l'appelons le "monde"».

pas occulter qu'il s'agit bien là d'un contournement, et même d'un forçage de l'obstacle, dans lequel l'interrogation ne parvient qu'à parler par-devers lui, construisant de nouveaux systèmes au sein de la systémique généralisée. La « face » du système comme tel, c'est-à-dire en même temps la question de l'être en tant qu'être sous sa forme à la fois la plus voilée et la plus insistante, est laissée dans le silence au sein duquel elle correspond encore, et même plus que jamais, à la philosophie, lui enjoignant de prendre son nouveau départ comme pensée de l'obstacle, *pensée de la séparation* : pensée, face au système comme tel, de l'essence du système comme tel—l'*Austrag*, l'*accord*. En tant qu'il est ce reste de correspondance silencieuse, l'obstacle est nommé par Heidegger « l'Incontournable inaccessible qui régit entièrement les sciences »[4] : incontournable, parce qu'il se donne dans la totalité systémique ; inaccessible, parce que son accession supposerait précisément de s'installer dans la séparation, et donc de ne plus s'appuyer sur le système, qui pourtant domine et détermine désormais la totalité des rapports à l'étant. Dans l'époque règne donc cette *situation* absolument inextricable, intégralement paradoxale, et pour tout dire parfaitement absurde[5], régie par ce que Heidegger nomme l'obstacle inapparent de l'Incontournable et de son « passer outre », son forçage, et par le silence philosophique qui en constitue la seule réponse. Le « passer outre » est celui de la domination à la fois de l'éclat et du bruit de la théorie du système se développant et s'imposant dans toutes les sphères de l'étant :

> « Pour autant que l'inapparence est un trait fondamental de la situation elle-même, celle-ci n'est suffisamment déterminée que lorsque nous disons : La situation qui domine l'être de la

4. M. Heidegger, « Science et méditation », *op.cit.*, p. 75. L'expression allemande est « *das unzugängliche Unumgängliche* ».

5. Ainsi, caractérisant ce qu'ouvre l'achèvement nietzschéen de la métaphysique, Heidegger parle de « l'ère de la parfaite absurdité ». *Cf.* M. Heidegger, *Nietzsche II*, trad. fr. P. Klossowski, Paris, Gallimard, 1971, p. 23 : « C'est à l'époque de la parfaite absence de sens que s'accomplit l'essence des Temps modernes ».

> science, c'est-à-dire de la théorie du réel, est l'Incontournable inaccessible auquel il est constamment passé outre.»[6]

Aussi, la fin de la philosophie n'est ni son constat d'échec, ni son aboutissement, mais son arrêt et son silence dans la situation inapparente où, face à l'obstacle qui lui est destiné, son langage reste inadéquat à l'entente de l'injonction silencieuse de l'obstacle. Cette inadéquation réside précisément dans la séparation à laquelle elle doit faire face: séparation du système et de la pensée, signifiant pour la philosophie l'injonction incontournable du deuil du système. Elle n'est plus en mesure de *comprendre*—au double sens d'inclure et de maîtriser—le système. Elle doit désormais penser *face* à lui. Autrement dit, dès lors que le système comme tel advient, la philosophie se voit renvoyée à la *pensée comme telle*. Autant dire à sa propre origine. C'est pourquoi dans l'advenue de l'obstacle se réentend—doit se réentendre—l'appel de celui-ci dans l'histoire de la philosophie comme appel de la pensée comme telle; dans cette advenue règne la possibilité que la philosophie s'entende elle-même comme la correspondance pensante à l'obstacle. Ainsi le silence philosophique et l'inapparence[7] de l'obstacle recèlent l'injonction du «nouveau départ», qui, en tant qu'il est destinal, est à la fois un «retour»:

> «Le voyage vers "Ce qui mérite qu'on interroge" n'est pas une aventure, mais un retour au pays natal.»[8]

On l'a compris, l'enjeu est le plus capital puisqu'il s'agit de rien moins que de retrouver le sol, l'élément même du déploiement de la pensée. Et un tel retour est tout sauf un caprice rhétorique, voire une décision arbitraire d'ordre idéologique. Il est imposé par la séparation qu'ordonne l'avènement systémique. Face à un tel enjeu, l'aphasie philosophique constitutive de la situation ordonne que la pensée précisément s'installe dans cette aphasie, qu'elle y trouve son site et son élan. La perspective

6. M. Heidegger, «Science et méditation», *ibid.*

7. *die Unscheinbarkeit*: «discrétion».

8. *Ibid.*, p. 76.

heideggérienne donne une forme à cet élan, comme remémoration et prospection, *Andenken* et *Vordenken*. Dans ce double élan la pensée répond au silence de la détresse philosophique, comme à l'injonction du nouveau départ en tant que pensée de l'obstacle, pensée du système comme tel, pensée de la séparation. Prenant pied dans l'aphasie, la philosophie devient pur questionnement, abandonnant ainsi le support du système qui lui était jusque-là si naturel, et même consubstantiel. Elle prend ainsi acte de sa séparation désormais principielle, qui fait précisément le fond de sa détresse. Par quoi elle ne peut plus que *préparer* la pensée de l'obstacle. En quoi elle redescend « dans la pauvreté de son essence provisoire »[9].

L'interprétation « systémique » de la pensée heideggérienne de la détresse du monde clarifie en grande part l'articulation fondamentale qu'elle établit entre détresse et technique. Elle éclaire également, on vient de le voir, la consistance et la nécessité de l'« autre départ » pour la pensée, que Heidegger appelle instamment à préparer, parce qu'elle permet de commencer à discerner ce qui fait de l'époque de la suspension principielle le temps de la « fin de la philosophie ». Il n'en reste pas moins vrai que la radicalité du diagnostic de la « fin » ne laisse pas de rebuter, laissant subsister comme une gêne, un aiguillon, résistant à cette nécessité semblant pourtant fermement établie : la philosophie se termine dans l'apogée du système comme tel, imposant de circonscrire l'espace d'un nouveau départ à la pensée. S'il est absurde, et sans doute malhonnête, de condamner le diagnostic comme absurde, il l'est au moins tout autant de le considérer comme allant de soi, y compris après en avoir déplié les conditions. Aussi nous faut-il réitérer une interrogation déjà suggérée ici ou là dans cet essai. Après avoir suivi Heidegger, via l'interprétation de la « raison systémique », dans son diagnostic sur la situation de l'époque comme détresse technique, sommes-nous également tenus de le suivre quant aux conséquences qu'il en tire sur la fin de la philosophie et la possibilité ouverte d'un « autre départ » de la pensée, départ non métaphysique car regardant, au-delà de l'onto-théologie, vers l'*Austrag* et l'*Ereignis* ? L'accomplissement du système comme tel, s'il induit bien une certaine forme nécessaire d'« aphasie », de silence de

9. M. Heidegger, « Lettre sur l'humanisme », *op.cit.*, p. 127.

la philosophie, doit-il signifier univoquement sa fin pure et simple ? Autrement dit, la séparation du système et de la pensée signifie-t-elle nécessairement la séparation de la pensée et de la philosophie ? Les deux séparations sont-elles vraiment équivalentes ? Poser cette équivalence ne revient-il pas à suivre dangereusement la pente même tracée par l'apothéose systémique, et vouloir artificiellement résoudre ce qui n'est autre que la suspension propre à la philosophie dans ce temps de suspension, c'est-à-dire précisément sa *détresse actuelle* ? Il faudrait, pour espérer avancer quelque peu dans ces questions massives, d'évidents nouveaux développements, notamment quant à la concrétion et la généalogie de cette « fin ». Ils feront l'objet d'un prochain volume. Mais ce qui a été dégagé ici nous permet déjà d'en entrevoir quelques jalons. Et ceux-ci me semblent pouvoir laisser deviner une autre direction, dans laquelle l'équilibre délicat qu'exhibait notre petit schéma d'introduction pourrait trouver *encore* une consistance, *malgré* le système.

D'une certaine façon, l'accomplissement systémique de la métaphysique implique plus une *neutralisation* générale de ses possibilités, selon les trois directions de l'onto-théo-logie, que sa terminaison au sens strict. Neutralisation passant par une expulsion pure et simple de la pensée, selon les trois modalités de la question, de l'adresse et du mystère. Elle opère selon les trois restes, constituant l'apothéose métaphysique du système onto-théo-logique, qu'ils neutralisent, épurent et renversent sous la forme du système comme tel. L'énergie s'avère la neutralisation ultime de l'ontologie par expulsion de la *question* de l'être ; la commande neutralise la théologie par expulsion de l'*adresse* divine ; la connexion neutralise la logique par expulsion du *mystère* de la dispensation du langage. Aussi, cette neutralisation métaphysique applique comme une *compression* absolue de l'étant, en tant que tel et en totalité, sur la pure systémicité. En quoi, rappelons-le en passant, elle marque bien l'imposition d'une *détresse* fondamentale, comme contrainte de l'étroitesse, et non la généralisation d'une sorte d'affection de *dépression*, ni l'advenue historique d'une crise universelle de la pensée moderne. Il s'agit bien, plus essentiellement, d'une *détresse métaphysique*. Cette compression signifie la véritable épuration des trois dimensions noétiques de l'incarnation, de la transcendance et du langage, rabotées à leur plus strict minimum, sous la forme des « restes » énergie, commande et connexion.

Autrement dit, il n'est pas certain que l'époque se laisse parfaitement circonscrire selon le *nihilisme* caractérisé par Nietzsche comme le fond essentiel de la modernité en conséquence directe du platonisme puis du christianisme, et qui fut un aiguillon majeur du parcours de Heidegger. Car dans ce « rien » de la suspension, il reste bien pourtant quelque chose, les trois *restes* précisément. Nul doute que ceux-ci ne soutiennent rien d'autre qu'un *désert*, comme l'a décisivement pointé l'intuition nietzschéenne : avec l'avènement systémique, en effet, « le désert croît »[10]. Mais il s'agit sans aucun doute d'un désert parfaitement inédit, fondé qu'il se trouve par la plénitude technique de la production pure, sans question, adresse ni mystère, dans laquelle le thème même de l'essence de la production, l'accord, est tout simplement effacé. Ce *désert systémique* s'avance comme puissance réalisée du Neutre, neutralisant le tout de l'étant comme système général auto-productif dans le strict horizon de la production pure—neutralisation de l'actualité comme pure *effectuation*. La domination sans partage du régime systémique signifie la désertion de l'être par l'emprise de tout étant selon l'unique horizon de la triade énergie-commande-connexion. La neutralisation s'avère bien ainsi une « désolation », en tant que la domination univoque des trois restes prescrit, organise et assure la « décroissance » de l'être en pure systémicité. À la désolation, Heidegger apporte une nuance capitale :

> « Mais la désolation barre l'avenir à la croissance et empêche toute édification. La désolation est plus sinistre que le simple anéantissement. Lui aussi abolit, et même encore le rien, tandis que la désolation cultive précisément et étend tout ce qui garrotte et tout ce qui empêche. »[11]

La désolation est décroissance parce qu'elle abolit toute possibilité de croissance hors d'elle-même, en quoi elle « cultive ce qui empêche » tout développement hétérogène à son ordre propre. Elle

10. F. Nietzsche, « Parmi les filles du désert », *Ainsi parlait Zarathoustra*, trad. fr. M. de Gandillac, Paris, Gallimard, coll. « Folio essais », 1971, p. 368 : « Le désert croît, malheur à qui recèle des déserts ! ».

11. M. Heidegger, *Qu'appelle-t-on penser ?*, *op.cit.*, p. 36.

ne fait croître qu'elle-même, par quoi effectivement « le désert croît ». Elle est fondamentalement *puissance de neutralisation*, et *accroissement de cette puissance*, faisant croître la décroissance de l'être en neutralisant le tout de l'étant. Elle n'est donc pas l'anéantissement nihiliste de toute production, mais installe au contraire le règne total de la production pure comme décroissance et compression ultime de l'être sur les trois restes systémiques[12]. Elle neutralise toute production, toute « poïétique », dans l'élément de la production pure par quoi s'auto-constitue et s'entretient le système comme tel.

Alors d'un certain point de vue, on peut bien en effet parler d'apothéose, dès lors que la « métaphysique des réductions », selon la formule que nous avions proposée à propos de la réduction de la relation de l'identité et de la différence à la seule variation du distinct et de l'indistinct, trouve dans cette triade systémique son comble, la *réduction* devenant là maximale et absolue. Seulement ce comble signifie, du fait qu'il est l'apothéose d'une réduction allant jusqu'à l'épuration, en même temps un renversement. Certes, la métaphysique systémique fonde bien

12. La négligence de la domination systémique, au profit de la primauté univoque de l'action, induit un renversement du sens qu'il convient de donner à cette puissance de neutralisation, renversement qu'une certaine tendance de la philosophie contemporaine semble avoir résolument pris en charge. Que l'on songe par exemple à la stupéfiante déclaration d'Alain Badiou, commentant le quadruple constat que Heidegger établit dans son *Introduction à la métaphysique* de 1935 : « De telle sorte que la fuite des dieux est aussi le bénéfique congé qui leur est donné par les hommes ; que la destruction de la Terre est aussi son aménagement comme convenance à la pensée active ; que la grégarisation est aussi l'irruption égalitaire des masses sur la scène de l'histoire ; et que la prépondérance du médiocre est aussi l'éclat et la densité de ce que Mallarmé nommait l'action restreinte. » (A. Badiou, *Court traité d'ontologie transitoire*, Paris, Seuil, 1998, p. 27). C'est là la plus étrange, et pour le moins inquiétante, interprétation qui se puisse donner de cette décroissance systémique de l'être, devenue gentiment « l'aménagement de la Terre comme convenance à la pensée active ». Charmante formule en vérité, où résonne l'unique et rêche ambition de toute *bonne intention* qui se respecte, à savoir, comme dit l'adage, *l'aménagement de l'enfer*. Elle fait irrésistiblement penser à la réponse fabuleuse que fit Bernanos au journaliste malicieux qui lui avait posé, à l'occasion de la parution du roman « Sous le soleil de Satan », la faramineuse question « Avez-vous vu le diable ? ». Sa réponse finissait ainsi : « Je me le représente assez sous les traits d'un idéaliste qui baptise de noms évangéliques, à l'usage des nigauds, les forces obscures qui mettront demain l'univers à feu et à sang. » (G. Bernanos, *Le crépuscule des vieux*, Paris, Gallimard, 1956, p. 61).

décisivement l'efficience scientifique du calcul total du monde, mais inversement il contraint de manière inédite la pensée *parce qu'*il en neutralise le déploiement métaphysique. Autrement dit, la question cruciale, tant, directement, dans la perspective nietzschéenne du nihilisme que, indirectement, dans l'orientation heideggérienne vers l'« autre pensée », du « renversement » de la métaphysique, de son « dépassement », ou de son « surmontement »[13], et pour laquelle, redisons-le, d'autres développements seraient évidemment nécessaires, constitue peut-être rien moins qu'une erreur d'appréciation des *aboutissants*, mais sur la base d'un diagnostic parfaitement juste des *tenants*. La métaphysique, en s'accomplissant, s'est d'une certaine façon d'ores et déjà renversée toute seule : précisément dans la bascule de l'onto-théologie à la triade systémique. Si cette bascule confine en sa forme la plus desséchée le ternaire incarnation-transcendance-langage, elle en est en même temps l'ultime et décisive infliction. Par quoi il faudrait alors demander si ce qui se tient en retrait dans l'époque de la suspension ne serait pas la possibilité, non pas d'une pensée « a-métaphysique », mais de la renaissance de la pensée *comme métaphysique*, transformée par l'épreuve de sa finitude infligée par le système de production. Le « surmontement » de la métaphysique ne doit-il pas être entendu au sens du génitif subjectif plus qu'en son sens objectif ? N'est-ce pas à la métaphysique elle-même de surmonter l'épreuve du système comme tel ? Mais pour que de telles questions soient posées, un retour sur l'*Austrag* et son lien avec le ternaire noétique s'avère bien sûr incontournable. Une pensée de l'accord comme tel, et une métaphysique renouvelée se déployant dans l'espace ouvert par l'incarnation, la transcendance et le langage, seraient-elles alors réellement incompatibles, ou en dépendance mutuelle ? Ne seraient-elles pas plus simplement *synonymes*, pour peu que l'on veuille bien réexaminer

13. Les positions prises par Heidegger sont une variation et un affinement progressifs du même thème, depuis la *Destruktion* (« destruction », ou « déconstruction ») qui correspond à une refondation plus essentielle de la métaphysique par l'ontologie fondamentale dans *Être et Temps*, radicalisée en *Überwindung* (« dépassement ») de l'onto-théologie, et finalement en *Verwindung* (« surmontement ») comme abandon pur et simple de la métaphysique à son accomplissement technique (*cf.* F. Volpi, *op. cit.*, p. 127). Ce sont là les différents moments de sa confrontation au « renversement » nietzschéen.

la consistance de cet accord principiel ? Nous renvoyons à d'autres calendes la tentative d'ascension de ces massifs.

Une dernière indication tout de même, celle de l'épreuve. Peut-être y a-t-il ici confusion quant à la teneur même de ce qu'il faut qualifier de *désert*. S'il n'est certes pas le simple vide nihiliste, le désert systémique ne saurait se réduire à la seule désolation. Le désert recèle en effet aussi l'insigne possibilité de toute espérance : il est le lieu de l'épreuve, c'est-à-dire de la *tentation*. Une image saisissante en est donnée par saint Augustin, commentant le texte des évangiles de saint Matthieu et saint Luc rapportant les trois tentations du Christ au désert[14]. Cette tentation, ou « convoitise », ou encore « concupiscence », Augustin la décline triplement : « la concupiscence de la chair, la concupiscence des yeux et l'ambition du siècle »[15]. Il pourrait paraître scabreux de vouloir à toute fin faire correspondre la triade systémique à cette triple convoitise. Comment pourtant ne pas voir dans la première une forme dégénérée, occultante, et intégralement neutralisée de la seconde ? La réduction *énergétique* occulte l'épreuve de l'incarnation que pointe « la convoitise de la chair ». La réduction *cybernétique* de la commande immanente pure occulte l'épreuve de la transcendance, que pointe « la convoitise des yeux » qualifiée par saint Augustin de « vaine curiosité qui se couvre du nom de connaissance et de science »[16]. La réduction *logistique* de la connexion pure occulte l'épreuve du *Logos*, que pointe « l'ambition du siècle », l'orgueil du monde, troisième et majeure tentation « qui consiste à vouloir être craint et aimé des hommes pour s'en faire une joie, qui n'est pas une joie »[17], c'est-à-dire à se faire « imitateur de Votre puissance »[18], froid et orgueilleux simulacre de la puissance du *Verbe*. Orgueil fondamental qui trouve sa source dans la langue elle-même, où se mêlent louange et blâme comme autant d'occasions de détournement de la vérité ; qui s'alimente de cela que « c'est une

14. Matthieu, 4 ; Luc, 4, 1-12.

15. Saint Augustin, *Les confessions*, Livre X (30), trad. fr. J. Trabucco, Paris, Flammarion, 2008, p. 271.

16. *Ibid.*, X (35), p. 281.

17. *Ibid.*, X (36), p. 285.

18. *Ibid.*

fournaise où nous sommes mis à l'épreuve chaque jour, que *la langue des hommes*»[19]. Dont le vecteur donc, est la stricte fermeture sur lui-même du langage comme pure *expression* connective autonome, dont il s'agit de tirer profit dans l'oubli absolu du mystère de sa dispensation. Bref, disons pour faire court que la triade systémique, en tant que puissance de neutralisation énergétique, cybernétique et logistique, s'avère comme la tentation, par essence triple, en son versant «métaphysique».

La systémique serait-elle alors le péché mortel de la philosophie ? Mais elle n'en serait plus la détresse. Elle n'en est peut-être donc pas tant l'accomplissement que la tentation. C'est ainsi à sa propre décision que la philosophie elle-même serait suspendue en ce temps d'*épokhè*, face à l'alternative que pose toute tentation : succomber ou affronter la détresse. Seule la reconnaissance de sa finitude principielle pourrait permettre de lever cette attente, ménageant ainsi l'accueil de la *grâce* qui lui fait, semble-t-il, désormais défaut.

19. *Ibid.*, X (37), p. 286. Nous soulignons.

Bibliographie

ALLEN (Timothy F.H.) et Starr (Thomas B.), *Hierarchy : perspectives for ecological complexity*, Chicago, University of Chicago Press, 1982.

ARISTOTE, *Métaphysique, Tome 1*, trad. fr. J. Tricot, Paris, Vrin, 1991.

ARISTOTE, *Métaphysique, Tome 2*, trad. fr. J. Tricot, Paris, Vrin, 1991.

AUBENQUE (Pierre), *Le problème de l'être chez Aristote*, 4e éd., Paris, PUF, coll. « Quadrige », 2002.

AUGUSTIN (saint), *Les confessions*, trad. fr. Joseph Trabucco, Paris, Flammarion, 2008.

BACHELARD (Gaston), *Le nouvel esprit scientifique*, 4e éd., Paris, PUF, coll. « Quadrige », 1991.

BACHELARD (Gaston), *La formation de l'esprit scientifique*, Paris, Vrin, 1993.

BADIOU (Alain), *Le concept de modèle*, Paris, Maspero, 1970.

BADIOU (Alain), *Court traité d'ontologie transitoire*, Paris, Seuil, 1998.

BEAUFRET (Jean), *Dialogue avec Heidegger. Approche de Heidegger*, Paris, Éditions de minuit, 1974.

BENOIST (Jocelyn), *L'a priori conceptuel. Bolzano, Husserl, Schlick*, Paris, Vrin, 1999.

BERNANOS (Georges), *Le crépuscule des vieux*, Paris, Gallimard, 1956.

BERTALANFFY (Ludwig von), *Théorie générale des systèmes*, trad. fr. J.B. Chabrol (1973), 2è éd., Paris, Dunod, 1993.

BLOY (Léon), *Exégèse des lieux communs*, Paris, Payot et Rivages, 2005.

BRAGUE (Rémi), *Au moyen du Moyen Âge. Philosophie médiévales en chrétienté, judaïsme et islam,* Nouvelle édition revue et corrigée, Chatou, La Transparence, 2006, réédit. coll. « Champs essais » Flammarion.

CARNAP (Rudolf), « La langue de la physique comme langue universelle de la science », trad. fr. Delphine Chapuis-Schmitz, *L'âge d'or de l'empirisme logique. Vienne-Berlin-Prague. 1929-1936*, sous la direction de Christian Bonnet et Pierre Wagner, Paris, Gallimard, 2006.

CAVAILLÈS (Jean), *Sur la logique et la théorie de la science*, Paris, Vrin, 1987.

CHAUVIER (Stéphane), « Simuler et faire simuler », in *Revue philosophique,* Paris, PUF, n°3/2008, p. 279-286.

COQUILLARD (Patrick) et Hill (David R.C.), *Modélisation et simulation d'écosystèmes. Des modèles déterministes aux simulations à événements discrets*, Paris, Masson, 1997.

EICHHOFF (Frédéric Gustave) et W. de Suckau, *Dictionnaire étymologique des racines allemandes, avec leur signification française et leurs dérivés classés par familles*, Paris, Thiérot, 1840.

FÉDIER (François), *Entendre Heidegger, et autres exercices d'écoute*, Paris, Le Grand Souffle, 2008.

FICHANT (Michel), *Science et métaphysique dans Descartes et Leibniz*, Paris, PUF, 1998.

FRANCK (Didier), *Heidegger et le christianisme. L'explication silencieuse*, Paris, PUF, 2004.

GLEICK (James), *« La théorie du chaos »*, trad. fr. Christian Jeanmougin, Paris, Flammarion, 1991.

GOODMAN (Nelson), « La nouvelle énigme de l'induction », », *De Vienne à Cambridge*, trad. fr. Pierre Jacob, Paris, Gallimard, coll. « TEL », 1980, p.193-218.

GRONDIN (Jean), « Prolégomènes à l'intelligence du tournant chez Heidegger », in *Les études philosophiques*, Paris, PUF, n°3, 1990.

HAAR (Michel), « Le tournant de la détresse », *Cahier de l'Herne Heidegger*, Paris, Éditions de l'Herne, 1983.

HEGEL (Georg Wilhelm Friedrich), *Phénoménologie de l'esprit*, trad. fr. Jean Hyppolite, Paris, Aubier-Montaigne, 1941.

HEGEL (Georg Wilhelm Friedrich), *Encyclopédie des sciences philosophiques. T. I : La science de la logique*, trad. fr. Bernard Bourgeois, Paris, Vrin, 1970.

HEIDEGGER (Martin), *Kant et le problème de la métaphysique*, trad. fr. Alphonse de Waelhens et Walter Biemel, Paris, Gallimard, coll. « TEL », 1953.

HEIDEGGER (Martin), *Essais et conférences*, trad. fr. André Préau, Paris, Gallimard, coll. « TEL », 1958.

« La question de la technique »
« Science et méditation »
« Dépassement de la métaphysique »
« Qui est le Zarathoustra de Nietzsche ? »
« La chose »
« ...l'homme habite en poète... »
« Logos »
« Moîra »
« Alèthéia »

HEIDEGGER (Martin), *Qu'appelle-t-on penser ?*, trad. fr. Aloys Becker et Gérard Granel, Paris, PUF, coll. « Quadrige », 1959

HEIDEGGER (Martin), *Chemins qui ne mènent nulle part*, trad. fr. Wolfgang Brockmeier, Paris, Gallimard, coll. « TEL », 1962.

« L'origine de l'œuvre d'art »
« L'époque des conceptions du monde »
« Hegel et son concept de l'expérience »
« Le mot de Nietzsche "Dieu est mort" »
« Pourquoi des poètes ? »
« La parole d'Anaximandre »

HEIDEGGER (Martin), *Le principe de raison*, trad. fr. André Préau, Paris, Gallimard, coll. « TEL », 1962.

HEIDEGGER (Martin), *Questions I et II*, trad. fr. Paris, Gallimard, coll. « TEL », 1968.

« Qu'est-ce que la métaphysique ? », trad. fr. Henri Corbin ;

Introduction («Le retour au fondement de la métaphysique») et Postface, trad. fr. Roger Munier.

«Ce qui fait l'être essentiel d'un fondement ou "raison"», trad. fr. Henri Corbin.

«De l'essence de la vérité», trad. fr. Alphonse de Waelhens et Walter Biemel.

«Contribution à la question de l'être», trad. fr. Gérard Granel.

«Identité et différence», Le principe d'identité, *et* La constitution onto-théo-logique de la métaphysique, trad. fr. André Préau.

«Qu'est-ce que la philosophie», trad. fr. Kostas Axelos et Jean Beaufret.

«Hegel et les Grecs», trad. fr. Jean Beaufret et Dominique Janicaud.

«La doctrine de Platon sur la vérité», trad. fr. André Préau.

HEIDEGGER (Martin), *Introduction à la métaphysique*, trad. fr. Gilbert Kahn, Paris, Gallimard, coll. «TEL», 1967.

HEIDEGGER (Martin), *Questions III et IV*, trad. fr., Paris, Gallimard, coll. «TEL», 1966 (Questions III) et 1976 (Questions IV).

«Le chemin de campagne», trad. fr. André Préau.

«L'Expérience de la pensée», trad. fr. André Préau.

«Lettre sur l'humanisme», trad. fr. Roger Munier.

«Sérénité», trad. fr. André Préau.

«Temps et être», trad. fr. Jean Lauxerois et Claude Roëls.

«La fin de la philosophie et la tâche de la pensée», trad. fr. Jean Beaufret et François Fédier.

«Le tournant», trad. fr. Jean Lauxerois et Claude Roëls.

«Lettre à Richardson», trad. fr. Jean Lauxerois et Claude Roëls.

«Séminaire du Thor».

«Séminaire de Zähringen»

HEIDEGGER (Martin), *Qu'est-ce qu'une chose?*, trad. fr. Jean Reboul et Jacques Taminiaux, Paris, Gallimard, coll. «TEL», 1971.

HEIDEGGER (Martin), *Nietzsche II*, trad. fr. Pierre Klossowski, Paris, Gallimard, 1971.

HEIDEGGER (Martin), *Approche de Hölderlin*, Paris, Gallimard, coll. «TEL», 1973.

«Retour», trad. fr. Michel Deguy.

«Comme au jour de fête», trad. fr. Michel Deguy et François Fédier.

«Souvenir», trad. fr. Jean Launey.
«Terre et ciel de Hölderlin», trad. fr. François Fédier.

HEIDEGGER (Martin), *Acheminement vers la parole*, trad. fr. Jean Beaufret, Wolfgang Brockmeier, François Fédier, Paris, Gallimard, coll. «TEL», 1976.

«La parole»
«La parole dans le poème»
«D'un entretien de la parole»
«Le déploiement de la parole»

HEIDEGGER (Martin), *Schelling. Le traité de 1809 sur l'essence de la liberté humaine*, trad. fr. Jean-François Courtine, Paris, Gallimard, 1977.

HEIDEGGER (Martin), *Interprétation phénoménologique de la «Critique de la raison pure» de Kant*, trad. fr. Emmanuel Martineau, Paris, Gallimard, 1982.

HEIDEGGER (Martin), «La provenance de l'art et la destination de la pensée», trad. fr. Jean-Louis Chrétien et Michèle Reifenrath, *Cahier de l'Herne Heidegger*, Paris, Éditions de l'Herne, coll. «Biblio essais», 1983, p. 365-380.

HEIDEGGER (Martin), «Entretien entre le professeur Richard Wisser et Martin Heidegger», trad. fr. Michel Haar, *Cahier de l'Herne Heidegger*, Paris, Éditions de l'Herne, coll. «Biblio essais», 1983, p. 381-389.

HEIDEGGER (Martin), *La «Phénoménologie de l'esprit» de Hegel*, trad. fr. Emmanuel Martineau, Paris, Gallimard, 1984.

HEIDEGGER (Martin), *Être et Temps*, trad. fr. Emmanuel Martineau, Paris, Authentica, 1985.

HEIDEGGER (Martin), *L'affaire de la pensée*, trad. fr. Alexandre Schild, Mauvezin, T.E.R., 1990.

HEIDEGGER (Martin), *Aristote, Métaphysique Θ 1-3. De l'essence et de la réalité de la force*, trad. fr. Bernard Stevens et Pol Vandevelde, Paris, Gallimard, 1991.

HEIDEGGER (Martin), *écrits politiques 1933-1966*, trad. fr. François Fédier, Paris, Gallimard, 1995.

HEIDEGGER (Martin), *De l'essence de la vérité. Approche de l'«allégorie de la caverne de Platon»*, trad. fr. Alain Boutot, Paris, Gallimard, 2001.

HEIDEGGER (Martin), *Concepts fondamentaux de la philosophie antique*, trad. fr. Alain Boutot, Paris, Gallimard, 2003.

HEIDEGGER (Martin), « Le dispositif », trad. fr. Servanne Jollivet, in *Po&sie (115)*, Paris, Belin, 2006.

HEIDEGGER (Martin), *Hegel. La négativité. Éclaircissements de l'Introduction à la* Phénoménologie de l'Esprit *de Hegel*, trad. fr. Alain Boutot, Paris, Gallimard, 2007.

HEIDEGGER (Martin), *Parménide*, trad. fr. Thomas Piel, Paris, Gallimard, 2011.

HEIDEGGER (Martin), *Phénoménologie de la vie religieuse*, trad. fr. Jean Greisch, Paris, Gallimard, 2012.

HEIDEGGER (Martin), *Apports à la philosophie. De l'avenance*, trad. fr. François Fédier, Paris, Gallimard, 2013.

HEISENBERG (Werner), *La nature dans la physique contemporaine*, trad. fr. Ugné Karvelis et A.E. Leroy, Paris, Gallimard, 1962.

HÖLDERLIN (Friedrich), *Odes, élégies, Hymnes*, Paris, *Poésie* Gallimard, 1993.

HUSSERL (Edmund), *Idées directrices pour une phénoménologie*, trad. fr. Paul Ricœur, Paris, Gallimard, coll. « TEL », 1950.

HUSSERL (Edmund), *La crise des sciences européennes et la phénoménologie transcendantale*, trad. fr. Gérard Granel, Paris, Gallimard, coll. « TEL », 1976.

HUSSERL (Edmund), *La philosophie comme science rigoureuse*, trad. fr. Marc Buhot de Launay, 4e éd., Paris, PUF, 2003.

JÜNGER (Ernst), *Le travailleur*, trad. fr. Julien Hervier, Christian Bourgeois éditeur, 1989.

KANT (Emmanuel), *Critique de la raison pure*, trad. fr. Alain Renaut, Paris, Aubier, 1997.

KANT (Emmanuel), *Logique*, trad. fr. L. Guillermit, Paris, Vrin, 1997.

LEGAY (Jean-Marie.), *L'expérience et le modèle. Un discours sur la méthode*, Paris, INRA Editions, 1996.

LE MOIGNE (Jean-Louis), *Théorie du système général. Théorie de la modélisation*, Paris, PUF, 1977.

LEVINS (Richard), « The strategy of model building in population biology », Amer. Sci. (54), 1966, p.421-431.

MINSKI (Marvin L.), « Matter, mind, and models », in *International Federation of Information Processing Congress*, Vol. 1, 1965, p. 45-49.

NEWTON (Isaac), *de la gravitation*, trad. fr. Marie-Françoise Biarnais ; *du mouvement des corps*, trad. fr. François de Gandt, Paris, Gallimard, coll. « TEL », 1995.

NIETZSCHE (Friedrich), *Ainsi parlait Zarathoustra*, trad. fr. Maurice de Gandillac, Paris, Gallimard, coll. « Folio Essais », 1971.

NIETZSCHE (Friedrich), *La volonté de puissance I*, trad. fr. Geneviève Bianquis, Paris, Gallimard, coll. « TEL », 1995.

NIETZSCHE (Friedrich), *La volonté de puissance II*, trad. fr. Geneviève Bianquis, Paris, Gallimard, coll. « TEL », 1995.

PÉGUY (Charles), *Œuvres en prose complètes II*, Paris, Gallimard, « Bibliothèque de la Pléiade », 1988.

PÉGUY (Charles), *Œuvres en prose complètes III*, Paris, Gallimard, « Bibliothèque de la Pléiade », 1992.

POINCARÉ (Henri), *La science et l'hypothèse*, Paris, Flammarion, coll. « Champs », 1968.

POPPER (Karl), « La démarcation entre la science et la métaphysique », *De Vienne à Cambridge*, trad. fr. Pierre Jacob, Paris, Gallimard, coll. « TEL », 1980, p.131-192.

POPPER (Karl), *Un univers de propensions. Deux études sur la causalité et l'évolution*, trad. fr. Alain Boyer, Paris, Éditions de l'Éclat, 1990.

POPPER (Karl), *La connaissance objective*, trad. fr. Jean-Jacques Rosat, Paris, Aubier, 1991.

PRIGOGINE (Ilya), *Les lois du chaos*, Paris, Flammarion, « Champs », 1994.

REY (Alain), *Dictionnaire historique de la langue française*, Paris, Dictionnaires Le Robert, 3è éd., 2000.

ROTHENBERG (Jeff), « The nature of modeling », *Artificial intelligence, simulation and modeling*, L.E. Widman, K.A. Loparo, N.R. Nielsen (eds), Wiley Intersciences, 1989, p.75-92.

RUELLE (David), *Hasard et chaos*, Paris, Odile Jacob, coll. « Points », 1991.

RUSSELL (Bertrand) et Whitehead (Alfred North), *Principia Mathematica*, vol. 1, Cambridge, University Press, 1910.

SAFOUAN (Olivier), « Heidegger et les mathématiques », M. Caron (éd.), *Heidegger*, Les cahiers d'histoire de la philosophie, Paris, Cerf, 2006, p. 361-416.

SERFATI (Michel), *La révolution symbolique. La constitution de l'écriture symbolique mathématique*, Paris, Pétra, 2005.

SHANNON (Claude) et Weaver (Warren), *The mathematical theory of communication*, Urbana, University of Illinois Press, 1949.

VARENNE (Franck), *Les notions de métaphore et d'analogie dans les épistémologies des modèles et des simulations*, Paris, Pétra, 2006.

VERNANT (Denis), *Introduction à la logique standard*, édition revue et corrigée, Paris, Flammarion, coll. « ChampsUniversité », 2006.

VOLPI (Franco), « Sur la grammaire et sur l'étymologie du mot "être" », *L'introduction à la métaphysique de* Heidegger, J.-F. Courtine (éd.), Paris, Vrin, coll. « études et commentaires », 2007, p.125- 143.

WIENER (Norbert), *Cybernetics. Control and communication in the animal and the machine*, Hermann, Paris, 1948.

WITTGENSTEIN (Ludwig), *Carnets 1914-1916*, trad. fr. Gilles-Gaston Granger, Paris, Gallimard, coll. « TEL », 1971.

WITTGENSTEIN (Ludwig), *Tractatus Logico-philosophicus*, trad. fr. Gilles-Gaston Granger, Paris, Gallimard, coll. « TEL », 1993.

WITTGENSTEIN (Ludwig), *Recherches philosophiques*, trad. fr. Françoise Dastur, Maurice élie, Jean-Luc Gautero, Dominique Janicaud, élisabeth Rigal, Paris, Gallimard, 2004.

ZARADER (Marlène), *Heidegger et les paroles de l'origine*, Seconde édition revue, Paris, Vrin, 1990.

Table des matières

607900 - Mai 2015
Achevé d'imprimer par